"一带一路"投资的国际法研究

张 博◎著

中国商务出版社
CHINA COMMERCE AND TRADE PRESS

图书在版编目（CIP）数据

"一带一路"投资的国际法研究 / 张博著. -- 北京：
中国商务出版社，2022.8
ISBN 978-7-5103-4367-4

Ⅰ．①一… Ⅱ．①张… Ⅲ．①国际法－研究 Ⅳ．
①D99

中国版本图书馆CIP数据核字(2022)第138066号

"一带一路"投资的国际法研究
"YIDAIYILU" TOUZI DE GUOJIFA YANJIU

张博 著

出　　　版：中国商务出版社
地　　　址：北京市东城区安外东后巷28号　　邮　编：100710
责任部门：教育事业部（010-64283818）
责任编辑：刘姝辰
直销客服：010-64283818
总 发 行：中国商务出版社发行部　（010-64208388　64515150　）
网购零售：中国商务出版社淘宝店　（010-64286917）
网　　　址：http://www.cctpress.com
网　　　店：https://shop162373850.taobao.com
邮　　　箱：347675974@qq.com
印　　　刷：北京四海锦诚印刷技术有限公司
开　　　本：787毫米×1092毫米　1/16
印　　　张：11　　　　　　　　　　　字　数：227千字
版　　　次：2023年5月第1版　　　　　印　次：2023年5月第1次印刷
书　　　号：ISBN 978-7-5103-4367-4
定　　　价：56.00元

前　言

　　"一带一路"投资需要国际合作的法制保障。只有国家之间规定有明确的国际法权利和义务，才能保证"一带一路"投资的稳定性、安全性。相关国家现阶段主要利用既存国际法准则来维护投资的顺利进行。

　　随着"一带一路"投资合作的深入，或将出现"一带一路"沿线地域性的国际组织或松散的国际会议机制，则当代国际法中国际组织法的规则也应得到运用。其合作模式将从主要为外交和政治互信模式转化到国际法约束的规则合作模式。国际法各领域的法律制度如国际条约法、国际组织法、国际经济法、国际环境法也将介入"一带一路"投资合作。

　　"一带一路"投资合作的结果将会改变区域乃至国际合作的治理格局，需要重构现存调整国与国之间关系的国际法。"一带一路"投资需要对现行"一带一路"投资的国际法原则、规则做合理解释及适用，甚至修改和完善。"一带一路"投资引发的国际法变革将是系统性的，将包括国际法的制定、解释、适用、评价、修改、重订等环节。

目 录

第一章 "一带一路"倡议的理论基础

第一节 "一带一路"倡议的提出

丝绸之路以中国古代生产的丝绸而命名，表明中国在历史上对这条丝绸之路的形成所起到的重要作用。

海上丝绸之路的雏形在汉代就已存在，目前已知有关中外海路交流的最早史载来自《汉书·地理志》，当时的中国就与南海诸国有接触，而有些遗迹实物出土表明中外海上交流或早于汉代。到了隋唐时，海上通道运送的主要大宗货物仍是丝绸，这标志着海上丝绸之路已经形成。宋元时期，瓷器出口逐渐成为主要货物，因此又称作"海上陶瓷之路"。

一、历史回顾：丝绸之路与海上丝绸之路

丝绸之路是我国古代与东南亚、中西南亚、欧洲、非洲等地区或国家政治、文化、商贸等交流的一条主要大通道，也是中国打开国门、走向世界的极其重要的通道。

（一）丝绸之路概况

广义上的丝绸之路主要由两部分组成：其一，西出玉门关、阳关沿河西走廊，穿越大漠，越过葱岭，经中亚、西亚至地中海沿岸的古代陆地"丝绸之路"；其二，经东南亚、印度、阿拉伯乃至北非各国的古代海上"丝绸之路"。

（二）陆上丝绸之路

在古代海运不太发达的情况下，陆路是最主要的交通方式，而陆路贸易自然而然地成为主要的贸易方式。陆上丝绸之路主要指欧亚北部地区的商路，和南方的茶马古道形成南北呼应，因早期主要以丝绸为贸易对象而得名。有学者认为，张骞出使西域是中外文化交流的新纪元，是他率先开辟了丝绸之路，此前，中原地区和中亚、西域等地的丝绸贸易就已经存在。

1. 陆上丝绸之路的兴起

秦汉时期，匈奴崛起，击败了东胡、月氏，并且占领了河套、河西走廊及新疆大部分地区，汉朝统一后，又有不断侵入汉王朝的趋势。汉初国力微弱，败于匈奴，不得不采取和亲的政策。经过了文景之治，汉朝的经济实力提高，军队素质增强，综合国力明显提升。

汉武帝时期，采取积极的对外政策：一是联合中亚的大月氏一并抗击匈奴；二是与西方进行商品贸易，张骞就是在这样的背景下出使西域的。

张骞出使西域并不是很顺利，他离开长安后，在河西走廊地区被匈奴抓获，他在匈奴生活了十几年，仍不忘使命，趁机逃离西域后到了中亚地区。中亚的大月氏人因生活安定不再恋战，即使张骞在那儿游说了一年多，大月氏人仍不愿再与匈奴开战，张骞无奈只能返回长安，但在返回途中又被匈奴抓获，一年后趁匈奴内乱逃离。张骞此次出使西域虽然没有达到应有的效果，却带来了西域的消息，汉武帝也被张骞从西域带来的奇珍异宝吸引，让封闭的国人知道了遥远的西部仍有部落的存在，在汉朝和周边国家之间有交通通道存在。所以，张骞第一次出使西域即是丝绸之路的开端。

此后，汉朝在反击匈奴方面也取得了成绩。张骞出使西域后，汉武帝又派霍去病和卫青分三次攻打河西走廊地区的匈奴，并在当地设立了四个郡县加以管辖；又于公元前104年派李广利打击大宛，并获得全胜，自此大汉在西域声名四起，西域国家纷纷朝拜长安。在大败大宛后，为了进一步减少匈奴对丝绸之路交易上的骚扰，增强对西域地区的管控，汉宣帝时期在西域设置了西域都护府，其管辖范围几乎囊括中亚的全部地区，控制了塔里木盆地，西域都护也是汉代在西域地区设置的最高职位，更保证了丝绸之路的畅通，标志着丝绸之路进入了更加繁荣的阶段。为推动贸易发展、打击匈奴联合乌孙，汉武帝又派张骞出使西域，此次出行既包括一个高规格的外交使团，又包括庞大的商队。随行使团超过300人顺利地到达了乌孙，张骞又让随行人员出使了康居（以今塔什干为主的游牧国家）、大宛（费尔干纳）、大月氏、安息（古波斯帕提亚国）和身毒（今印度）等国。因乌孙国内动乱并没有达到联合乌孙共击匈奴的目的。但是，张骞两次出使西域，为推动汉朝与西域国家的丝绸等贸易发展做出了巨大贡献，打破了沿线国家对丝绸之路交易的垄断状态，开启了古东方与西方的交流，从零星的、小规模的交流转为大规模的、官民相结合的交流，使我国与中亚、西亚及南亚地区建立了贸易关系，结束了古代对西方的神话传闻。具有冒险精神的富贾不仅在丝绸之路交易中获得了巨额的利润，还推动了我国与西域国家的交流；同时，政府在关税方面也收益颇丰。丝绸之路是我国对外开放的证明，是横贯亚非欧三洲的商道，更是文化交流与融合的通道，因张骞两次出使西域，推动了汉代与西域国家的交流。从"凿空"西域到设立河西走廊四郡县，保障丝绸之路沿线的安全畅通，汉代与乌孙联姻，扫除了匈奴的侵略，同时鼓励移民造田，为丝路往来商旅提供了保障。因此，丝绸之路将中原与西域地区紧紧地联系在一起。经过几个世纪的扩展，丝绸之路延伸到地中海地区，促进了汉族和欧亚国家的第一次交流融合。中原的丝织品畅销欧洲，尤其是罗马帝国，西域地区的葡萄、核桃等几十种植物也陆续在中原种植。

但是好景不长，西汉末年，王莽专政，国家动荡不安，对外政策强硬，西汉与西域国家的关系一度中断，西汉失去了对西域的控制，西域大部分地区重新被匈奴占领。东汉时期，班超投笔从戎，与窦宪到伊吾及蒲类海等地，战胜匈奴，杀掉匈奴使节，迫使其重新臣服汉朝。自此以后，班超先后担任军司马和西域都护，平定了疏勒（今喀什）、龟兹（今库车）及尉犁（今库尔勒）等西域国家。

汉和帝时期，班超派甘英出使大秦（今罗马）。甘英到达波斯湾地区，准备渡海西行时，安息人为垄断与罗马的贸易，夸大了航行的艰难，阻止了甘英的进一步西行。甘英等虽未到达既定目的地，但仍亲自走完丝绸之路的大部分行程，并向南走到了波斯湾，通过阿拉伯半岛到罗马的航线，史书称甘英为"第一个走到波斯湾的中国人"。

2. 陆上丝绸之路的兴盛与衰落

魏晋南北朝时期，中原地区虽然战乱不断，但却丝毫没有影响丝绸之路沿线的贸易往来。尤其是很多人士纷纷迁往河西走廊地区以避免战争，这也在一定程度上推动了河西走廊地区的贸易及文化发展，当时，从葱岭以西到罗马帝国，沿途的商旅使节仍"相继而来，不间于岁"。无论是东晋五胡十六国还是南北朝时期，均有使者不断行走在丝绸之路上，因此，即使在政权不稳、国内动荡的年代，丝绸之路仍然充满了活力。

隋朝在统一南北以后，我国封建社会进入了全盛时期。隋炀帝派黄门侍郎裴矩联络西域等各国首领，主管贸易往来。丝绸之路通往东罗马、印度和波斯的情形，可以通过《西域图记序》了解，唐朝时期，随着民族融合的进一步扩大，对疆域的开拓也更广阔，唐朝经济兴旺、国力强盛、文化昌荣，是封建社会的鼎盛时期。从唐太宗到武则天时期，大唐的管控范围不仅包括塔里木盆地，而且包括天山以北和葱岭以西的广大地区，并设置了安西都护府、北庭都护府等加以管辖，在丝绸之路沿线设立驿丁、驿马等，同时普遍设立驿站，供往来商旅住行。在丝路沿线设立军镇，组织严密，保障沿线的社会稳定和交通安全。另外，为了保证交通，唐朝继承了汉代以来的"过所"制度，将"过所"颁发给往来的商旅，纠察奸宄，并在商旅行人经过边关道路时勘验，这些都加强了对丝绸之路沿线的管理，保证了丝绸之路的畅通和安全，使中西方之间的贸易往来更加便捷。陆上丝绸之路巩固了隋唐边疆的稳定统治，促进了当时西部经济的发展，推动了中西文化交流。

历史的发展是轮回的，丝路的发展也有繁盛和衰落的过程。唐朝安史之乱后，国家综合国力开始下降，吐蕃控制了西域各地，占领了河西走廊及陇右等地，并在公元763年攻陷长安。同时，党项族和回纥兴起，丝绸之路一度中断。衰微后的丝绸之路再也没有了往日的繁华和悦耳的驼铃。往昔的丝绸之路是"葡萄酒熟姿行乐，红艳青旗朱粉楼"，而衰败后成了"千里暮烟愁不尽，一川秋草恨无穷。山河惨淡关城闭，人物萧条市井空"。

宋王朝在10世纪中叶后，与大辽、西夏和金等处于敌对状态中，严重影响了丝绸之路的发展。由于当时南宋将都城迁至临安（今浙江省杭州市），国家的经济重心向南转移，陆上丝绸之路开始衰微，海上丝绸之路逐步兴盛起来。因此，此时的丝绸之路缺少了往日的繁荣景象，虽然也有来往的商旅，但总体处于冷清状态。

其后，成吉思汗领导下的蒙古骑兵征服了北亚，统治了中亚及西亚的大部分地区，西征到达过波兰及德国，从而建立了囊括西域、俄罗斯等在内的庞大帝国。忽必烈建立元朝后，准用维吾尔人及波斯人为官宦，许多欧洲及西亚等地的商人、旅行家纷纷来此，威尼斯商人马可·波罗通过丝绸之路到达元都城，领略了中原的极盛，回国后写下了著名的《马可·波罗游记》。

明朝实行闭关政策，以嘉峪关为界，划关而治，中西交往主要依赖海路，陆上交通干线也改道哈密，原来意义上的丝绸之路已无繁荣可言。由于明朝郑和下西洋后，海上交通变得更为便利，因此陆路日益不如往昔。清朝时期，西北边疆大部分地区被沙皇俄国侵吞，在闭关锁国政策的影响下，西北陆上丝绸之路最终没落。

（三）海上丝绸之路

除了陆上丝绸之路以外，从汉代开始，人们逐渐开辟了通过航道前往东南亚等国的线路。宋代以后，随着我国经济重心由北方向南方转移，南方沿海城市，如泉州、广州等地，海运业日益发达，陆运已经不能满足贸易需要，海运越走越远，最终到非洲的东海岸。这一系列海上的贸易往来路线，被称为"海上丝绸之路"。

1. 海上丝绸之路的兴起

古代中国陆上丝绸之路最为鼎盛的时期是两汉到唐朝时期，但自秦汉开始，随着政治的统一和经济发展，海上的商道开始兴起。从徐福带领 3000 名童男童女东渡日本开始，就不断地有我国的船只去往日本、琉球等地，甚至通向西南沿海诸国。汉朝时，根据《汉书·地理志》记载，船舶可以从徐闻县（今湛江徐闻县）到达都元国（今马来半岛），继续航行可以到达邑卢没国（今缅甸）等地，步行数十日能到夫甘都卢国（今缅甸），从此处航行可到达黄支国（今印度），回程可以先到达已程不国（今斯里兰卡），并能抵达皮宗（今马来半岛），通过东北航线再返回汉朝。这条以商贸为主的路线标志着我国古代海上"丝绸之路"的逐步形成。汉武帝时期曾经两次出动水军，在南方打通了白氏江口到广东、广西的航线，在北方打通了自山东至辽东的航线，并将南北两线相互衔接，从此贯通了我国北起辽东地区，南到广东、广西的海运航线。沿海航运业的发展，促进了从东南沿海到达印度半岛等地的线路商贸繁荣。

隋唐时期，国内政治稳定，国力强盛，为丝绸之路的发展提供了良好的外部条件。但陆上丝绸之路逐渐丧失了原有优势，海上丝绸之路不断发展。这是因为，一般来说，陆上丝绸之路只能到达相毗邻的国家，如果再通往更远的国家，则需要穿过其他国家或民族。在贸易扩展的过程中，任何一个国家发生动乱或者垄断丝绸等商品的贸易，就会影响贸易的持续繁荣。唐朝与突厥族之间的战争、阿拉伯国家和波斯王朝的战争，尤其是安史之乱的发生，使陆上商道很快被吐蕃控制。陆上丝绸之路的发展，只能通过西域前往其他国家，而诸如丝绸、茶叶等商品则大多产自东南沿海地区，若远离商品生产地，通过陆路运输，不仅成本高昂，而且非常不便，很难到达更远的地区；陆上丝绸之路须穿行沙漠和戈壁滩等，自然环境恶劣，不利于商品的运输；通过骆驼运输商品，运量有限，而且瓷器等商品容易损坏，导致商队不得不开辟新商道。同时，唐朝手工业和丝织业的发展都达到了较高水平，生产规模、质量及品种等都提升到新台阶。唐朝造船业也有了进一步发展，造船工厂遍布沿海主要港口，造船技术明显提高，不仅采用铁钩固定船只来抵抗风浪，还设置水密舱壁，提高船只的安全系数，扩大船只承载能力。

《新唐书·地理志》记载的唐朝沿海通往东南亚和印度洋各国、红海沿岸、波斯湾诸国及东非、北非的路线，称为"广州通海夷道"，这是我国早期类似海上丝绸之路的提法。隋唐时期的海上丝绸之路主要以南海周边诸国为目的地，广州是起点，因此又称为南海丝绸之路。唐朝时期，经由广州到南海和印度洋，最后到达波斯湾各国的路线，是当时世界上航行最长的路线。随着唐朝经济的繁盛，东西方之间的贸易往来日益增多，中国的茶叶、瓷器、丝绸等通过海上丝绸之路不断输往西亚、北非等国，而当地国家的特产，如象牙、香料和珠宝等也陆续传入中国。商贸往来促进了贸易的繁荣，促进了各国文化交流，增进了与海上丝绸之路沿线国家人民的友谊。

2. 海上丝绸之路的繁荣与衰落

宋朝时期，陆上丝绸之路被西夏等国垄断，且南宋首都杭州地处江南，周边海运较为发达，统治者实行了刺激海外贸易的政策，因此，海外贸易成为宋朝经济发展的重要策略。宋朝的海上贸易路线可到达阿拉伯，然后穿越红海直到非洲的西北部。今日的南非及津巴布韦等国也曾出土了中国宋代的瓷器及货币，由此推测，当时我国宋代的船队曾经到达过非洲南部港口。

到了宋代，我国的造船水平及航海技术又有了提高，船舶载重量更大、设计也更先进，船只可以通过多挂风帆来提高航速，桅杆可以通过转轴轻松起落，这在当时是最发达的船舶技术。为了航行的需要，防止在茫茫海洋中迷失方向，减少人员伤亡和财产损失，宋人改进了罗盘以指引方向，指南针的应用是世界航海史上的壮举。没有指南针，就不会有航海事业的大发展及地理大发现，也不会有各国之间频繁的贸易往来。在史书中最早记载使用指南针用于航海的时期就是北宋。

元朝的统一为海外贸易提供了稳定的政治环境和坚强后盾，并且开辟了黄海及渤海两条航线。在南宋时期，通过海上丝绸之路与中国有交往的国家有140多个，到元代激增到了220多个，中国的贸易船只在航海路线上一枝独秀。宋元时期，泉州成为东方的第一港口，宋哲宗设置了市舶司，确立了其重要地位；元朝统治者也非常重视泉州的对外贸易，东到朝鲜半岛、南及东南亚地区、西出印度洋和波斯湾以及非洲地区，商船基本都会聚集于泉州。

海上丝绸之路的发展，进一步推动了经济的发展、政治的稳定和国家的繁荣，也提高了沿海港口的战略地位。这些港口随着海外贸易的发展成为城市中的佼佼者，不仅推动了东西方经济贸易，而且促进了东西方文化繁荣，成为连接世界各国人民友谊的桥梁。

明朝建立初期，明太祖朱元璋采取睦邻友好的政策，并通过海陆两条路线派使者四处缔结邦交，但此时的对外贸易并未完全开放，而是在政府的管控下进行，不仅限制商船数量及人数，严格限制民间私人贸易，还撤销了泉州、广州等地市舶司。明成祖朱棣时期，政策有所转变，为了扩大明朝的政治影响力，争取稳定的政治环境，注重经济发展，凭借先进的造船技术及航海技术，将我国与海外其他国家的友好往来提升到鼎盛地位，这当然与郑和下西洋密不可分。

郑和的船队在28年内曾七次出使大西洋，大小船只有208艘，官兵多达2.7万人，最大的宝船长44丈、宽18丈，是那时世界上规模最大、性能最好、技术含量最高、排水量最大的木船。况且七次下大西洋，每次船队的人数及其规模都和第一次类似，这也是其他国家难以做到的，这比西方的达伽马、哥伦布等人的航行要早近一个世纪。郑和第四次下西洋，船队把中国丝绸带到东南亚的中南半岛、马来半岛、印度尼西亚和苏门答腊、爪哇岛、印度半岛的东西两侧、西亚的伊朗等海湾国家、阿拉伯半岛红海两岸，直到东非的南部坦桑尼亚、莫桑比克等国。其中，最远到达今天的索马里及肯尼亚等地，其庞大的规模、精湛的造船术及无可比拟的航行里程数，是当时世界上任何国家所不能媲美的。当时人们对赤道以南地区知之甚少，中国只知道非洲的埃及。但郑和的航行，丰富了人们的知识，广泛推进了国际交流，体现了海外贸易的巨大优势，同时代的葡萄牙人只刚开始摸索到非洲海岸，到1445年左右才到达佛得角。郑和下西洋的主要目的是使明朝与到达国家建立友好关系，并不是为了通商，但所行商船每次也会携带着大量的丝绸、茶叶、瓷器等特产，也会在平等互利的基础上进行商贸往来，深受当地人民的欢迎。其他国家也纷纷派船队跟随郑和回国前往明朝"朝贡"，带去当地的奇珍异宝。那时，我国与其他国家的贸易往来较为频繁，海上贸易非常活跃。

郑和下西洋虽是世界航海史上的壮举，与海上丝绸之路沿线国建立了友谊，形成了海上贸易线路，但由于遭到了保守势力的极力反对，永乐后的明王朝及清朝均实行闭关自守的"海禁政策"，"禁民下海通夷"，严格限制海外贸易，使封建经济逐渐步入衰弱，也导致了海上丝绸之路的没落。

二、界定："丝绸之路"与"一带一路"的含义

（一）"丝绸之路"的概念和含义

1. "丝绸之路"的概念

丝绸之路通常是指从中国出发，途经中亚、西亚、欧洲的商路。西汉时张骞以长安为起点和东汉时班超以洛阳为起点，经中原地区、关中平原、河西走廊、塔里木盆地，到锡尔河与乌浒河之间的中亚河中地区、大伊朗，并连接地中海各国陆上通道。这条陆上通道通常被称为陆路丝绸之路。因为由这条路西运的货物以丝绸制品的影响最大而得名，其基本走向定于两汉时期，包括南道、中道和北道三条路线。

与南方的茶马古道形成对比,广义的丝绸之路指从上古开始形成的,遍及欧亚大陆甚至包括北非和东非在内的大通道,在这条大通道上商业贸易和文化交流比较频繁。

张骞的两次出使西域,开辟了中外交流的新纪元。这条东西通路,经过几个世纪向西伸展到了地中海,甚至到了法国、荷兰。经泉州、广州等地通过海路还可达意大利、埃及以及非洲东海岸,这是海上丝绸之路。丝绸之路是中国与亚洲、欧洲、非洲等国经济文化交流的友谊之路。

2. "丝绸之路"的含义

丝绸之路是持续两千多年的东西贸易互通和文化交流的国际大通道,既是一个经贸、政治和文化并行的多元交流系统,也是一个海陆互补的多线路系统。其功能从"求异珍"逐渐转向"榷货税",不仅奠定了沿线城镇的聚居模式,也推动了沿海港口城市和内陆手工业城市的兴起,成为一个内外联动的多维发展系统,具有多边合作、自由贸易、共荣共生等多层含义,其对亚欧各国,特别是对中国古代的社会经济发展和文化繁荣起到非常重要的作用。

(二)"一带"的概念和含义

1. "一带"的概念

"丝绸之路经济带"的概念首次被提出,简称"一带"。这是在古丝绸之路概念基础上形成的一个新的经济发展区域,是自"新亚欧大陆桥"后,由中国国家领导人提出的战略构想,东连亚太经济圈,西连发达的欧洲经济圈,被认为是"世界上最长、最具有发展潜力的经济大走廊"。

2. "一带"的含义

有相关研究人员分别从广义和狭义两方面界定了"丝绸之路经济带"的空间范围,认为其是以产业与人口的"点—轴"集聚为根本动力,以交通基础设施和自由流动的要素为基本框架,以中国和中亚地区共同利益为根基,以地缘政治和能源合作为现实基础,以建立区域经济一体化组织为战略目标的特定区域空间结构。

还有研究人员认为,"丝绸之路经济带"是以古丝绸之路为文化象征,以上海合作组织和欧亚经济共同体为主要合作平台,以立体综合交通城市群和中心城市为支点,以跨国贸易投资自由化和生产要素的优化配置为动力,以区域发展规划和发展战略为基础,以货币自由兑换和人民友好往来为保障,以实现各国互利共赢和亚欧经济一体化为目标的带状经济合作区,并且指出这一概念具有历史性、国际性、综合性三大特征。他们认为,"丝绸之路经济带"既是历史性概念,又是现实性概念;既是区域性概念,又是全球性概念;既是经济性概念,又是综合性概念。在空间范围上,将"丝绸之路经济带"的空间范围划分为核心区、扩展区、辐射区三个层次。其中,核心区包括中国、俄罗斯和中亚五国,扩展区包括上海合作组织和欧亚经济共同体的其他成员及观察员国,辐射区包括西亚、欧盟等国家和地区，核心区与扩展区构成狭义的"丝绸之路经济带"，核心区、扩展区和辐射区构成广义的"丝绸之路经济带"。胡鞍钢等则认为，以哈萨克斯坦等中亚五国为主的中亚经济带、以中亚周边的俄罗斯和南亚等为核心的环中亚经济带以及环中亚地区和欧洲北非等为核心的亚欧经济带分别是"丝绸之路经济带"的核心区、重要区、扩展区。

（三）"一路"的概念和含义

1."一路"的概念

海上丝绸之路起始我国东南沿海港口，往南穿过中国南海，进入印度洋、波斯湾地区，远及东非、欧洲等地，主要由东、南、北三条航线构成。东洋航线指从中国山东半岛至日本、韩国、朝鲜等地的航线；南洋航线为从中国泉州、广州、宁波等地到东南亚诸国的航线；西洋航线是指从中国沿海港口至南亚、中亚、西亚、非洲东海岸乃至红海沿岸一带的航线。

2."一路"的含义

古老的海上丝绸之路自秦汉时期开通以来，一直是沟通东西方经济文化交流的重要桥梁，而东南亚地区自古就是海上丝绸之路的重要枢纽和组成部分。在陆上丝绸之路形成之前，海上丝绸之路就已经开始了它的历史使命，海上丝绸之路是世界上目前已知的最为古老的海上航线。我国的海上丝绸之路除了出口丝绸以外，还出口茶叶、瓷器、金、银、五金、书籍等商品，同时，中国通过海上丝绸之路进口琉璃、猫眼石、明珠、象牙、香料、宝石、水晶、玛瑙、琥珀、骆驼皮、乳香、安息香、沉香、檀香、芦荟、胡椒等商品。

海洋是我国与东南亚、中西亚、欧洲、非洲等地经济贸易与文化交流的重要渠道，海上丝绸之路是连通东盟、南亚、西亚、北非、欧洲等各大经济板块的大通道。

（四）"一带一路"的概念和含义

1."一带一路"的概念

"一带一路"是指"丝绸之路经济带"和"21世纪海上丝绸之路"，是一条互尊互信之路，是一条促进共同发展和共同繁荣的合作共赢之路，是一条增进理解信任、加强全方位交流的和平友谊之路。其以加强政策沟通作为建设的重要保障，将基础设施互连互通作为建设的优先领域，将投资贸易合作作为建设的重点内容，将资金融通作为建设的重要支撑，将民心相通作为建设的社会根基。

"一带一路"贯穿亚欧非大陆，一端是活跃的东亚经济圈，另一端是发达的欧洲经济圈，中间广大腹地国家经济发展潜力巨大。"丝绸之路经济带"重点连通中国经中亚、俄罗斯至欧洲（波罗的海）；中国经中亚、西亚至波斯湾、地中海；中国至东南亚、南亚、印度洋。"21世纪海上丝绸之路"的重点方向是从中国沿海港口过南海到印度洋，延伸至欧洲；从中国沿海港口过南海到南太平洋。

根据"一带一路"走向，陆上依托国际大通道，以沿线中心城市为支撑，以重点经贸产业园区为合作平台，共同打造新亚欧大陆桥、中蒙俄、中国—中亚—西亚、中国—中南半岛等国际经济合作走廊；海上以重点港口为节点，共同建设通畅安全高效的运输大通道。中巴、孟中印缅两个经济走廊与推进"一带一路"建设关联紧密，要进一步推动双边合作，取得更大进展。

"一带一路"并非一个实体和机制，而是区域合作发展的理念和倡议。充分依靠中国与有关国家既有的双多边机制，借助既有的、行之有效的区域合作平台，构建贯通亚欧大陆的经济交通动脉、架设东西方文化交汇的桥梁。

2."一带一路"的含义

"一带一路"是开放包容、合作共赢的战略设计。"一带一路"既是基于中国本身的发展，也是基于地区和世界发展的需求，旨在激发秉持开放包容精神，继承古丝绸之路开放传统，高举和平发展的旗帜，积极推进沿线国家发展战略的相互对接，以新的形式使亚欧非各国联系更加紧密，互利合作迈向新的历史高度，共同打造政治互信、经济融合、文化包容的利益共同体、命运共同体和责任共同体，进而促进世界和平发展。

第二节 "一带一路"倡议的整体布局

共建"一带一路"，以秉持"和平合作、开放包容、互学互鉴、互利共赢"为基本理念，以"政策沟通、设施联通、贸易畅通、资金融通、民心相通"为主要内容，以打造"政治互信、经济融合、文化包容"的利益共同体、责任共同体和命运共同体为根本目标，全方位推进务实合作与各方共赢。具体来说，"一带一路"建设要做好以下三个方面的工作。

一是把握好合作方向。"一带一路"贯穿亚欧非大陆，一端是活跃的东亚经济圈，另一端是发达的欧洲经济圈，中间是发展潜力巨大的腹地国家。这种东亚活跃、欧洲发达、中间地带潜力大的特点充分体现了"一带一路"建设的梯度发展模式与强大的优势互补性。丝绸之路经济带沿途各国基本上都是发展中国家，资金、技术普遍匮乏，而中国在这方面恰恰拥有独特优势，而且秉承互利共赢原则，不干涉合作伙伴国内部事务，因而有条件与有关国家结成开发投资战略伙伴。中国制造业发达，多数工业制成品适合地区国家的消费水平和市场需求，大力扩展商品贸易完全符合"互利共赢"要求。在能源领域，中国与地区多数资源国更是具有资源与市场、投资需求与资金技术之间的互补优势，充分发挥这种优势对于实现共同能源安全具有重大战略价值。从战略走向上来看，丝绸之路经济带重点合作方向有三个，分别是中国经中亚、俄罗斯至欧洲（波罗的海），中国经中亚、西亚至波斯湾、地中海，中国至东南亚、南亚、印度洋。21世纪海上丝绸之路重点合作方向有两个，分别是从中国沿海港口过南海到印度洋并延伸至欧洲，从中国沿海港口经南海到南太平洋。

二是共建国际经济合作走廊。陆上依托国际大通道，以沿线中心城市为支撑，以重点经贸产业园区为合作平台，共同打造新亚欧大陆桥、中蒙俄、中国—中亚—西亚、中国—中南半岛等国际经济合作走廊。海上以重点港口为节点，共同建设通畅、安全、高效的运输大通道，例如，中巴、孟中印缅两个经济走廊与"一带一路"建设关联紧密，须进一步推动合作，取得更大进展。中巴经济走廊的走向，南起瓜达尔港，北至中国新疆喀什，是一条包括公路、铁路、油气管道、通信光缆等在内的贸易走廊，它北接丝绸之路经济带，南连海上丝绸之路，是贯通南北丝路的关键枢纽。两国签署了相关协议，中方拟向巴方贷款 460 亿美元，加强巴方的基础设施与港口建设。双方同意，以中巴经济走廊为引领，以瓜达尔港、能源、交通基础设施和产业合作为重点，形成"1+4"经济合作布局。建设中的中巴经济走廊涵盖了能源、交通基础设施、产业园区、农业、金融、旅游、减贫、人文交流等众多领域，有望成为中国"一带一路"的旗舰项目和样板工程。它不仅会让中巴两国受益，还惠及区域相关国家，将推动中国同南亚乃至亚洲各国发展的有效对接，更能提振"一带一路"沿线国家和地区的信心。孟中印缅经济走廊也是"一带一路"建设的重点项目，它将通过缅甸曼德勒和孟加拉的吉大港和达卡，把中国西南省份云南的首府昆明与印度重要城市加尔各答联系起来，其辐射作用将带动南亚、东南亚、东亚三大经济板块联合发展。

三是推动形成区域经济一体化新格局。"一带一路"建设是沿线各国开放合作的宏大经济愿景，需要各国携手努力，朝着互利互惠、共同安全的目标相向而行，尽早建成安全高效的陆海空通道网络，实现区域互联互通，促进投资贸易便利化达到一个新水平，彼此之间经济联系更加紧密，政治互信更加深入，形成更大范围、更宽领域、更深层次的区域经济一体化新格局。同时，要推动"一带一路"沿线各国人文交流更加广泛深入，使不同文明互鉴共荣，各国人民友好相处。

第三节　"一带一路"：历史的超越

一、"一带一路"的深远历史传承

古代丝绸之路在经贸合作、文化交流、民族稳定三个方面发挥了积极作用，而当今"一带一路"的建设同样会发挥古丝绸之路这三大独特作用，以负责任的风范与真诚包容的大国态度同世界分享自身发展红利。正如习近平所提到的，这将使欧亚各国经济联系更加紧密，相互合作更加深入，发展模式更加广阔，这是一项造福沿途各国人民的大事业。放眼古今丝绸之路，两者同为"亲善之路""繁荣之路""交流之路"。

"亲善之路"指的是当今"一带一路"建设立足于古丝绸之路对民族稳定、和谐共处的贡献,在和平发展成为日益重要主题的当下,将"一带一路"打造成一条福泽各国民众的发展之路,促进沿线各不同国家、不同民族之间的友好往来与和睦共处。目前,伴随着中国的崛起,西方世界影响下产生的"中国威胁论"使得世界各国对中国崛起心存疑虑,将中国的强大看作对世界现存政治秩序的威胁。而这条"亲善之路"充分表明:我国坚持走和平崛起的道路,不谋求世界新权,在国力强大的今天,将"引进来"与"走出去"更好地结合,同世界分享自身发展红利,在互联互通的基础之上,同各国平等发展,互利共赢。

"繁荣之路"是指当今"一带一路"建设同古代丝绸之路联系东西方贸易,创造大量社会财富一样,贯穿亚欧非大陆,一头是活跃的东亚经济圈,一头是发达的欧洲经济圈,能够在经贸交流的过程中推动东西方两大市场的繁荣,为沿线国家提供巨大的发展机遇和潜力。从"一带一路"的议程设置来看,伴随着一系列自贸区(如中日韩自贸区、中国-东盟自贸区)及各类经济走廊(如孟中印缅经济走廊、中蒙俄经济走廊)的建设升级,能够有效促进产业合理分工,减小各国相互间的贸易壁垒,便利各国进出口运营及经贸投资,从而建立起高效运行的"财富流通网""物资运输网"与"货币交换网"。

"交流之路"是指当今的"一带一路"同古代丝绸之路一样,不仅仅是一条经贸之路,也是一条文化交流、民众交往之路,伴随着各国基础设施的不断完善及经贸合作的不断深化,建立在其基础之上的文化交流同样会大放异彩。"一带一路"涵盖人口众多,在建设的过程中,如能发扬传统"和平合作、开放包容、互学互鉴、互利共赢"的"丝路精神",以开放包容的态度推动沿线各国民众之间的交流,不仅能够推动"民心相通"的早日实现,增强各国民众对政策的支持和拥戴,而且能够极大地推动文化多样性的发展,在文化沟通交流的基础上实现物质同精神的双重结合,从经济和人文两个层面真正实现"共商""共建""共享"的合作理念。

"一带一路"的建设要在继承古丝绸之路的基础上,立足发展大局,在继承传统"亲善""繁荣""交流"之路的基础上打造互尊互信之路、合作共赢之路、文明互鉴之路。需要注意的是,"一带一路"建设是一个持续的过程,难以一蹴而就,作为一项宏观政策,应该立足长远,从长期收益看待政策有效性。目前,应不断完善相关的配套政策安排、加强基础设施建设,审慎地处理各类问题,而非冒进地追求短期效益,舍重就轻。

二、"一带一路"政策的时代发展

要推动"丝绸之路经济带"和"21世纪海上丝绸之路"的建设,开创我国对外开放新局面,"一带一路"政策正式成为我国的重要国家战略,"一带一路"政策在传承传统丝路精神的基础上,结合当代的内外国际局势,形成了其不同于古代丝绸之路的新内涵,实现了两大超越。一方面,在空间上超越了传统的丝绸之路的限制,所辖区域空间进一步扩大,合作空间也得以深化;另一方面,既在性质上赋予了古丝路新的内涵,又超越了传统丝路的思维模式,以其"时代性""先进性""开拓性"稳健地推动着"一带一路"建设的开展。

（一）空间上的超越

古代丝绸之路正式开通了从中国通往欧、非大陆的陆路通道，这条道路由西汉都城长安出发，经过河西走廊，然后分为两条路线：一条出阳关，经鄯善，沿昆仑山北麓西行，过莎车，西逾葱岭，出大月氏，至安息，西通犁靬，或由大月氏南入身毒；另一条出玉门关，经车师前国，沿天山南麓西行，出疏勒，西逾葱岭，过大宛，至康居、奄蔡（西汉时游牧于康居西北即咸海、里海北部草原，东汉时属康居）。可见，古代陆上丝绸之路连接东亚、中亚、西亚和欧洲。在此过程中，东南亚、南亚等地区虽然一定程度上受到丝绸之路的影响，但和西亚、中亚等地相比，其影响力还是有限。

当今"一带一路"的建设，其主体范围大体仍遵循古丝绸之路的路径，依托现存的亚欧大陆桥，通过中亚、西亚等重要区域，连接欧洲，实现沿线各区域之间的互联互通。但是，我国在"一带一路"的建设过程中开展了与其相配套的"经济走廊"建设，通过经济走廊，将历史上并非陆上丝绸之路主体的区域也纳入到了"一带一路"建设的过程中去。例如，"中巴经济走廊"开创了由我国新疆地区经由巴基斯坦从而到达南亚的新途径，加之同"孟中印缅经济走廊"相互配合，南亚地区及东南亚地区被成功纳入到我国"一带一路"的建设之中。同时，历史上并非丝路主要途径区域的我国西南地区也承担起了"一带一路"建设的重任。除此之外，"中蒙俄经济走廊"的建立，还会将东北亚地区纳入"一带一路"的区域范畴，大大扩展了古丝绸之路的空间范围。"一带一路"建设在空间上的扩展，不仅激发了我国各省份的积极性，也将南亚、东南亚、东北亚、东亚、西亚、中亚乃至欧洲紧密地联系在一起，大大扩展了古代丝绸之路的地理空间概念，赋予了其新的时代生命。

要以点带面、从线到片，从而逐步形成区域的大合作，同时应实现"五通"，即政策沟通、设施联通、贸易畅通、资金融通、民心相通。从习近平的讲话中不难看出，当前"一带一路"的建设，在"合作空间"上极大地超越了传统丝绸之路以经贸为主的合作方式。新时代"一带一路"的建设，"贸易通"仅仅是一方面，重要的是在"贸易通"的基础上实现政策、基础设施建设、科技文化乃至民心的全方位互联互通，真正为新形势下各区域之间的合作奠定坚实的基础。

除以上两点之外，我国还将海陆丝路建设并举。我国历史上，海上丝绸之路的兴盛同陆上丝绸之路的衰弱密切相关，因此并没能出现"海陆同盛"的局面，而当今将"一带一路"结合起来，就是致力于创造海陆并举、协同开展的盛况，海陆空间的结合，其空间覆盖范围是古代丝绸之路难以睥睨的。

（二）性质上的超越

"一带一路"政策丰富了传统丝绸之路的内涵，在"时代性""先进性""开拓性"三个方面对古丝路做出了创新性发展。

第一，时代性。中国人从未背弃过海洋，但也从未真正关注过海洋，海洋作为"化外之域"

的观念一直扎根于中国人的灵魂深处。当今时代,"海洋"已经成为重要的战略资源,从"大河"走向"大海"、从"内陆"走向"海洋"已经是我国发展的必然要求。改变传统丝绸之路重陆地、轻海洋的态度,创新性地将"陆上丝绸之路经济带"和"21世纪海上丝绸之路"结合起来,海陆统筹兼顾、协调并举,体现了"海洋强国"要求下典型的新时代特点。除此之外,"一带一路"的开展,也将西北、西南地区纳入到开放的前沿,有利于缩小其同东部沿海省份的差距,推动实现国内各省份的共同富裕,这同样符合深化改革开放,打造对外开放新局面这一典型的时代要求。

第二,先进性。中国古代以农耕经济为主,商业活动受到打击,士农工商影响下的中国古代社会,导致陆上丝绸之路将农产品或农业加工品作为出口的重要组成部分,可见当时出口结构并不完善,没能充分发挥自身的资源优势。当今的"一带一路"政策,在操作路径和操作理念两个方面具有高度的先进性。首先,从路径来讲,"五通"将政治、经贸、交通、货币、民心创新性地结合在一起,能够充分发挥我国的战略优势,同世界各国分享自身发展红利,这本就是平等协作的典型创举;其次,从理念来看,我国坚持古丝绸之路开放包容的精神,并在此基础上将世界看作统一的命运共同体,谋求"共同富裕",这一点也超越了历史上各国的"谋利"心理。

第三,开拓性。通过上文的论述不难发现,我国在开展"一带一路"建设的过程中,不谋求称霸,也不会称霸,而是将世界看作一个统一的整体,吸引沿线国家共同参与,通过相互之间的平等协作,沟通了解,共建繁荣世界,分享发展成果,从而共同应对目前多变的国际局势。中国这一创新性举措,以互利共赢的形式,超越了传统的区域合作方式,为世界各国的发展提供了新的发展思路。同古代丝绸之路相比,"一带一路"以其开拓性给予了框架中沿线各国远超古时的发展生机和活力。

古代丝绸之路的繁荣可见一斑。当今的中国,继往开来,在继承丝路精神的基础上,结合内外实际,赋予了这条古今之道以新的生机和活力,将欧亚紧密地联系在一起。这一传承之下出现的"一带一路"创举必将促进沿线各国的友好协作、互惠共赢,共谱丝绸之路新华章。

古代丝绸之路并不稳定,与沿途国家的政治、经济状况密切相关,其兴衰取决于中央王朝的统一与控制。此时,阿拉伯掌握航海术,通过海上到达广州、泉州、宁波等地,陆上丝绸之路的价值就没有了。

"一带一路"必须超越古代丝绸之路的不稳定性,承载重塑全球化的时代使命。"一带一路"所塑造的欧亚地区交通网络,将作为世界经济引擎的亚太地区与世界最大经济体欧盟联系起来,给欧亚大陆带来新的空间和机会,并形成东亚、西亚和南亚经济辐射区。推进贸易投资便利化,深化经济技术合作,建立自由贸易区,最终形成欧亚大市场,是两条丝绸之路建设的基本方向和目标。这将有利于域内贸易和生产要素的优化配置,促进区域经济一体化,实现区域经济和社会同步发展。亚欧大陆自贸区或欧亚大市场的形成,将对当前世界经济版图产生重要影响，促进新的全球政治经济秩序的形成。

三、"一带一路"对马歇尔计划的超越

其实，"一带一路"不仅不是中国版的马歇尔计划，更超越了马歇尔计划。二战结束后不久，美国启动对被战争破坏的西欧国家给予经济援助和参与重建的计划，以当时美国国务卿名字命名，史称"马歇尔计划"，也称欧洲经济复兴计划。马歇尔计划说是使欧洲和美国得到双赢，但也造成了欧洲的分裂，巩固了以美国主导的布雷顿森林体系，推动了北约组织的建立，美国成为马歇尔计划的最大受益方。

都是向海外投资来消化充足的资金、优质富裕产能和闲置的生产力，促进本国货币的国际化，"一带一路"倡议与马歇尔计划确有诸多类似之处，后者也给前者以历史借鉴，但是，两者的时代背景、实施主体和内涵、方式等方面不同。概括起来，"一带一路"倡议与马歇尔计划在以下方面存在较大差异。

（一）时代背景不同

美国推动马歇尔计划是为了尽快使欧洲资本主义国家实现战后复兴，防止希腊、意大利等欧洲国家的共产党趁战后经济百废待兴、政治混乱之机夺取政权，以对抗向西扩展的苏联和共产主义国家，是经济上的"杜鲁门主义"，也是冷战的重要部分，是为美国最终实现称霸全球服务的。马歇尔计划也为后来形成的区域军事集团——北大西洋公约组织，奠定了经济上的基础。马歇尔计划开启了冷战的先声，具有较强的意识形态色彩。

"一带一路"则无冷战背景和意识形态色彩，它既古老又年轻。作为古丝绸之路的现代复兴，"一带一路"继承和弘扬了"和平合作、开放包容、互学互鉴、互利共赢"的丝绸之路精神；作为国际合作倡议，"一带一路"是在后金融危机时代，作为世界经济增长火车头的中国，将自身的产能优势、技术与资金优势、经验与模式优势转化为市场与合作优势的结果，是中国全方位开放的结果。

（二）实施意图不同

马歇尔计划本意是美国通过援助使欧洲经济恢复，并使后者成为抗衡苏联的重要力量和工具，同时使美国更方便地控制和占领欧洲市场。美国当年提出马歇尔复兴计划时，附加了苛刻的政治条件，欧洲的所有亲苏联国家都被排斥在外。即使是盟国，美国也为进入该计划的国家制定了标准和规则，受援的西欧国家只能无条件接受，不仅有时间期限，且还款利息高。该计划最终导致了欧洲的分裂。马歇尔计划充分展示了美国控制欧洲的战略意图和肩负稳固欧洲以对抗苏联扩张的战略使命，催促了北约的诞生。

"一带一路"的本质是一个共同合作的平台，强调"共商、共建、共享"原则，倡导新型国际关系和 21 世纪地区合作模式。"一带一路"倡议建立在合作共赢的基础上，提倡同沿线国家进行平等友好的经济往来、文化交流，以促进沿路国家的经济发展，同时加

强中国同相应国家的经济合作，所有的经济文化交流都建立在平等自愿的基础上。

（三）参与国构成不同

马歇尔计划的参与国家是以美国、英国、法国等欧洲发达国家为主的20世纪资本主义强国，将社会主义国家及广大第三世界国家排除在外，是第一世界对第二世界的援助。

"一带一路"以古代"陆上丝绸之路"和"海上丝绸之路"沿线国家为主，并拓展、延伸到其他国家，多为发展中国家，也有新兴国家、发达国家，有利于发展中国家相互间促进经济合作和文化交流，推动各类国家的优势互补、错位竞争和经济整合，开创南南合作、区域合作与洲际合作的新模式。

（四）内容不同

马歇尔计划主要内容是美国对西欧提供物质资源、货币、劳务和政治支持，其中美国的资金援助要求西欧国家用于购买美国货物，尽快撤除关税壁垒，取消或放松外汇限制；受援国要接受美国监督，把本国和殖民地出产的战略物资供给美国；设立由美国控制的本币对应基金；保障美国私人投资和开发的权利。其结果是美国获得了大量对欧出口，使美元成为西欧贸易中主要的结算货币，帮助建立了美国战后的金融霸权，巩固和扩大了美国在欧洲的政治经济影响。此外，马歇尔计划还包含削减同社会主义国家的贸易、放弃"国有化"计划等较强烈的冷战色彩的内容。

"一带一路"倡导中国与丝路沿途国家分享优质产能、共商项目投资、共建基础设施、共享合作成果，内容包括政策沟通、设施联通、贸易畅通、资金融通、民心相通等"五通"，比马歇尔计划内涵丰富得多。

（五）实施方式不同

马歇尔计划于1947年7月正式启动，并整整持续了4个财政年度之久。计划的核心以美国为主导，依靠美国二战后强大的经济实力，通过对战后西欧各国提供赠款贷款、重建协助、经济援助、技术支持，快速实现受援国家的战后经济重建，体现的是"美国—西欧诸国"形式的一对多的援助形式。

"一带一路"由中国发起倡议，由丝路沿线国家共同参与合作完成。沿线国家积极开放边境口岸，共同完善交通建设，为经济的合作与文化的交流创造完善的基础设施，体现的是丝路沿线国家多对多的合作模式。"一带一路"特别强调沿线国家发展战略、规划、标准、技术的对接，旨在将中国发展机遇变成沿线国家的发展机遇，谋求不同种族、信仰、文化背景的国家共同发展，通过设立丝路基金和亚洲基础设施投资银行，为周边国家和区域合作提供更多的公共产品。"一带一路"长远得多，基本上是中国"三步走"战略的延伸，从陆上和海上同时开展经济走廊、项目，逐步建立起欧亚非互联互通的网络。

因此，"一带一路"并非中国版的马歇尔计划，它超越了马歇尔计划。当然，马歇尔计划的成功与其初期宣传手段及机制化的实施方式是分不开的，有些方面也值得借鉴。比如，美国政府在国内组织"马歇尔计划声援委员会"，通过工会组织和利益团体宣传，重点强调了欧洲各国在争取援助中的主动权地位，需要欧洲自行联合并提出要求，显示出了美国积极支持欧洲走向一体化的态度。再比如，在实施上，马歇尔计划重视国内立法保障合法性，国际合作走向机制化，充分调动社会力量。这些经验对中国在推动"一带一路"合作发展倡议被周边国家接受，被世界强国认可的过程中，具有借鉴意义。

第四节 "一带一路"倡议与世界经济发展

一、中国及"一带一路"倡议引领和推动全球经贸格局变革的能力

国际社会中，大国往往是促成国际合作集体行动的倡导者，也势必要承担更多的责任和义务，推动世界经济格局的发展和演变。作为"一带一路"所涉区域内当之无愧的大国，中国提出的"一带一路"不仅是中国主动参与国际合作的重大倡议，更是符合沿线国家利益的国际区域合作倡议，标志着中国逐步迈入主动引领全球经济合作和推动全球经贸格局变革的新时期。

目前中国在世界生产体系和贸易体系中发挥着重要的作用，中国的国内市场和经济发展模式已经成为众多发达经济体发展的动力源和发展中经济体发展的模版。中国几乎参与了所有与国家经济利益相关的国际和区域经贸合作，并发挥着积极的引导作用。近年来，中国逐步加强了与东亚、中亚、非洲、俄罗斯等发展中国家和地区以及新兴市场经济体的经贸联系，并且已经先后成为周边各国重要的贸易伙伴和投资来源国。通过共建"一带一路"，中国与沿线国家的区域合作将为世界经济发展注入新的驱动力。另外，目前的全球经济活动不再仅靠贸易带动，外国直接投资发挥了越来越大的作用，已经成为发达国家和发展中国家进出口贸易的重要驱动力。中国经济规模全球第二，外汇储备全球第一，既可以为"一带一路"的新兴国家提供资金来源，也能够满足沿线国家对外部市场的需求。中国已经筹建亚洲基础设施投资银行和金砖国家开发银行，向本地区和其他发展中国家的经济建设提供资金支持。

二、"一带一路"倡议与全球贸易投资格局

从当今全球的贸易格局看，全球市场存在两个有着强烈区域特征的贸易轴心：其一是大西洋贸易轴心，主要由欧美发达国家构成，这些国家因工业革命而强盛，靠海权立国并走向强大；其二是太平洋贸易轴心，主要由美洲、东亚、澳洲等国构成，这条轴心因美国主导的跨国贸易及产业转移而兴起，因"亚洲四小龙"的出现而闻名世界。显然，当前的

全球贸易格局是以美国为核心进行布局和组织的。

　　"一带一路"沿线国家巨大的合作潜力和经济实力将成为亚欧地区乃至世界的贸易增长源，而且"一带一路"这种以线带面的合作模式将进一步提升沿线整体的合作水平，并逐步建立国际经济新秩序和推动全球贸易格局重构。第一，"一带一路"沿线国家经济互补性强，但目前的贸易状况却远未反映出这些国家的真正实力。"一带一路"将促进区域内基础设施的完善、贸易投资的自由化和便利化、供应链和价值链的深度融合，特别是"一带一路"框架下的自贸区战略将从根本上改变区域贸易状况，使沿线区域经贸合作迈上新台阶。第二，"一带一路"沿线的经济凹陷区发展潜力无限。"一带一路"东侧是繁荣的亚太经济圈，西侧是经济发达的欧洲经济圈，中间的中国和泛中亚经济圈形成了一个经济凹陷区域。中亚是扼守亚欧大陆心脏的地区，是影响世界格局枢纽地区。借助"一带一路"倡议，中亚国家不仅将打通出海通道，还将深度融入世界经贸合作体系，从整体上激发亚欧区域的经贸合作水平。"一带一路"一方面可以促进中国中西部地区及泛中亚经济圈的发展，拉平丝绸之路经济带的凹陷区域；另一方面可以形成区域的新兴增长极。第三，"一带一路"将进一步促进中国与欧盟的经贸往来。目前，中欧之间的经贸合作主要依靠海陆通道。"一带一路"建设将拓展中欧合作的陆路通道，进一步扩大双方的经济贸易往来。

　　区域合作并不是相关国家经济力量的简单加总，而是通过合作产生协作力使经贸合作以加速度的方式发展。随着"一带一路"倡议的推进，世界将形成以亚欧为核心的全球第三大贸易轴心，推动全球贸易重构。而且，中国将位于太平洋和亚欧两大贸易轴心的中间位置，在未来全球贸易格局中将发挥引领性作用。

三、"一带一路"倡议与亚洲产业分工体系

　　20 世纪 50 年代至 80 年代，世界经历了三次产业结构转移，从美国到日本，从日本到亚洲"四小龙"，再从亚洲"四小龙"到东盟和中国，这就是著名的雁形模式产业转移。东亚地区通过产业的梯度转移，大力发展外向型经济，实现了整个地区的经济发展奇迹。雁形模式下，美国、日本和东亚之间互相影响、互相制约，形成了一个密切合作的有机整体。美国吸纳东亚国家输出的大量商品，从需求上带动东亚地区的工业发展；日本一方面从供给方面支持东亚的工业化，为东亚地区提供工业化发展所需的生产资料和技术设备，另一方面以购买美国国债的方式将从美国和东亚获取的贸易盈余回流给美国；东亚以对美国出口获取贸易盈余，弥补对日本的贸易赤字，美国和日本以出口中间产品和资本品的方式塑造了东亚地区的垂直型分工模式。在东亚地区内部，日本、亚洲"四小龙"、东盟和中国也形成了一个有机整体，互相联系、互相依赖。整体来说，东亚处于美国领导的雁形模式下，美国向紧随其后的国家提供经济增长动力。

　　20 世纪 90 年代以来，尽管日本仍然扮演着东亚"领头雁"的角色，但其国内经济增长停滞，且产业空心化导致产业升级以及向东亚区域产业转移的步伐明显放慢，带动东亚

产业结构调整的能力也大大减弱。进入 21 世纪，随着亚洲"四小龙"、中国和东盟经济的快速发展，特别是中国经济的快速崛起，东亚内部的垂直型分工模式被东亚乃至亚洲的复杂型国际生产网络所取代。

目前，中国已经取代日本世界第二大经济体的位置，东亚和亚洲地区的雁形模式逐渐被打破，"一带一路"背景下的沿线国家比较优势差异明显，国家间在产业结构、商品结构和贸易结构上的互补性较强。依据劳动分工理论，沿线国家具备当初东亚地区形成雁形分工模式的区位条件和产业基础，还具备当初东亚地区没有的政策利好，因此"一带一路"将改写东亚和亚洲的产业分工模式和格局。随着"一带一路"倡议的推进，中国的劳动密集型行业和优势性资本密集型行业将按照雁形分工模式，依次转移到沿线国家，带动沿线国家的产业结构调整和升级，推动沿线国家工业化水平的提升。这将改变沿线国家一直以来仅是作为世界贸易发展的过道而沦为经济凹陷地区的局面；这将超越以美日为主导的雁形模式所造成的亚洲地区发展不平衡的困境；这也将构筑以我国为"领头雁"的新型雁形模式，推动亚洲地区的产业分工格局重构。

二战后，以美欧为首的发达国家凭借其在世界经济中的影响力和主导地位，主要以 WTO 为平台推行和制定了各种有利于自身利益的全球治理规则和全球经贸规则。随着 WTO 多哈贸易谈判陷入困境，全球经贸的发展另辟蹊径即以区域贸易规则创建为基础，辅以规范某一领域的诸边贸易规则，然后通过与货物、服务及跨境投资等规则的融合，逐渐形成新的多边贸易投资规则。世界经济缓慢复苏以来，区域合作和多边合作中的"规则之争"已经超越了传统的"市场之争"，成为新一轮全球化博弈的角力点。

在新的全球经贸规则形成过程中，发达国家仍然力图主导新规则的制定。随着发展中国家特别是新兴经济体的崛起，全球经贸格局和力量对比正在发生演变，发达国家主导的全球经贸规则受到冲击。为了培育和建立新的竞争优势，应对来自新兴经济体的挑战，发达国家开始发力构建高标准排他性自贸区，意在重构全球经贸新规则，如近年来美国政府紧锣密鼓推行的 TPP 和 TTIP 便是谋求全球经贸规则的主导权，迫使发展中国家做出更大让步，进而主导全球经济治理的行为。

无论是当前 WTO 框架下的全球经贸规则，还是以美欧为主导的新一代全球经贸规则，均没有反映出国际经济格局的深化发展，新兴经济体和发展中国家始终没有恰当的、合乎身份的话语权和国际规则的制定权。而且，美欧主导的新一代全球经贸规则，特别是 TTIP 达成的高标准协议还将给发展中国家参与国际竞争设置重重障碍和壁垒，削弱发展中国家的国际竞争力，限制发展中国家参与国际经济活动。因此，全球经贸规则的各方层次、体系结构和制度规则都亟须调整和变革。

目前，广大发展中国家要求建立公平合理的全球经贸规则的呼声日益高涨。作为对世界经济增长贡献最大的国家，中国应该充分发挥不断提升的影响力，积极主动地推动全球经贸规则朝着合理化的方向发展。"一带一路"倡议的重点之一就是加快实施自贸区战略，这将推动中国与沿线的发展中国家和新兴经济体构建一套更加适用于广大发展中国家和新兴经济体的经贸规则。随着自贸区的扩大，这些内容将逐渐扩展为多边经贸规则，这不仅有利于扭转沿线国家被现有规则体系排斥在外的局面，增加发展中国家在全球经贸规则的话语权，而且能够促进广大发展中国家深度参与和融入全球化，"一带一路"建设将为发展中国家的和平发展创造有利的制度环境。

另外，经济危机在世界范围内的广泛传导凸显出以美元作为主要储备货币的国际货币体系存在着严重的系统性缺陷。广大发展中国家迫切希望改革全球治理体系，特别是全球货币体系，使国际储备货币以币值稳定、供应有序、总量可调为原则进行调整和完善，从根本上维护全球经济稳定、保护各国经济利益。"一带一路"背景下，人民币在沿线国家使用机会增加，沿线的大宗商品交易、基础设施融资、产业园区建设、跨境电子商务，以及亚投行、丝路基金、金砖国家开发银行、上合组织开发银行等多边金融机制都将成为人民币进一步国际化的突破口。国际货币体系和金融体系重建是改善资源配置的最基本途径。依据最优货币区理论，"一带一路"沿线国家在建成命运共同体的诉求下，将有极大可能在沿线区域内形成人民币货币区，这将在推动中国和发展中国家在未来国际货币体系和金融体系中增加发言权，促进全球货币体系重构。

四、"一带一路"背景下全球经贸格局重构的国际基础

中国全球经济大国地位是"一带一路"倡议推动全球经贸格局重构最为坚实的基础，但"一带一路"的顺利推进和全球经贸格局的重构不能仅靠中国的一己之力，沿线国家的能力和支持也是重要的国际基础。

（一）沿线国家的强大市场需求和供给能力

21世纪以来，世界经济发展的最突出特点是包含亚洲、拉美、非洲的大多数发展中国家的整体性壮大。"一带一路"沿线国家以发展中国家为主，近年来，这一区域的经济增长尤为显著。

"一带一路"沿线国家高速经济增长创造出庞大的市场需求，发展中经济体对世界经济的影响力来自其日益扩大的需求和庞大的供给能力，这对世界构成了积极的"需求冲击"和"供给冲击"。目前，仅中国和印度的自然资源消费量就占到了全球的一半。"一带一路"建设还将进一步激发和拉动沿线国家对能源和原材料的需求，而沿线国家的自然资源丰富，这将带动沿线国家原材料出口增长，促进经济发展，从而进一步推动"一带一路"的整体崛起。"一带一路"将推动沿线国家，特别是中亚等一些原本被世界经济体系边缘化国家的大量劳动人口和大量产品进入世界经济流通体系，发挥抑制全球通胀和通缩的双重效应，进一步推动"一带一路"对世界经济增长的贡献。

（二）沿线发展中国家对区域合作的重视和支持

"一带一路"倡议虽然是由中国提出的，但实质是一个各国合作共赢的战略，有助于沿线国家更多地从区域合作中分享经济增长的红利。从理论上讲，小国间区域合作对小国福利增加的效应并不明显，而与大国的合作将为小国带来显著的福利增加，小国通过建立各种区域合作机制在制度中分享大国权利。当今世界，小国实现其大国战略的途径之一就是通过与大国联盟来缩小与大国的权利差距。实证研究也证明了这一点，中国以周边国家为基础建立的自由贸易区，其成员国经济获得较大的驱动，且驱动力度总体上都大于中国。因此，当前国外部分研究认为"一带一路"的倡议目的是中国转向欧洲以降低对美国的依赖的解读就存在方向性偏误。"一带一路"倡议"创造利益"的一面要远大于其"避免损失"的一面。

"一带一路"沿线大多是发展中国家和新兴经济体，大都处在发展经济的关键阶段，面临加快经济转型升级的紧迫任务。目前，沿线各国已不再单纯依靠多边贸易体系，而是将区域贸易合作作为对外贸易战略的重要组成部分，最大限度地发挥各自优势，探索符合各自国情的发展道路。金融危机的事实告诫广大发展中国家和新兴经济体，过度依赖少数发达国家市场是世界经济的一颗定时炸弹。而"一带一路"倡议有利于沿线的发展中国家之间扩大交流与合作，进一步发挥各自比较优势，促进区域内要素自由流动、提高资源配置效率、推进市场深度融合，并且通过合作创造新的竞争优势。

（三）欧洲对"一带一路"的积极推进和融入

在推进区域合作过程中，欧盟先后提出地中海联盟、俄欧新关系等思路，但始终没有收到很好的效果。"一带一路"背景下，丝绸之路经济带主要涵盖中亚、南亚、西亚及东北亚的经济合作，并最终融合一起通向欧洲；21世纪的海上丝绸之路是从海上连通亚欧非三个大陆，最终与丝绸之路经济带形成一个海上和陆地的闭合区域，形成亚欧大陆经济合作的大格局。这比欧盟预想中的经济合作范围更大、效果更好。因此，对于欧洲来说，"一带一路"是其必须抓住的机遇，是增进欧洲利益的理性选择。欧洲已经意识到一个强大的中国有利于欧洲的发展，因此欧洲必须从战略的高度推进中欧合作和积极融入"一带一路"。

五、"一带一路"背景下全球经贸格局重构的实现机制

"一带一路"倡议必定推动区域内国家的逐步强大，也必定引领全球经贸格局的变革，但这个过程不是自发的，需要相关国家积极推进。

（一）以区域合作组织为平台挖掘沿线国家市场潜力

"一带一路"横贯亚欧大陆，涉及国家众多，区域内现有的经济合作组织为推进战略的建设提供了现实的合作平台。丝绸之路经济带区域内除上海合作组织和欧亚经济共同体外，还有中亚区域合作、欧亚运输走廊、中西亚经济合作组织、突厥语国家合作委员会等

多个区域性合作组织，这说明上海合作组织和欧亚经济共同体的成员国、观察员国、对话伙伴国之间已经建立全方位联系。因此，以上海合作组织和欧亚经济共同体为主体框架，能进一步提升"一带一路"沿线国家的经贸合作空间和水平。21世纪海上丝绸之路也是现有合作的延续和升级，是现有合作机制的进一步推进。东盟是海上丝绸之路的关键区域，既是陆路起点又是海路枢纽。中国－东盟自贸区是推进"一带一路"的重要抓手和平台，以中国－东盟自贸区为平台并打造自贸区的升级版能够进一步挖掘中国与东盟各国的贸易潜力。

（二）以中国为核心构筑全球性自贸区群

目前，"一带一路"沿线国家存在较多的贸易投资壁垒和障碍，是当前沿线国家面向区域内贸易比重较低的原因。作为自贸谈判的主要内容，贸易和投资便利化是发挥"一带一路"沿线国家比较优势和经济合作潜力的必要条件，因此，加快区域内国家的自贸区建设是"一带一路"倡议重构全球经贸格局的必然之举。区域贸易协定具有吸引更多的国家加入或者模仿的效果，诱发"多米诺骨牌效应"，这能够加速"一带一路"区域整体乃至与其他区域的汇合。可以预想，未来"一带一路"倡议框架下将建成以中国为轴心，涵盖中亚、南亚、西亚、东南亚等周边区域，辐射欧洲、非洲和拉美国家的自由贸易区群。

（三）以货币合作增强重构全球经贸格局的实力

货币合作是区域合作过程中提高内部贸易比重和经济融合程度的重要手段，对促进区域经贸合作稳定发展发挥着关键性作用。对于"一带一路"地区，货币合作尤为关键，原因有三：其一，"一带一路"背景下沿线国家将以出口导向型经济发展战略为主，以美元计价的出口价格使区域合作面临较大的汇率风险；其二，"一带一路"将推进大量的基础设施建设，需要大量长期资本投入，而目前区域内资金以短期为主，亟须在区域内建立长期货币合作机制；其三，"一带一路"区域是世界储蓄率较高的地区，如仍以美元结汇则导致结汇美元走出一条先投放回美国而再由美国金融机构把外汇投资到这一区域的弯路，进行区域货币合作可以直接以本区域的储蓄满足投资需求。另外，在"一带一路"区域内加强货币流通和合作的过程中，可以进一步扩大人民币使用范围和影响力，减少美元贬值而受到的影响，也可以进一步推动人民币国际化，提高中国在国际市场的话语权，增强重构全球经贸格局的实力。

（四）以互联互通推进"一带一路"区域的整体融合

互联互通不仅是"一带一路"建设的基础和前提，更是"一带一路"重构全球经贸格局的根本要求。第一，互联互通能够提升区域整体的经济实力。从欧盟和北美自由贸易区区域合作的实践来看，基础设施的完善、生产要素的自由流动和国家间发展水平的收敛能够形成一个良性循环，"一带一路"的互联互通将缩小沿线国家经济差距、平衡区域内部发展、提高区域各国国民福利和经济可持续增长能力。第二，互联互通能够促进区域经济体系形成。"一带一路"海陆互联互通的不断推进将能够推动区域内利益共享的资源保障体系的建立和完善，促进区域内产业分工体系的形成和深化，最终逐步完善甚至重构区域生产网络，构建区域市场以及优化区域贸易和生产要素配置，形成区域内完整的经济体系。第三，互联互通推进区域内的民心所向。互联互通使得"一带一路"倡议首先物化为沿线国家人民看得见和摸得着的具体工程项目，明显地改善人民的生活，最终表现为国民福利的增加和提升。因此，"一带一路"倡议必须打造横贯东西和连接南北的亚欧海陆立体大通道，促进区域整体的融合，构建全球经贸新格局。

第二章 "一带一路"背景下中国区域经济发展的途径

第一节 中国"一带一路"重点区域贸易发展格局

一、中国与"一带一路"重点区域的贸易产品

（一）东亚（蒙古）地区

中国对东亚（蒙古）出口以锅炉、机器机械为主，进口以资源能源产品为主。

（二）东南亚地区

中国对东南亚进口、出口产品均以机电产品为主。

（三）南亚也区

中国对南亚出口以机电产品为主，进口以贵金属、棉花为主。

（四）中亚地区

中国对中亚出口以鞋、靴、服装为主，进口以资源、能源型产品为主。

（五）西亚北非地区

中国对西亚北非出口以机械机电产品为主，进口以能源型产品为主。西亚北非地区以西亚国家为主，北非地区仅涉及埃及一个国家。中国对西亚北非出口额排在前两位的产品是电机、电气设备及其零件和锅炉、机器、机械器具及零件。

（六）东欧地区

中国对东欧出口以机电机械产品为主，进口以能源型产品为主。

二、中国与"一带一路"沿线国家贸易商品结构

"一带一路"沿线国家在中国对外贸易中的地位不断提高。该区域在中国各类商品出口贸易中的比重提升较快，出口商品结构有所优化，但优化进程相对缓慢；而中国进口商品结构日趋集中，能源及劳动密集型产品占比显著提升。

中国与沿线国家贸易的商品结构与各国出口优势行业基本一致。中国对"一带一路"沿线六大板块的出口商品以机械设备及纺织服装为主；进口方面，蒙、俄、中亚、西亚及中东是中国能源进口的主要来源地，南亚主要为服装，东南亚及中东欧国家则为机械设备。

中国与经济规模相对较小且产业结构较为单一的国家存在一些敏感性行业。中国出口涉及的敏感性行业主要为纺织服装、鞋帽、非金属矿物及交通运输设备等；进口涉及的敏感性行业种类较少，主要包括能源、矿砂、木材及其制品、皮革等初级加工品。

从省域层面来看，东部沿海、中部及西部地区非边境省份主要与东南亚、西亚及中东两大板块贸易往来密切；西部及北部边境省份的边境贸易特点明显，与中亚、南亚、蒙俄等板块贸易份额较高。

从商品结构的省域空间格局看，东部、中部及部分发展较快的西部省份的出口商品主要为机械设备，福建、浙江及西北地区主要出口纺织服装；内蒙古、宁夏、山西及西南地区主要出口化学制品、能源及金属制品等。进口方面，东部省份及青海、新疆、辽宁、黑龙江等主要进口能源；陕西、四川、重庆及河南主要进口机械设备；西部其他多数省份主要进口矿物、金属制品等资源类产品；吉林主要进口交通运输设备及机械设备。

在未来发展中，建议加快优化中国对沿线国家的出口商品结构，加强与沿线国家在先进制造业领域的合作，同时适当扩大非能源产品的进口，实现互利共赢；加强当前贸易中敏感性行业的相互合作，鼓励国内相关企业到国外进行投资；鼓励国内相邻省份加强产业协作，充分发挥规模经济效应，促进相关企业抱团走出去；要充分发挥边境贸易的作用，鼓励边境地区创新合作方式、扩大合作规模，进一步深化边境地区与周边国家的经贸合作。

近年，中国与"一带一路"沿线国家贸易增长迅速，沿线国家在中国外贸市场中的地位不断提升。

从分行业对外贸易中沿线国家的占比来看，沿线国家在中国各类商品出口的占比均有所上升；在中国进口贸易中，不同商品类别的发展趋势各异。尽管沿线国家在中国出口贸易中的地位不断提升，但资源初加工产品及劳动密集型产品出口增长最快，中国对该区域出口商品结构的优化相对滞缓。在中国进口方面，沿线国家日益成为中国能源及劳动密集型产品的主要来源国。

在中国与沿线国家贸易结构中，中国出口商品结构有所优化，进口商品结构日趋集中，能源类商品占比不断提升。

三、中国与"一带一路"沿线国家贸易的商品格局

（一）进出口商品结构

中国出口商品以机械设备及纺织服装为主，但受沿线国家不同需求结构影响，中国对不同国家的出口商品结构略有区别。中国对中亚国家出口以纺织服装为主，其次为机械设

备。中国对其他五大板块的出口以机械设备为主,其次为纺织服装。

在进口方面,由于沿线国家不同的资源禀赋及产业结构,中国进口商品结构存在显著差异。蒙俄、中亚、西亚及中东三大板块能矿资源丰富,中国对这三大板块形成了能源绝对主导的单一型进口商品结构。中国从南亚及中东欧进口的商品结构相对多元化。中国从南亚进口商品中,纺织服装占比较高,金属制品、矿物、矿物制品等也占有一定比重;中国从中东欧国家进口的商品主要有机械设备、交通运输设备及矿物等;中国从东南亚地区进口的商品主要为机械设备。

中国与沿线国家进出口商品结构与这些国家出口优势行业基本一致,同时受各国需求结构影响。中国出口商品以机械设备及纺织服装为主;蒙俄、中亚、西亚及中东三大板块对中国的出口是能源主导的单一型商品结构,南亚主要出口纺织服装,东南亚主要出口机械设备,中东欧国家出口商品主要有机械设备、交通运输设备及矿物等。

(二)贸易敏感性部门

与中国贸易存在敏感性部门的国家大多经济规模较小,产业结构相对单一,且依赖中国对外出口的敏感性部门明显多于依赖中国进口的部门。

第二节 中国"一带一路"自贸区建设的战略与布局

一、"一带一路"经济走廊与自贸区网络的构建

当前,全球区域合作正进入一个新的"框架重构"阶段。自美国重返亚太并将"跨太平洋伙伴关系协定"(TPP)作为亚太经济一体化的主要路径以来,亚太地区事实上形成了 TPP 和"区域全面经济伙伴关系"协议并行的区域合作格局。同时,由"跨大西洋贸易与投资伙伴协定"和"服务贸易协定"所引领的国际贸易与投资规则的"重塑"正在成为影响全球贸易格局和区域经济发展的新的重大外部因素。截至目前,"一带一路"经济走廊沿线及其辐射区域中,中国已经与新加坡、马来西亚、泰国、越南、老挝、缅甸、柬埔寨、巴基斯坦签有自由贸易协定,与印度和海合会的 ETA 谈判、与欧盟的双边投资协定(BIT)谈判也在进行中。中国与中南半岛、孟中印缅和中巴经济走廊沿线国家已经初步形成了较高水平的自由贸易区网络,而中国与俄罗斯、中亚各国之间还缺乏自由贸易协定安排。其他国家或地区中,东亚以东盟、中亚以俄罗斯和哈萨克斯坦、西亚以海合会为主体也形成了各自的自由贸易协定网络。这一"中心—辐条"体系使得"一带一路"经济走廊尤其是东亚与中亚、东亚与西亚国家间的一体化格局呈现出"天然的"分割特征。在一体化的路径上则面临着 TPP 与 RCEP 的融合与竞争、TTIP 与欧亚经济联盟的对接等一系列问题。而

沿线国家在关税与非关税壁垒、贸易和投资便利化方面的差异也加大了"一带一路"从经济走廊到经济一体化的难度。

二、"一带一路"经济走廊与区域价值链的延伸

如前所述,关税和非关税壁垒的削减将是"一带一路"经济走廊沿线国家实现贸易自由化和经济一体化的重要领域。同样,贸易和投资便利化也是"一带一路"(经济走廊)建设的重要内容。中国和"一带一路"经济走廊沿线国家有必要以现有的自由贸易协定为基础,进一步推动中国与沿线国家的贸易自由化和经济一体化,为沿线国家经济的持续增长和价值链的延伸与升级创造新的条件。

总体而言,"一带一路"经济走廊沿线国家间贸易便利化程度呈两极分化态势,各国尤其是沿线发展中国家的贸易便利化还存在很大的提升空间。

在未来的"一带一路"经济走廊和一体化建设过程,中国与沿线国家有必要以提高通关效率作为贸易和投资便利化的突破,在降低贸易和投资成本的同时,进一步提高沿线各国间供应链的联通,为沿线各国间价值链的延伸和供应链能力的提升创造条件。

三、"一带一路"经济走廊还须早期收获

自中国提出共建"丝绸之路经济带"和"21世纪海上丝绸之路"倡议以来,"一带一路"尤其是经济走廊建设已经进入具体项目实施阶段。作为中国对外开放新战略,"一带一路"(经济走廊)对中国国家和社会的相互协调及政治、经济、文化的相互整合均提出了更高要求。

鉴于"一带一路"(经济走廊)建设的长期性、沿线国家的差异性和外部环境的复杂性,争取早期收获自然成为"一带一路"经济走廊布局和起步阶段的关键。由于"一带一路"(经济走廊)的福利效应是一个逐步释放的过程,早期收获首先必须具有很强的示范效应。而在具体的项目建设和工程推进过程中,早期收获还须统筹兼顾所选项目的技术可行性、预期盈利性和环境可持续性。既要考虑项目的技术和资金成本,又要考虑项目所面临的风险、不确定性或社会成本;既要遵循市场规律,又要兼顾项目与"一带一路"倡议目标的匹配程度(具体到项目的设计,应兼顾市场盈利与社会责任目标,避免短期行为或竭泽而渔;具体到项目的实施,则应贯彻市场化、国际化和专业化的原则,避免自身特色与各方目标的失衡与错位)。要着眼于六大经济走廊和海陆互联互通等"一带一路"骨架项目的战略收益,更要着力于贸易自由化和投资便利化、产业园等非战略性项目的经济效应和示范性效应。

作为"一带一路"倡议的有机组成部分,未来一段时期,随着"一带一路"经济走廊建设的不断推进,其贸易创造效应、投资促进效应、产业聚集效应、空间溢出效应和一体化框架下的联动效应将会对沿线各国提升(经济)发展水平起到积极的促进作用。未来一

段时期,在"一带一路"由经济走廊向基础设施一体化、区域经济一体化的动态演进过程中,中国需要不断细化与沿线国家不同形式的合作关系,进而采取差异性策略,做到区别对待;需要区分沿线不同国家或地区的内部制度,将市场细分和受众分析做得更加细致。唯有如此,才能确保"一带一路"(经济走廊)的发展空间、活力和可持续性。

第三节 "一带一路"对外贸易与区域经济一体化发展的制约

一、中国边境对外贸易与区域经济一体化合作的制约

(一)边境地区对外贸易法律、法规与国际规则不适应

边境贸易是在特定的边境地区与毗邻国家实施的一种特殊贸易方式。边境贸易是指毗邻两国边境地区的居民和企业,在距边境线两边各 15 千米以内地带从事的贸易活动。这是最惠国待遇的一个例外,这一规定为边境贸易的开展创造了必要的法律空间,把边境贸易作为一种国际贸易的形式,并允许给予其特殊的优惠安排,即一个成员国在边境贸易中给予毗邻国家特殊优惠或便利是被允许的,而且这种优惠或便利作为最惠国待遇"例外"可以不适用于其他缔约方。

边境贸易是对外贸易在边境地区的一种特殊表现形式。现行的相关法律法规滞后于对外贸易发展速度,使得人们对边境贸易内涵的认识产生了分歧,也产生了边境贸易是否有存在的必要等疑问。

边境贸易是指我国边境地区的边民互市贸易和边境地区经批准的企业通过国家指定的陆地口岸,与毗邻国家边境地区的企业或其他贸易机构之间进行的贸易活动,在范围上包括边境小额贸易、边民互市贸易和边境地区对外经济技术合作。

这一内涵界定可以从四个方面来理解。一是界定了边境贸易的主体资格,边境小额贸易企业(边境小额贸易中经过批准的企业)与边民互市贸易中的边民是边境贸易的主体。二是界定了边境贸易的地域范围。规定边境贸易必须是通过国家认可的陆地口岸所进行的。三是界定了边境贸易的形式。依照现行法规,一切符合地域限定条件和主体资格限定条件的经济贸易活动实际上都已经被纳入边境贸易管理范围。四是界定了边境贸易的特征。作为一种特殊形式的国际贸易,边境贸易实行特殊的优惠政策。

(二)现行法规中边境贸易定义的缺陷

依照现行外贸法,对外贸易的经营权实行备案登记制,而边境小额贸易的经营权是审

批制，两者存在矛盾。外贸经营权实行审批制的背景是在我国从计划经济那种高度集中的垄断型经营制度转到市场经济的过渡时期，尚未完全确立现代企业制度，国家还无法通过灵活地使用经济手段管控对外贸易。它是一种过渡性的制度，在这种制度下，外贸经营权是由政府控制的。一方面，因为审批制造成有外贸经营权和没有外贸经营权的企业之间存在着不平等，对市场竞争形成了限制等因素使然，而背离了国际规则（根据WTO要求，世界贸易组织成员方的企业，只要注册登记后，不仅拥有国内市场的销售权，还应拥有进出口经营权）；另一方面，外贸经营权实行审批制也致使我国外贸行业的主体结构存在不合理，国有外贸企业在国际竞争力上存在不足等弊端。

作为对外贸易的一种特殊表现形式，边境贸易的管理制度首先要依照对外贸易的基本法律法规。但依照现行的边境贸易经营主体管理制度，边境小额贸易企业实行的仍然是审批制。新外贸法中的对外贸易经营备案登记制要求更贴近国际规范，对企业来说更加平等，在管理上更加透明，而审批制与其是不相适应的。

（三）以税收优惠为主要国家边境贸易的"优惠"，与贸易自由化发展不相适应

边境贸易中如何制定有效、实际的特殊优惠政策，是近年来在边境贸易的相关研究中被高度关注的问题，也是困扰从事边境贸易理论研究与从事实际工作部门的问题。伴随着区域经济一体化发展，我国不断加强同周边国家的区域经济合作，部分区域经济合作组织（如东盟）早已走在自由贸易的前沿，这弱化了边境贸易政策中现有的优惠政策，也导致很多人开始质疑边境贸易是否还有存在的必要。依照我国边境贸易的相关法规，边境贸易的优惠主要表现在两方面。一方面是"免征"或"按法定税率减半征收"进口关税或进口环节税；另一方面是规定一定的贸易额度，在额度内的边民互市贸易可以享受相关优惠。但是，这些优惠远远无法满足快速发展的贸易自由化。

在进出口管理制度方面，我国对进口与出口的边境贸易中的优惠制度安排表现有所不同。进口方面的优惠主要覆盖除烟、酒和化妆品之外其他原产于邻国的产品；出口方面的优惠主要表现在除国家指定经营（现已不存在）和国有贸易管理的商品之外，实行配额及许可证管理的商品免领出口许可证和出口配额。随着人民币的国际化，相关政策还补充了实行人民币结算和人民币结算出口等退税边境贸易出口方面的优惠。事实上，国际贸易管理制度包含多种管理制度，如出口退税管理制度、税收管理制度、外汇管理制度、海关管理制度、国有贸易制度、商品检验检疫制度等。相比而言，我国边境贸易优惠在海关管理制度方面仅仅是对海关手续的简化，优惠体现更多的只是在税收管理制度中（进口关税及进口环节税管理方面）。为适应人民币国际化要求，我国在出口退税管理制度及外汇管理制度上主要表现为边境贸易中的人民币结算和人民币结算退税的相关改革措施，而在边境贸易的其他制度方面，与一般国际贸易"优惠"相比不存在特殊的制度及政策安排。

此外，边境贸易优惠政策中的"免征"和"按法定税率减半征收"等规定，体现的是

相对静态的方式。当前贸易自由化迅速发展，税收方面的优惠有其自身的极限（如"零"关税），即使达到了税收优惠的极限，推动边境地区经济繁荣发展，加强与周边国家的经济技术合作，依然是边境贸易的目标要求。然而，目前边境贸易优惠政策的参照物是相对稳定的税收制度（如所得税、关税），当税收优惠达到极限时，边境贸易优惠也会丧失意义。

二、中国地方政府与周边地区跨境次区域经济合作的制约

中国边境地区区域经济一体化发展既顺应时代发展要求，也反映参与主体方的共同利益，有利于双边国家经济的快速发展，也加速了区域内产业结构调整升级。中国边境地区在推进与周边国家区域一体化进程中存在诸多制约其发展的因素。

（一）中国与东盟区域经济一体化进程存在的制约

自中国与东盟建立对话关系以来，在政治、经济、科技、文化等领域都开展了许多合作，并取得了一定成就，但制约和阻碍东盟一体化发展的因素一直存在。

1. 合作动力结构不完善

新功能主义认为，政治一体化过程是一种通过利益政治的政治发展过程。在新功能主义看来，技术改变或功能性需求并不会促进一体化的发展动力，各种政治力量（政党政府、利益集团、国际机构）为谋求各自利益的最大化而施加压力所产生的相互作用才是一体化的动力来源。从世界体系的层面看，追求共同决策的动力在于政治、经济相互依赖的存在和发展。从民族国家层面看，促使国家间一体化发展的动力来源于各利益集团，尤其是不断加强的功能性利益集团间的跨国沟通。从个人层面看，共同的社会使人们的态度和心理发生变化，从而导致忠心和期望的转移。政治的集团基础是新功能主义的重要理论假设条件之一。利益集团在经济领域是最为集中、最为活跃的，这造成了一体化必须在经济领域开始。

在东盟成立初期，各成员国普遍经济不发达，也没有强大的社会经济利益集团，只能靠国家中央政府的推动，而无法形成一种能从非政府层面推动国家间经济合作的跨国利益集团，这对深入发展经济合作具有极为重要的影响。追求经济利益是利益集团推动跨国经济合作的主要目的，如何分割合作收益是经济合作面临的主要问题，这个问题属于技术层面，因此较易成功。而政府推动合作时主要考虑的是国家的政治利益，这种经济合作由于受到牵制过多，往往进程较为缓慢，效果也不明显。

东盟内部的合作动力不足，发展缓慢，始终未能超出国家间合作的范畴。探究其根本，主要在于东盟的成立是其成员国在内外部安全环境受到威胁状况下政策协商的结果，而不是经济利益驱动的结果。

东盟成立时，东盟各成员国刚独立不久，时间最长的也只有21年。在帝国主义殖民统治长期的压迫下，东盟国家经济水平普遍较低，经济结构也不合理，并不存在新功能主

义所假设的一定经济基础上的多元化，因此没有社会利益集团直接或间接地推动其进行一体化发展，而是在国内外环境安全的压力下成立了东盟。

2. 认同感（即东盟方式）存在分歧

"东盟方式"作为东盟在组织和决策上特有的方式，核心是坚持各成员国互不干涉内政，通过非正式磋商的方式达成全体意见一致。这使得东盟在组织和决策上具有非强制性和非正式性的特点，表现为不追求成立超国家权力机构约束各成员国，强调国家主权是神圣不可侵犯的，确保国家之间处于绝对平等的地位。也正是因为坚决不让渡国家主权，追求绝对平等，造成东盟作为区域组织一直相当松散，甚至无法确保东盟国家间达成的协议能够顺利实施。由于固守传统的主权观念，反对超国家权力机构进行干预，东盟难以实现真正意义上的经济合作，阻碍了地区经济一体化的发展，"东盟方式"必然需要进行改革。然而根据当前的实际状况，规模不断扩大的东盟仍处于不断深化加强政治合作时期，各成员国在政治、经济、宗教、文化等方面都存在着不可忽视的差异，多元化的现状仍然需要"东盟方式"。在现阶段，"东盟方式"在促进东盟内部政治合作方面所具有的优点和长处仍将发挥不可替代的作用。由此可见，对"东盟方式"的改革在今后将是一个长期化过程。

3. 超国家机制尚未形成

超国家机制是新功能主义的一个核心理论要素。关于地区一体化的新功能主义机制涉及"超越民族国家"行使国家主权的某些部分，但是这些权力不必完全交给一个独立组织。相反，一体化过程涉及给予共同机构更大的权力和限制，并且扩大联合决策的范围，提高其重要性。"超国家性"思维被新功能主义引用，超国家性是指国家主权的"共享"而不是主权的削弱，国家主权权威被扩展到超国家权威机构，其成员国与之共享主权。新功能主义主张，要建立制度化的区域性超国家机构——政治共同体，需要通过外溢机制使一体化从技术性部门逐渐扩展到政治性部门而实现。新功能主义者所说的政治共同体与联邦主义的集中化观念有相似之处，是一个或多或少具有中央集权倾向的新的超民族国家。同功能主义强调的非政治化的功能性组织相比，新功能主义的超国家机制更具政治性，具有联邦特色。

纵观东盟多年的发展历程，可以发现，东盟的超国家机制还远未建立起来。一直以来，东盟强调非机制化，且非机制化成为东盟方式之一。在东盟组织中，虽然东盟首脑会议和东盟部长会议是东盟的决策机构，但是各国的首脑和政府部长只是代表本国利益。秘书处是东盟的常设机构，一直到20世纪90年代，东盟秘书处的规模都很小，秘书处的负责人称为东盟秘书处秘书长，而不是东盟秘书长，其职责仅是监督经济技术合作。对上，秘书处从属于东盟常设委员会，常设委员会由会议东道主的外交部部长和其他各国驻该国的大使和高级专员组成，每年重组一次；对外，秘书长无权处理与非东盟成员国之间的事务；对内，即对附设在各国外交部的秘书处，也无权发号施令。

4.一体化的外溢效应有限

新功能主义认为，强烈的合作愿望是启动和进行国际经济合作的源泉和条件。而强烈的合作愿望既可以是来自对合作所获得收益的良好预期，也可以是因为受到内外部环境的压迫。其强烈的合作收益预期的一个隐藏的前提条件，即假定经济比较发达、社会多元化进步比较明显。

东盟成员国都是发展中国家，处于不同的经济发展水平，但产业结构和经济结构比较相似，这些因素是东盟一体化进程中的极大约束。以发展经济学的视角分析，不平衡增长会导致"前向联系"和"后向联系"的产生。所以，发展中国家的区域经济一体化发展往往会导致区域内出现"增长极"现象，会使成员国间的发展差距更大，从而进一步阻碍区域一体化的进程。比如，影响削减关税和东盟自由贸易区的进程，越南、缅甸和老挝三国在削减关税的幅度和进程上明显落后于其他东盟成员国。由于越南、缅甸和老挝的经济发展水平处于东盟的最低层次，但关税水平明显比其余各成员国高，在建设自由贸易区的过程中，三国的收益较少，甚至会损失某些利益，因此在合作中常常抱有不积极的态度，甚至可能为保护本国的民族工业成长和市场发展抵制区域一体化的发展。

总之，由于经济发展水平不平衡、经济发展潜力各异，哪怕只存在很小的差异，国家间组成的经济集团也总会有离心力的存在，这种力量严重影响区域经济一体化，最终会走向新功能主义预期的反面。

通过研究现有国际合作理论和欧洲经济合作的成功事例可知，国家间在某一领域的成功合作会产生一种外溢效应，即一个领域的合作成功不仅能够带来具体合作项目上的收益，还能使人们既有的行为习惯和活动方式发生改变，因为合作的成功可以给人们带来对其他领域合作成功的预期，培养人们形成合作的习惯，从而推动在原有合作领域继续深入，以及在其他领域开展合作。由此可见，外溢效应应该作为持续发展区域合作的一个主要动力。由于东盟合作的共同利益有限，国家利益存在明显冲突，该"外溢"理论在东盟能否发挥较大作用面临着不小的挑战。

（二）中国与上海合作组织一体化合作存在的制约

自上海合作组织成员国签署《多边经贸合作纲要》以来，成员国按照"三步走"目标积极推进区域经济合作，发展态势平稳，贸易增幅趋缓。尽管上海合作组织框架内经贸合作有相当大的潜力，但受种种因素制约，上海合作组织框架内的区域经济一体化进程并不理想，经贸合作开展相对缓慢。

1.供需存在差异

地区公共产品的供给中，各成员国的需求偏好是通过公共选择采取集体行动的重要因素。源于"上海五国"机制的上海合作组织，诞生于亚洲大陆关于军事领域相互信任和裁减边境武装力量两个协议的基础，建立之初，以解决边界问题为主，维护共同安全。中国一度将安全合作视为上海合作组织发展的重中之重。除了继续加强安全领域的公共产品供给外，中国对上海合作组织框架内的经济合作也表现出积极的态度。

2. 互信程度不高

信任是嵌入在社会组织机构和制度体制之中的一种功能化社会机制。在集体行动中，交易双方的信任程度有助于在博弈中出现信任性行为，抵御短期机会主义诱惑，共同支付公共产品的创建成本。在解决边界问题过程中，上海合作组织各成员国逐渐积累了信任及善意。但上海合作组织各成员国所代表的宗教、民族、文化和意识不同，特别是苏联解体后的俄罗斯、中亚国家和中国走上了不同的政治发展道路，存在着体制差异，历史与现实利益之间的矛盾和冲突，再加上国际环境的影响，导致了各成员之间存在着或多或少的误解。如在俄罗斯和中亚地区普遍存在的"中国威胁论"，以及不同国家对俄罗斯的负面观点。同时，在中国和俄罗斯又存在着对中亚国家和伊斯兰教的偏见，甚至把恐怖主义与伊斯兰教混为一谈等。

3. 管理体制不健全

地区公共产品不仅存在着怎样解决供给不足和供应失衡问题，更重要的是如何健全和完善管理体制的问题。上海合作组织自成立以来，形成了国家元首、政府首脑（总理）、有关部门领导人和协调员的会晤机制，每次会晤都要对地区公共产品的需求做出评价和估量，并积极提议和供给地区公共产品。但是，许多协议的执行力低，管理水平不高，使地区公共产品的功能无法发挥，无法产生效益，进而减弱组织内部的凝聚力。

（三）中国与东北亚地区一体化合作存在的制约

2008年全球金融危机发生之前，东北亚区域经济合作程度已经有了长足推进，但仍然受政治、经济、文化及宗教等各种因素的制约和影响。

1. 经济因素

首先，中、日、韩、俄四国的经济重心和战略重点不在本地区。20世纪蹭年代末期以后，尽管全球范围内的双边及有限多边的自由贸易区（FTA）迅速崛起，但是，中、韩、日三国却未获得应有的关注度。目前，东北亚区域内贸易总额仍低于区域外贸易总额，中、日、韩和俄罗斯与欧美国家的经贸往来仍然占据首要位置。朝鲜和蒙古由于经济规模较小，很难在东北亚经济合作中发挥引导作用。但随着经济全球化和区域经济一体化的快速发展，中国正致力于推动东北亚区域经济合作，这使得日本和韩国将对外经济关系的战略重点逐渐转向亚太地区，特别是东北亚地区。

其次，东北亚各国经济体制不同，发展水平差异明显且较大。东北亚各国既包括发达国家（日本）、发展中国家（中国、蒙古、朝鲜），还涵盖新兴工业化国家（韩国）和转型国家（俄罗斯）。由于东北亚六国的经济发展水平差距悬殊，因此它们通过东北亚区域经济合作得到的经济利益也存在较大差异，进而在区域经济合作的某些问题上难以达成共识。

最后，东北亚区域经济合作未能取得实质性突破。自20世纪90年代中期以来，东北亚区域经济合作虽然在贸易、投资、能源、金融及劳务等方面取得了一定进展，但总体上没有取得实质性突破，从而影响了东北亚各国的合作信心。一是未能建立起一个制度化的区域性或次区域性合作组织，因而没有形成有效的制度性区域合作机制，以及相关的合作框架、协议、法律文书等内容。二是仍然以地方政府间的区域经济合作为主。目前虽已形成了一些区域经济合作形式，如中日韩自由贸易区、图们江区域合作、环日本海区域经济合作、环黄渤海区域经济合作等，但缺乏中央政府间的经济合作框架建立作为引导，从而制约了该区域合作向更高层次的深入发展。三是缺乏资金支持和各方集体行动，造成进展缓慢。

2. 地缘政治因素

首先，大国利益的集中性及各国关系的复杂性。在当今世界政治格局中，"一超多强"的大国利益在东北亚地区都有集中体现。除中国、日本和俄罗斯等本地区的大国外，作为世界上唯一超级大国的美国，其政治、军事及投资、贸易等经济利益在东北亚地区都有体现。中、日、俄、美四国关系因各自的国家安全和利益而存在较大变数，其错综复杂的矛盾关系也影响和制约着东北亚其他各国之间的关系和全面发展。

其次，在亚太地区未来主导权上，美国及东北亚各国存在争斗。

全球经济重心东移已成不可逆转之势，美国不得不重新展开全球性战略布局调整，促使美国实现从经济上重返亚洲。

最后，尚未建立地区新安全机制和保障。总体而言，东北亚地区的传统安全问题还未彻底解决，非传统安全问题威胁日益紧迫。冷战结束以来，中国及周边国家的主权和领土等传统安全问题仍存在分歧，但关注度有下降趋势。影响东北亚地区安全的因素之一是仍然存有冷战思维方式的美国全球战略。在东北亚六国中，日、韩与美国均签订有"安保协定"，使美国有介入东北亚事务的可能，从而使东北亚区域的政治、安全复杂化。同时，朝鲜半岛问题不仅是东北亚的安全问题，也成为国际安全问题。另外，中国周边地区的非传统安全问题形势日益严峻。

3. 历史、文化及社会制度因素

首先，东北亚地区存在历史遗留问题。一般而言，历史遗留问题会对各国间的政治和经济关系产生严重影响，而东北亚地区就是历史遗留问题最多的区域之一。领土、领海主权的争议是历史遗留问题中最主要的问题。

其次，东北亚地区的民族发展史、文化和宗教背景不同。东北亚国家还没有完全形成集体认同感。作为东北亚区域中的三个主要国家，中国、日本、韩国都深受儒家和佛教思想影响，中国周边的朝鲜、韩国和日本等都深受中华五千年文明的影响。但现实是，与欧盟的单一基督教文化居多国家使用英语相对比，中国、朝鲜、韩国、日本的宗教信仰和民族意识并不相同，文化与文字也多种多样，俄罗斯的东正教——斯拉夫文明就差异更大了。文化的差异会导致合作不稳定性和不确定性的增加。虽然东北亚各国一直在努力加强文化的沟通交流，试图以建立协商机制的方式消除外在制度规则上的差异，但由于外在制度的演化受内在制度（道德习惯和文化风俗）的影响。各国存在着复杂多样的历史文化传统，相互尊重认同还需要更多努力。不同的宗教文化背景，不同的现代化历史进程，无疑是东北亚区域经济合作面临的巨大障碍。

最后，东北亚地区社会制度的非一致性。与北美自由贸易区和欧盟不同，东北亚地区的社会制度不同。中国和朝鲜实行的是社会主义制度，日本和韩国是资本主义国家，蒙古国和俄罗斯曾经是实行社会主义制度的国家，目前正处于向资本主义转轨的过渡时期。一个必须正视的事实是东北亚地区意识形态和社会制度存在不一致性，而东北亚各国经济存在着互补性，两者之间的矛盾将会影响地区经济合作的深入发展。这不仅会对东北亚区域经济合作的原则和模式产生影响，而且将在相当大程度上对区域内各国确定共同利益产生影响，破坏各国之间经济合作的紧密性。

当然，在冷战结束以后，世界竞争的主战场转向了经济领域，大多数国家将重心转移到发展本国经济上，在经济全球化和区域经济一体化的背景下，对经济利益的考量要优先于社会制度和意识形态的分歧，各国市场经济的发展为东北亚区域经济合作创造了制度基础，提供了动力源泉，更带来了广阔的发展空间。因此，继续发展东北亚地区经济合作势在必行。

三、与中国边境对外贸易相关的区域经济一体化发展制约

（一）贸易投资自由化与经济技术合作存在不一致问题

以中国-东盟自由贸易区为例，从观察专家组为中国-东盟经贸合作所提交的建议中不难发现，涉及经贸合作与经济援助问题的内容较多，而提及贸易投资自由化的内容非常有限。目前，中国-东盟自由贸易区的各成员国处于不同的经济发展阶段，经济发展水平存在较大差距，经济技术合作和贸易投资自由化对其产生的影响不尽相同，因此各成员国对合作抱有的态度也有所不同。一方面，中国与东盟国家同为发展中国家，竞争优势基本都是低成本的土地资源和劳动力资源等，借此承接来自发达国家的产业转移，因此在经贸合作中无法避免竞争的同质化。中国与东盟相似的产业结构会使竞争加剧，进而迫使许多企业不得不进行调整。另一方面，当前中国和东盟一些国家的关税水平仍然较高，建立自由贸易区后，贸易增长可能更多的是来自贸易转移，而双方的收益不仅不会提高，甚至会减少，同时贸易壁垒的消除还会导致损失关税收入。此外，从规模经济的角度分析，由于中国-东盟自由贸易区规模较小而单薄，因而贸易自由化可能无法带来理想中期待的显著效果。在这种情况下，虽然应当对经济技术合作有所偏重，但贸易投资自由化也不应轻视：从 APEC 过往发展的实践经验可以看出，如果不能处理好经济技术合作和贸易投资自由化

之间的关系，势必会对自由贸易区的发展产生不利影响，因此在今后的计划中，需要两者齐头并进、共同发展。

（二）区域经济一体化对边境贸易发展从不同层面产生冲击

仍以中国－东盟自由贸易区为例，建立与发展中国－东盟自由贸易区对中国的边境贸易主要有四方面的挑战。首先，区域经济一体化政策会逐渐抵消和泛化边境贸易政策上的优势，导致边境贸易发生转移；其次，中国－东盟自由贸易区会给边境省区的农产品贸易带来较大冲击；再次，会进一步激化边境省区与其他省、市、自治区之间的竞争；最后，将取代边境贸易企业的相当一部分业务。

（三）边境贸易一体化程度与区域性经济合作的匹配问题

以中越边境贸易为例，对区域经济合作组织或区域经济集团来说，开放性和一体化的重要性日趋增强，北美自由贸易区和欧盟的发展都体现了这一点，尤其欧盟已经统一了货币（欧元区）。东盟次经济区（以越南为贸易主体成员国）无法与之类比，相悖于区域经济发展之趋势，由于越南国内外贸企业机制改革进度缓慢、现代企业制度明显落后，诸如多年来中越边境地区存在的怪胎——"地下银行"等，都表明越南的边境贸易开放度较低，一体化发展尚处于初步阶段。中越边境贸易是处于东盟次经济区边界外的两国之间的边境贸易关系，同时属于中国－东盟自由贸易区的一部分，在自由贸易中实行的关税优惠会给中越边境贸易带来好处，有利于保持滇、桂、琼区域的中越边境的贸易长期稳定发展，中越边境贸易也能促进两国企业间的合作，并向两国内部及东盟的其他国家地区发展，中越两国间不但具有独特的区位优势，而且有其自身短板，弥补短板需要通过水平分工合作的方式共同努力，并在进程中建立与完善有效的争端解决机制，积极协商所面临的边境贸易责任，包括第三方货币及一体化外汇结算的缺位等问题。中越边境贸易与东盟内部贸易自由化之间并不矛盾，而是存在着互补关系，而现有琼、滇、桂区域的中越边境贸易的模式并未走到终结，尚有许多领域有待于进一步合作，如提高海关的硬件设施水平、简化边贸的通关手续等。长期以来，人民币是中越边境地区主要的汇兑结算货币，尽管这有利于中国，但现在施行的《边境贸易外汇管理办法》中的开放性对区域性经济合作组织而言，并不完全适用，中越边境地区"地下银行"的存在也与此有关。解决这一问题，需要在国际惯例与区域性经济区模式的基础上适当进行调整，确保边贸银行结算也能够享受优惠贸易安排，促进边贸银行一体化结算的发展。北美自由贸易区的情况也与此类似，虽然北美自由贸易区并未统一货币，但在一体化政策下，成员国间的多边贸易与自由贸易仍实现了良性共存，进出口贸易结构中既有产业内贸易，也有产业间贸易。中国－东盟自由贸易区的自由贸易终将覆盖琼、滇、桂区域的中越边境贸易，而北美自由贸易区的发展为泛北部湾经济区提供了较高的参考价值。

（四）双边贸易发展不平衡对区域经济一体化的阻滞

以中国－中亚自由贸易区为例。首先，存在外贸发展不平衡、贸易顺差增长过快等问题。其次，贸易商品结构不合理。双方贸易商品中资本密集型与技术密集型产品所占比重相对较低，主要是资源密集型、劳动密集型的初级产品；新疆出口商品差异化策略和品牌策略意识较淡薄，技术含量低、附加值不高，导致出口产业部门抗风险能力较差。最后，贸易增长空间有限，竞争日趋激烈。欧洲、韩国和日本等国不断开拓中亚市场，无形中压缩了新疆对外贸易的增长空间；近年来出现的中亚五国跨越新疆直接与内陆省区开展过境贸易、跨区贸易现象，也极其不利于新疆的对外贸易发展。

（五）国家之间存在的差异协调难度较大

以云南省为例，云南省是中国－东盟自由贸易区的主要窗口，但我们在调研中从与相关负责人沟通中发现，云南省重要的贸易伙伴——缅甸存在口岸基础设施建设滞后的状况，结果导致我国的口岸发展与缅甸对应口岸发展不对等，双方合作因此存在障碍。为了解决这类问题，两国政府经过协商，由我国政府出面援助，协力修建缅方边境贸易所需要的基础设施，以保证两国经济交流及中国－东盟贸易交流的顺畅进行。这一问题通过两国政府间的协作正得以逐步解决，但由此可以看出，国家间差异对于区域经济一体化进展的不利影响。区域经济一体化各成员国之间存在发展的差距，这为成员国之间的物资交流提供了空间，但这样的差距也容易导致经济交流无法正常进行。多数情况下，为了协调发展差异而产生的问题不得不依靠各国政府之间的协商解决，这加大了区域经济一体化的复杂性，降低了贸易效率，成为区域经济一体化进程中的一大阻滞。

（六）边境对外贸易发展受外部环境影响较大

边境对外贸易作为区域经济一体化中的重要一环，作为中国融入全球化进程的途径之一，受世界经济形势等外部环境的影响较大。区域经济一体化可以增强一定范围内的相关国家间的经济往来，也导致了经济危机的不利影响在国家之间的传递。区域一体化相关成员国的经济问题导致其经济放缓或衰退，其对外贸易需求随之下降，这一过程直接作用于我国边境对外贸易相关主体，导致相关企业、个人的经营困难或收入下降，甚至会影响到我国边境对外贸易的健康发展。因此，随着区域经济一体化进程的加快，边境对外贸易受外部环境的影响也随之放大，较好的外部环境会促使边境对外贸易快速发展，但是如果出现了不利的外部因素，边境对外贸易极易受到打击。

（七）环境保护对边境对外贸易约束的加强

根据国际贸易的实践经验，从 20 世纪 80 年代开始，在关税不断降低的同时，发达国家却借口绿色贸易，设置了对进口产品的大量非关税壁垒，因此这也被称为绿色贸易壁垒。而且非关税壁垒措施的数量也在不断增多，在 20 世纪 60 年代非关税壁垒有 800 余种，发展到今天已增加至3000余种，各种名目烦琐的绿色贸易壁垒措施主要包括绿色包装制度、绿色环境标志、绿色技术标准、绿色卫生检疫制度等。在这种主要发生在发达国家与发展中国家之间的环境问题引起的贸易争端中，通常处于不利地位的是发展中国家，这对发展中国家来说是需要面对的一项严峻挑战。首先，来自发达国家的进口限制压力将会越来越大。其次，客观上发展中国家产品的国际竞争力被绿色贸易大大削弱了。发展中国家产品的主要竞争力是价格优势，向发达国家出口的主要是高能耗、低附加值的劳动和资源密集型产品。如果将产品的外部性成本内生化，就会增加发展中国家的生产成本负担，阻碍出口贸易的发展，影响贸易利益，最终使得发展中国家本就不发达的经济状况遭受打击。近年来，中国周边国家受国际环境意识影响，消费者的生态保护意识不断增强。在国际贸易环境及周边国家环保意识逐渐加强的背景下，环境保护对边境贸易的制约将逐渐增强。

第三章 "一带一路"倡议下产业国际化发展新探索

第一节 "一带一路"建设助推中国对外投资进入新阶段

中国已经成为国际投资的净流出国，相比利用外资，对外投资在近十年来经历了迅猛增长，投资规模增长和投资领域的扩展居全球之首，对外投资成为本土企业获取海外优质资源与资产、拓展海外市场的重要路径。在"一带一路"建设过程中，对外投资是在中国与当地经济体之间推进产业合作互补的主要路径，也是"贸易－投资"联动的国际化经营的主要手段，"一带一路"市场的对外投资成为中国海外投资的新增长点，也是中国企业培育产业国际竞争优势的主要手段。

一、中国对外直接投资的总体态势

中国对外直接投资实现持续快速增长；区域分布更加广泛；行业结构进一步优化；增速快于全球但存量占比仍不高。

二、中国对外投资合作未来走势

一是对外投资合作总体上稳中有升。目前来看，新冠肺炎疫情对全球经济的影响已大幅降低，大多数国家开始集中精力进行经济建设，积极寻求对外投资与合作，放宽国际交流条件并出台各种政策为吸引对外投资提供政策扶持。这为中国对外投资合作提供了一个相较于前期而言更加安全高效的经济合作环境。

二是对局部区域投资应保守谨慎。虽然整体上全球疫情风险降低，经济逐渐复苏，但对于某些疫情恶化、经济低迷的国家，如印度等，出于自我保护机制与规避风险需求，中国对这些国家的投资可能会趋于保守谨慎。

三是对外投资结构不断优化。基于金融行业的发展趋势，通过风险投资基金、私募股权基金与产业类战略投资合作进行海外投资的趋势较为明显。地方企业对外投资也将成为我国对外投资的一支重要力量。

四是对外投资的领域向多元化方向发展。中国在跨境电子商务领域具有较大优势，其作为技术基础与信息平台，将为电信、交通运输、科学研究、电力燃气和居民生活等领域带来更多投资机会与发展机遇，这将促进中国对外投资领域的多元化。

第二节 "一带一路"倡议推进中国培育产业
国际竞争新优势

以双向投资带动贸易、加快贸易与产业结合、推进国际产能合作是"一带一路"倡议下中国产业国际竞争力提升的重大举措。

一、产业国际竞争新优势的内涵

产业竞争力是产业获取超额垄断利润的能力，它的显性指标可以用产业的国际市场占有率和盈利率来表示，它的隐性指标可以用产业对本领域核心投入要素的聚集能力来表示。只要掌握了核心投入要素，或具备了核心要素的聚集能力，也就掌握了价值链的关键环节。根据价值链理论，构成产业价值链的各个环节对价值的增值贡献度是不一样的，其中的关键环节对价值增值起着重要作用。因此，要想提高产业竞争力，就要设法通过产业升级，从价值链的低端向高端延伸，设法掌握价值链的关键环节，尤其是获得对关键环节起着决定作用的核心要素的控制与聚集。

产业全球化趋势对中国产业发展具有以下启示。

其一是全球化赋予了各国借助于"国际分工配套型"来推进产业发展和结构提升的可能，前提是国家要素竞争力与企业竞争力都趋强，这不仅显示出国家具有高效的竞争优势，而且表明企业具有强大的对全球资源的分工、协调和整合能力。必需的条件是能很快培养起国内企业的竞争力和中国的跨国公司。为此，政府的责任不是充当市场主体，而是要打破所有制歧视对产业发展和企业成长的束缚，非歧视性地提供必要的环境识别和条件创造等支持性服务，激发各类市场主体的创业与竞争潜力。

其二是产业升级的含义不再只是从劳动密集型产业向资本、技术密集型产业转移那么单向，产业内分工的日益细化和专业化、产业内制造和服务部分的分离提供了参与全球化产业竞争与合作的众多机会。因此，一方面，应在跨国公司相对集中进入的产业领域，加快培育真正意义上的竞争市场结构，在外资企业间、外资与内资企业间营造公平竞争的市场环境。通过提高竞争程度和激励机制，迫使跨国公司动态地转让先进的生产技术和管理技术，加快技术扩散。另一方面，中国企业必须利用分工机会，强化自身在国际产业合作中的主导位置。

其三，充分利用中国各地区发展不平衡和区域要素密集度差异显著的特征，调整产业布局，形成国内企业间的价值链分工网。中国几大都市圈内部的产业整合及分工设计应该是中国企业更有效地参与国际分工的市场准备，各主要城市间的产业同构和资源争夺已经严重损及本来就稀缺的要素的优化配置和高效积累。以长三角、珠三角和京津唐三大都市圈为重点，规划区域内分工协调和联动发展模式，培育和促进产业聚群的形成与壮大，为进入世界市场提供有力的后盾。

二、中国产业国际竞争面临的新环境

目前世界经济和全球市场仍然处于经济周期复苏的初级阶段，增长乏力。

（一）全球经济增长与市场信心

美国等西方发达国家对本国经济的国际化发展干预程度都有上升趋势，贸易保护主义有所抬头，对其本国企业的商品进口、传统产业的跨国转移都设置了各类有形与无形的障碍，为中国企业的国际化经营带来了较大的不确定性。世界经济将在未来两年继续缓慢复苏，发达经济体增速将有所提升，而新兴市场经济体增速将低于往年。目前世界经济复苏的推动力主要来自西方政府的宏观经济刺激，经济增长内生性动力不足，对世界经济复苏的贡献不大。主要经济体结构调整相对滞缓，内需疲弱，经济增速持续放缓，对全球经济增长的引擎作用并不明显。

然而，全球资本流动格局已经发生巨变，新兴市场国家依旧是吸引外资流入的主体，但由于各国经济增速放缓并推动结构性改革，资本流入势头相较危机前出现减弱态势。在对外投资方面，发达国家投资者大量减持海外资产，而发展中国家投资者则高举海外并购大旗。其中，中国也一改以往以吸引外资为主的开放策略，转而主要以吸引高端制造业、装备业和服务业等为主，企业"走出去"步伐加快。人民币国际化进程加快，正推动中国成为国际投资领域的重要力量。

（二）国际产业转移的新态势

2008年金融危机后，国际直接投资与跨国生产网络的形态发生了深刻的转型，发达国家倾向本土劳动力的就业政策与中国迅速飙升的劳动力成本为跨国公司的海外生产与投资战略带来冲击，在海外生产成本变化和新技术与新模式发展的综合因素作用下，在新兴经济体长期投资的跨国企业面对被压缩的利润空间而寻求产业转移的新空间，这无疑构成了中国外向型制造业的新的外部市场条件，对于外资导向的出口促进而言是一个新的外部变量。

近年，发达国家向新兴经济体的产业转移的新态势，主要特点包括以下几点三次产业转移由上往下的：

首先，产业转移的动力是成本、技术突破与商业模式创新的综合体，不同于前几次国际产业转移以规模经济为指导的生产工序分工，这一次产业转移不单纯出于扩大规模和降低成本的动因，而是综合了新一轮技术突破下的产品与模式创新的驱动因素。

其次，与前三次产业转移由上往下的单方向形成对照的是，这次国际产业转移具有双向转移的态势：一个方向的转移是由传统的制造大国——中国向其他新兴经济体的投资转移。劳动密集型产品的出口（代工）订单出现从中国向越南、缅甸、印度、印度尼西亚等发展中国家转移的迹象，中国东南沿海的传统加工贸易区的企业普遍面临开工不足的现象，不少企业考虑向中国中西部等地转移劳动力和资源。另一方向的转移则是一部分高端制造业的海外生产"流回"母国，美国、欧洲等跨国企业的海外投资和离岸生产增速放缓，原先的海外投资项目出现撤回和规模减小的迹象。

（三）发达国家制造业"回流"：挑战中国出口市场

发达国家"再工业化"战略的推进构成了当前国际产业转移的新特征。以美国为代表的发达国家政府对于跨国公司扩大本土投资与就业的激励构成了企业回迁母国的政策激励因素，而以中国为代表的新兴市场成本提高则是一个重要的海外市场因素。从微观因素看，随着技术升级换代而体现的跨国外包管理质量的不稳定也逐步削弱了跨国公司海外生产的积极性。不少知名跨国公司的外包生产出现了相对收缩的趋势。在华跨国公司对离岸经营和美国本土生产关系的平衡有了新的考量。

三、中国产业提升国际竞争优势的新领域

跨国公司在企业核心竞争力的培育过程中，逐步形成了全球生产模式、全球品牌模式和技术创新模式等几种主要的模式。具体包括三点。①为获得最大价值链利益的全球生产模式。在全球生产模式下，企业为培育核心竞争力通常可以采取两种途径：一是在全球进行生产链条的分工，以控制链条的高端获取利益；二是通过全球并购整合，赢取竞争优势。②为获得超额垄断利润的全球品牌模式。企业在产品或服务命名过程中面临着两种大方向的选择。一种是公司品牌模式，也就是直接使用公司名称作为品牌名称，在这种品牌模式中，公司名称在整个品牌名称中占据着主导地位。另一种则是使用一个与公司名称完全不相关的品牌名称，这种模式就是独立品牌模式。在这种品牌模式中，企业对于不同的产品使用不同的独立个体品牌，甚至对同一类别的产品都有两个或两个以上的独立品牌。③为获得可持续核心竞争力的技术创新模式。通过技术创新培育核心竞争力，是参与全球化国际竞争的大企业最重要的模式，根据不同国家企业所处的不同阶段性，可以将技术创新分为领先创新和跟随创新两种不同模式。

"一带一路"倡议下鼓励中国本土企业在沿线当地的投资，首先需要重视企业的国际化经营能力发展，需要从培养本土跨国公司入手，让其"走出去"，而不是政府走在前列。外资跨国公司对"一带一路"有兴趣，可以把欧美公司和中企利益捆绑起来。就像以前接受外方外包，现在也可以外包给外方，或者成立合资公司做项目，以降低风险，增强可持续性。

"一带一路"建设规划与行动愿景给中国与沿线经济体的产业升级带来了巨大的机遇，

在包括能源产业、制造业和服务业的多部门产业领域中，中国与"一带一路"沿线经济体之间的发展优势互补与市场融通对彼此产业转型升级都具有巨大的发展潜力，主要包括两个方面：首先，在沿线国家市场上的能源合作开发、资源储备、基础设施开发合作与传统制造业出口是中国拓展地区范畴的跨国生产体系，这对于提升中国优势产业的市场收益具有积极效应。其次，在沿线国家推进的对外经济合作区等区域合作模式是中国"一带一路"倡议规划下中国产业国际竞争力提升的契机，这一发展契机除了体现为双边产能合作等领域之外，也是将对外发展战略与本土产业转型升级在区域经济梯度背景下加以对接的重大机遇。

第三节 "一带一路"建设开拓
"中国制造 + 中国服务"发展新空间

"一带一路"倡议的建设规划指向中国与沿线国家之间全方位的贸易促进、投资推动和合作发展，落实到中国制造业的产业国际化进程，一个重要的目标是在沿线国家开拓市场。"一带一路"沿线国家作为全球制造业的后起地区，对于中国制造产品进口的潜在需求是巨大的。因此，"一带一路"倡议的合作为中国延续"中国制造"的竞争力提供了巨大空间。与此同时，"一带一路"的贸易便利化发展与区域合作规划也为促进"中国服务"的"走出去"创造了广阔空间，除了现有的海外建筑工程服务之外，中国现代服务企业的"走出去"才刚起步，依托"一带一路"的规划与市场开拓机遇，服务业国际化进程对接"一带一路"规划的空间非常大。

一、沿线国家投资格局中的"服务短板"

"一带一路"倡议作为中国开放型经济升级的长期战略导向，是中国在新高度上走向市场的行动纲领，国际市场对中国在此倡议下新一轮开放的高度关注极大地推动了中国对外投资进程。就投资的产业结构而言，制造业和能源产业仍然是重点，传统服务业有较大增长，但是现代服务业占比较低。

从投资规模增速看，有色金属开发产业与房地产业增长迅猛，而科技、金融、农业、旅游和娱乐业投资相对缓慢。对比投资的地区结构，对西亚地区的投资也是十分巨大的。

二、中国服务业国际化发展获得契机

作为"一带一路"的核心国家，中亚地区的经济体大部分尚未融入亚洲的现代产业跨国价值链生产网络，在轻工业消费品上有较大且持续的进口需求。与此同时，由于基础设施薄弱、资源约束以及政情不同，除能源输出外，现代服务业的发展基础较差。"一带一路"分区域的优势产业对中国市场的多层次服务出口优势之间的对接潜力巨大。相比制造贸易，中国在服务贸易领域总体上处于相对弱势的地位。"一带一路"倡议为目前中国在区域经济层面上的服务出口提供了新机遇，针对沿线国家不同的服务需求，中国国内各地区的服务业国际化优势无疑能获得巨大的市场空间。充分利用中国服务经济在各个区域之间的差异，将服务业国际化与沿线国家的服务市场扩展加以结合，是"一带一路"倡议落地与中国开放型服务经济路径选择的一个重要尝试。

部分欧洲国家与非洲在农业加工与原料类农业种植业上具有优势，与中国中部地区农业大省的区域经济优势互补性不明显，当地高端制造业的水平还不高，技术密集型企业数量还不多，作为"一带一路"的"欧洲"端口，具有庞大的消费市场。

根据中国服务业发展格局，东部、中部和西部地区分别处在现代服务业的转型期、快速发展期与启动期，促进贸易和对外投资都是当地服务经济整体战略下重要的组成部分，对于中国打造服务业的国际竞争优势具有重要意义。目前，东、中、西部地区当地都有一批国有企业和发展活跃的民营企业，并且已经在"一带一路"沿线国家启动了制造、产能合作与基础设施建设的投资项目。与中国在发达国家的技术型的服务业投资布局相比，在"一带一路"沿线国家，中国企业总体上具有竞争优势，当地市场可让企业获得国际市场的开拓经验。

三、服务业国际化对接中国区域经济转型升级

就目前中资企业在当地的投资与出口联动格局看，除了企业自身为应对当地需求而在企业内部更多地推进制造升级相关的服务投入之外，大量专业化的服务以及与政府合作相关的"走出去"服务平台仍然处于空白期，除了政府合作框架下的投资服务与市场中介服务配套设施和机构安排之外，更多专业化的服务供应面临缺乏市场化运作并具有跨国经营经验的发展"短板"。在中国现代服务业竞争格局下，尚未形成一批有稳定的国际化战略规划的大型服务集团，而在"一带一路"沿线国家内，有能力与国家大发展规划目标和取向相契合的具有国际化服务水准的企业更为有限。

中国经济东快西慢、区域差距扩大的态势，带来了一系列经济社会新问题、新矛盾。中央提出"一带一路"倡议后，国内"一带一路"沿线的各个地区为了响应中央的号召并寻求自身的发展机遇，纷纷制定和出台了本地的区域经济升级政策和规划。目前各省市的开放度差异较大，在"一带一路"下提升产业国际化尚未形成系统的规划，区域的优势产业促进政策在战略目标与路径上呈现碎片化，区域经济政策思路上呈现趋同化。区域经济政策之间有待加强协调与配合。

为了进一步落实"一带一路"倡议，促进区域经济协调发展，各省市应该科学规划系统对接"一带一路"的目标任务。要制定有效的包容性发展战略，做好本地区规划，有效

衔接国家规划。要摆准定位，练好内功，在保持优势特色的同时，积极谋求创新发展。不能为了融入新区域经济而扔掉自己的特色，也不能为了自身特色而拒绝融入新区域经济，坚持稳定可以防止地方经济出现大的波动，坚持发展可以推动地方经济与"一带一路"倡议同步进行。

在契合"一带一路"倡议目标的服务业国际化规划下，下一阶段"一带一路"倡议的落地对接区域经济转型的发展规划需要高度重视和发挥各地区在服务领域的优势产业，在"一带一路"沿线国家现有的贸易和投资合作中推进服务业的国际化。

首先，东部地区的服务国际化拟以金融服务出口和互联网通信服务出口与投资为优先：伴随着中资企业在"一带一路"沿线国家的各个领域投资项目的持续发展，建立人民币跨境结算制度将成为基本保障，不仅是贸易结算也是后续企业扩大投资、与当地机构合作以及企业利润汇回等涉及资金流动等各类业务的基本条件。在"一带一路"倡议下，无论是丝绸之路经济带，还是海上丝绸之路，都离不开来自基于中国本土金融机构海外网络布局的金融支持，特别是丝绸之路经济带。目前中资银行参与程度并不高，如果这些地区获得大发展，需要中国企业走进去，相应的金融结构在沿线国家的设立势在必行，在当地首要的服务须定位于为当地中资企业的国际化经营提供配套的跨境资本转移、融资和金融风险预警与防范等一揽子专业服务投资。在信息服务方面，要尽快在沿线落后地区构建互联网、移动通信基础设施，为"一带一路"打通信息通道。目前，不少处于"一带一路"区域范围内的发展中国家和地区，都存在较大的"数字短板"，这也为中国的软件信息服务业出口带来了巨大的商机。以华为为代表的中国企业"走出去"，已经体现了中国通信服务的国际化水准，华为要出资金、卖设备，更要讲运营、提供智能服务，向沿线国家输出"有中国特色"的中高端产品，其中的核心就是软件和信息服务产业。

其次，中部地区的服务国际化拟以交通运输、基础设施建设相关服务和农业科技服务为优先：中国中部的陕西、湖北和四川等省具有一批竞争力较强的交通运输制造与建设服务企业集团和农产品加工集团，已经具有较为成熟的产品出口与海外建筑施工服务的经验。在"一带一路"的现阶段规划下，与以西亚为主的沿线国家在交通基础设施和农业科技合作的空间巨大，与当地经济体和规划中的经济合作区开拓相关服务项目和新设企业也获得了当地政府的关注与鼓励，中资企业投资项目的推进也高度符合双边互利共赢的格局。在这个背景下，相关省市的大型建筑服务项目在投资过程中需要与中国或地方政府在"一带一路"倡议下双边政府合作的项目规划之间加以协同发展。目前，"丝绸之路经济带"建设规划下的铁路、公路和航空建设需求巨大，特别是在从中国西部向边境延伸的交通枢纽建设，对于交通设备安装、通信网络建设服务、物流仓储服务等大型服务项目提出了全方位的要求。而在"海上丝绸之路"规划下，要充分发挥东部沿海的港口优势，深化关税改革，保障海上货运安全。

最后，西部地区作为处于服务业成长阶段的地区，需要将"一带一路"规划下的区域合作与区域服务业竞争力培育战略实现联动与协同发展。其中的一个重点是在西部边境地区的境外工业园区加大中资企业的现代服务项目投资。在境外工业园区启动、发展过程中与基础设施、能源合作项目下主动规划相关的建筑规划服务、贸易便利化设施技术与通信服务、跨境电商服务等合作项目，以西部当地服务业牵头的方式与沿线国家当地的政府与商业机构进行合作。在合作过程中，探索与西部当地企业和东中部地区发展成熟的大型服务集团彼此携手联合的推进方式，将目前中国国内发展活跃的商业创新和模式创新理念与经验"植入"西部边境的境外工业园的发展规划下，通过"干中学"为西部当地的服务企业成长提供市场运作的机会。

四、依托双边政府合作机制的"制造＋服务"联动

目前"一带一路"倡议下中国制造的升级与"中国创造"形象的树立亟待"制造＋服务"的联动规划，而规划的落地与实施则一方面需要来自当地的与制成品出口相关的各类生产性服务业；另一方面需要与制造价值链延伸内涵一致的各类知识密集型的专业服务，其中重点领域是贸易服务、市场咨询服务、金融服务、法律与知识产权服务。这些服务业在沿线国家的"国际存在感"总体较低，这一方面与当地服务市场总体发育度较低相关，另一方面也因为文化和宗教，相关的法律与商业规划和国际主流社会有较大差异。因此，中国作为海外投资者在当地市场获得"准入"面临制度性的障碍。在"一带一路"基于政府间合作的倡议推进的区域经济合作框架下，"中国服务"需要以政府相关服务平台为杠杆，通过政府、社会与企业三维联动的方式加以推进。在具体投资方式和机构设立上需要有创新思维，一方面与大型的制造业企业投资探索"打包式"的投资项目组，以制造业企业当地市场推广为纽带，扩大在商业社会的影响力；另一方面，与当地的政府、社会团体、研究机构之间形成利益共享机制下的"伴随性"投资，不仅在中资企业的制造业出口的价值链延伸中发挥服务作用，为打造"中国制造"的价值链提供基础，也对中国在当地商业社会与经济外交上的形象树立构成重要的市场依托。

"一带一路"沿线国家之间巨大的需求偏好差异与市场发展的巨大差异对于中国制成品的市场定位与产业国际价值链的区域布局提出了更为复杂的要求。应对相关挑战，产业－服务对于企业在制造竞争战略中如何更好地融入各类现代服务提出了更高的要求。除了传统意义上的建筑工程服务之外，以服务于制造业价值链的各类生产型服务业需要得到充分的重视，相关行业是目前国内服务经济发展的重点，也是国际化程度相对较低的产业领域。利用"一带一路"沿线经济体发达程度相对不高的服务业市场，中国本土服务业将获得很好的服务业国际化的发展空间。一方面，服务企业利用制造业跨国价值链延伸的需求拓展制造相关的增值服务出口；另一方面，与现有的制造业领域大型企业谋求"组团投资"，在当地的中长期综合性投资项目下扩展更多的"服务存在"，提升服务的品牌知名度，实现当地市场从"中国制造"到接受中国的"制造＋服务"的企业形象。

"一带一路"倡议横跨多个地区，现代经济体系、科技发展、市场偏好与产业结构之

间的差异巨大，总体上而言处于服务经济相对欠发达的阶段，在经济现代化进程中，对于进口和外商投资带动服务业发展意愿较强。中国现有的区域经济在服务业领域更为突出，与制造业部门的区域经济差异相比，东部、中部和西部地区在服务市场发育、人力资本和制度约束上有更大的差异，需要根据各地的条件以及地区产业优势形态来布局服务产业国际化的路径。

五、中国产业国际化发展的新契机

（一）"一带一路"建设对中国产业国际化发展赋予新的内涵

首先，"一带一路"倡议推进的区域合作体系所依托的多维度的国际化经营手段对跨产业链的国际化发展提出要求；其次，"一带一路"为制造出口优势升级需要更多的专业服务投入，为制造融合服务的跨界国际经营模式带来空间；最后，"一带一路"倡议下的海外"软实力"推进需要更多的"服务支撑"为政府与企业合作的服务项目带来机遇。

在"一带一路"倡议框架下推进"制造 + 服务"国际竞争优势发展的有利条件包括：其一，"一带一路"沿线市场对中国服务出口的需求，制造出口功能升级的"服务嵌入"；其二，中国区域服务经济梯度格局的差异化国际竞争策略与"一带一路"沿线经济体差异化竞争策略之间的对接；其三，制造领域大型国有企业和项目框架对本土中小企业海外经营的引导与联动。

（二）"制造 + 服务"的产业国际化进程的路径选择

本土企业需要更加重视"一带一路"倡议框架下依托中国与当地的双边政府合作机制推进"制造 + 服务"联动，将服务业项目投资与服务贸易促进更深度地纳入政府间合作的倡议下，在现有的区域经济合作框架下予以落实，由此形成的"中国服务"需要以政府相关服务平台为杠杆，通过政府、社会与企业三维联动的方式加以推进。

部分海外中资企业在沿线国家的投资与出口联动面临挑战，一个很大的阻力来自出口促进所需的服务投入不足，大量专业化的服务以及与政府合作相关的"走出去"服务平台仍然处于空白期。未来需要更加重视围绕质量提高服务能力。这包括两方面：一方面是企业自身为应对当地需求而在企业内部更多地推进制造升级相关的服务投入；另一方面是政府与当地机构在合作框架下的投资项目服务、市场中介服务配套等相关机制安排。除此之外，以市场化为手段的服务支撑也非常重要，在当地发育程度不高的市场，需要更多专业化的服务供应商，这是目前克服中国推进海外跨国经营"短板"的一个关键因素。

在契合"一带一路"倡议目标的服务业国际化规划下，需要高度重视发挥各地区在服务领域的优势产业，在"一带一路"沿线国家现有的贸易和投资合作中推进服务业的国际化。

（三）重视"制造 + 服务"联动对于推进产业国际化的影响

在"一带一路"沿线国家当地市场贸易规划制订中需要充分考虑中国服务业的区域梯

度发展战略的目标，对接各地区现代服务部门内优势服务业的国际化目标与标杆企业的培育，根据沿线国家内部服务市场差异与中国服务企业的动态跨国经营战略进行对接，从而通过服务业国际经营来提升企业国际竞争优势。

根据上述战略目标，以"一带一路"为导向的产业国际化方向将呈现"制造+服务"充分融合的国际化进程：一方面，需要根据沿线国家的市场需求和现有双边贸易的阶段性特征，在出口促进和对外投资规划下重视制造优势服务贸易；另一方面，在政府间合作的大项目建设下，注重为中国本土服务企业的国际化经营创造有利条件。

"制造+服务"联动的中国产业国际化是中国企业在"一带一路"沿线国家谋求新一轮产业国际化与区域跨国产业链的联动协同发展的契机。其中伴随着制造贸易、投资和基础设施建设的项目都是中国与该区域谋求区域经济合作共赢的契合点。

第四章 "一带一路"倡议推进中国区域合作发展新模式

第一节 "一带一路"建设推进中国区域经济合作新载体

中国对"一带一路"建设沿线国家"走出去"的战略集中体现为依托境外经济合作区，借助经济走廊建设的空间平台，系统和阶段性地开展双边经贸合作与投资。

一、境外经贸合作区的政策体系

根据"一带一路"的行动纲领，在沿线国家建立境外经贸合作区的总体原则是市场规则、平等互利、循序渐进与注重实效。至今，"一带一路"倡议与相关规划已形成了较为完善的中国境外经贸合作区的政策体系。

（一）引导合作区提供规范服务的基本范本

为进一步做好境外经贸合作区建设工作，推动合作区做大做强，发挥其境外产业集聚和平台效应。其中，对境外经贸合作区从信息咨询服务、运营管理服务、物业管理服务、突发事件应急服务四个方面提出内容要求。比如，在运营管理服务中，明确提出了服务入区企业范围宜包括注册、财税事务、海关申报、人力资源、金融服务、物流服务等环节。

（二）鼓励金融机构提供授信支持和配套金融服务

国家开发银行将在市场化运作、有效防范风险的前提下，重点优先支持已通过《境外经济贸易合作区确认考核和年度考核管理办法》确认考核的合作区项目；有选择地支持中国与合作区东道国政府共同关注的在建合作区项目；同时该文件还指出，除依托境内股东信用提供贷款模式外，将积极探讨依托境外金融机构信用、项目自身及其他资产抵质押、土地出让应收账款质押等模式，为合作区企业提供融资支持。另外，该通知也提出，国家开发银行将通过与东道国有实力的金融机构合作，以转贷款、银团贷款等方式，为入园企业提供融资服务等。

（三）发展资金支持

境外合作区在符合商务部、财政部关于《境外经贸合作区资金管理办法》《境外经贸合作区考核办法》的前提下，可享受合作区发展资金的支持。总体来看，该考核办法包括确认考核和年度考核。确认考核是根据规定要求对合作区建设和运营成效是否符合确认条件进行认定；年度考核则是根据规定要求对合作区的年度建设和运营效果进行评审。考核办法还对不同类型的境外经贸合作区提出了具体量化的考核标准。通过确认考核后，合作区可申请年度考核，通过确认考核或年度考核的合作区，可申请中央财政专项资金资助。

（四）规避经营风险

商务部依据合作区建设的统一部署，全面促进和监督合作区的风险防范工作。中国信保则积极履行国家赋予的职责，为合作区提供风险分析、风险管理建议以及保险等风险保障服务。

（五）发挥政府间协商作用

通过双边途径，有关部门将就合作区的土地政策、税收政策、劳工政策、基础设施配套以及贸易投资便利化措施等加强与驻在国政府的磋商，为合作区建设提供支持。切实维护好中国企业和人员的合法权益，保障投资和人员安全。

二、境外经贸合作区发展的规划与阶段性成果

根据相关规划，境外经贸合作区规划与"一带一路"行动计划的目标高度吻合，在合作区建设的区位选项、组织模式与产业定位的主要取向与特点如下。

（一）区位选择

中国境外经贸合作区最初分布于东南亚、南亚、西亚、北非、中亚等地区。如今，与中国经贸往来比较频繁的"一带一路"沿线国家，如俄罗斯、蒙古、印度尼西亚、泰国、马来西亚、越南、缅甸、柬埔寨、老挝、巴基斯坦等都相继与中国合作设立境外经贸合作区。

（二）组织模式

"一带一路"沿线中国境外经贸合作区通常由中国政府牵头，推动企业进行国际化市场经营。通过中国政府和"一带一路"上各国政府的合作，以中外合营的模式扩大中国对外的市场，给予企业极大的发展空间，是一种政府推动下的企业境外投资行为。

（三）投资行业

"一带一路"沿线中国境外经贸合作区的投资行业包括第一产业到第三产业，涵盖了农业、制造业、服务业（如物流、旅游、高新技术），兼具东道国和本国产业发展特色，丰富了"一带一路"的格局多样性，为各国创造了更多的就业机会。

（四）合作方式

"一带一路"沿线中国境外经贸合作区的合作通常以中国传统优势产业为主导，专业

化经营,以"平台化"给予各国更大的发展空间,通过平台使各企业能便捷地进行沟通交流。

（五）园区形态

从功能上区分,"一带一路"沿线中国境外经贸合作区可以分为以下几种:工业园区（市场寻求型）、出口加工区（出口导向型）、科技园区（技术研发型）、境外资源开发合作园区（资源开发型）、自由贸易区（综合型）等。

三、中国境外经贸合作区建设的国际影响

近年来,中国政府相继提出了"一带一路"倡议和开展国际产能合作的措施,推进境外经贸合作区建设是其中的重要内容。而目前,中国已经具备开展合作区建设的优势。中国在改革开放中建设了经济特区和国家级经济开发区,有力地促进了中国经济的持续增长,积累了宝贵经验。另外,中国与东道国开展合作区建设,坚持产业导向,中国企业在铁路、电力、船舶、通信、钢铁、石化、建材、轻工、家电等领域已经形成了比较强的国际产业竞争优势,在充分考虑东道国的实际需求、资源禀赋、配套能力、市场条件等因素的基础上,以产业合作为先导开展合作区建设恰逢其时。

（一）全球复制中国经验

产业园区被认为是改革开放以来中国经济快速增长的重要经验,被认为是"中国模式"的重要特征。伴随着中国"走出去"步伐加快,国内工业园区经验开始向全球复制,影响力和作用不断增强。由于中国在国内建设开发区的成功经验以及近年来在境外建设合作区所产生的积极影响,合作区建设愈加受到相关国家重视。近年来,有多个国家提出希望中国与其共建合作区。境外经贸合作区通过与所在国在经济、政治、社会、文化等领域的深入合作,开发区模式受到东道国政府和社会民众的认同,成为中国发展模式、管理理念、文化和价值理念等软实力输出的重要渠道和"走出去"的重要名片。通过与东道国分享中国发展经验与成果,分享中国建设开发区、设立特区的理念与管理经验,中国品牌、中国人才和中国标准"走了出去"。

通过境外合作区建设,有关国家从中了解了中国对外开放的发展理念和模式,成为借鉴"中国经验""中国管理"的重要途径,日益受到相关国家的认同与欢迎。

（二）产能合作与社会责任

境外经贸合作区契合所在国发展诉求,是中国实现产业结构调整和全球产业布局的重要承接平台,为国内经济结构调整创造空间,有力地推动了装备"走出去"和国际产能合作。非洲、东南亚地区资源丰富,并处于快速城镇化过程中,对钢铁、水泥、电解铝等需求旺盛,国内优势产能转移过去大有市场。通过境外合作区建设,中国建立了有效利用境外矿产、油气、森林、农业等各类资源的渠道,有利于保障海外资源的长期、稳定供应。同时,境外合作区立足于资源综合开发利用,有力地回击和驳斥了一些认为中国开展境外

资源合作是"掠夺资源"、搞"新殖民主义"的不实之词。合作区定位于加强资源综合开发利用,发展下游生产加工,增加资源产品附加值,推动了东道国经济和产业发展,把更多利益留在当地,留给当地人民,这是一种互利共赢的合作。

境外经贸合作区的发展有力地促进了当地经济的发展,履行了社会责任,树立了中国企业负责任的形象,巩固和深化了中国与相关国家的友好关系。合作区还通过积极参与社会公益活动,如赞助修建市政道路,援建校舍、图书馆和体育文化设施,捐助公益基金,组织语言和技能培训及文化交流等活动,在所在国政府和社区民众中树立了良好口碑,得到社会舆论的好评。

(三)"一带一路"的重要抓手

境外经贸合作区成为"一带一路"的重要抓手,也是中国实现产业结构调整和全球产业布局的重要承接平台,并让世界读懂了中国共赢的投资理念。多年来,中国积极与有关国家开展境外经贸合作区建设,取得了明显的成效。

境外经贸合作区建设在"一带一路"国家的成效尤为显著。"一带一路"沿线国家大多处于工业化进程初期,市场潜力较大,吸引外资意愿强烈。合作区建设有力地推动了东道国工业化进程和相关产业发展,特别是轻纺、家电、钢铁、建材、化工、汽车、机械、矿产品等重点产业发展和升级。

中国与"一带一路"沿线国家基本以境外产业集群工业园区的形式设立境外经贸合作区,这不同于传统的经济合作形式,这为中国企业实施"走出去"战略提供了新型平台,为中国企业境外权益提供了更好的保障。从境外经贸合作区产业集群工业园区的形式看,有利于国内中小企业利用产业集群优势,以抱团形式在国外经营,有效降低经营成本,同时合理规避一些风险。从境外经贸合作区的地理位置和涉及行业看,目前的境外合作区分布于东南亚、非洲这些欠发达的地区,境外投资的主要行业是资源、冶炼、轻工业、能源等中国传统领域行业,输出对象国大多经济水平相对落后,制度水平也较低,因此国内企业实施"走出去"战略存在较大的风险。而境外经贸合作区的设立,可以有效保护中国的投资者在相对落后的发展中国家的投资安全,对中国中小企业到制度相对落后的国家进行投资和建设起到了巨大的保护作用。此外,境外经贸合作区为了鼓励中国企业实施"走出去"战略,进行境外投资,还会提供奖励政策。对于审核通过的经贸合作区,中国政府都会给予财政支持和一定数额内的中长期贷款。境外经贸合作区的设立,为"走出去"政策的实施提供了新型平台、安全保障和财政支持,为国内企业积极实施"走出去"政策注入了新动力。

中蒙俄、新亚欧大陆桥、中国—中亚—西亚、中国—中南半岛、中巴、孟中印缅六大经济走廊超越了传统发展经济学理论,六大经济走廊涉及的"一带一路"相关国家选择部分毗邻区参加跨境经济合作,将经济走廊范围内的生产、投资、贸易和基础设施建设等有机地联系起来，进行一体化的经济合作。首先，经济走廊计划进行铁路、公路、光缆、能源管道等各种基础设施建设，为中国企业提供了许多对外承包工程的机会。在未来联通了国家间的交通网络和能源管线等之后，也为中国进一步实施"走出去"政策打下了良好基础。其次，经济走廊开辟了中国与多国间的新市场，打开了多条贸易通道，等走廊彻底贯通后，还会辐射更广泛的地区，这为中国企业"走出去"提供了更为广阔的合作领域和丰富的合作机会。再次，经济走廊的建设为中国企业提供了许多优惠政策，许多合作国家会对中国企业提供各种外资优惠，这有利于中国企业进一步"走出去"。最后，经济走廊的建设为中国企业进行境外投资建设提供了各种可靠保障，为中国企业"走出去"营造了安全可靠的外部环境。经济走廊的建设从基础设施、市场、政策优惠和外部环境保障等多方面促进了中国企业"走出去"的发展和升级。

第二节　"一带一路"建设提升中国参与国际治理的主动权

一、"一带一路"倡议框架下沿线国家多边合作机制

"一带一路"倡议框架下沿线国家签订了多个多边合作机制，其主要有亚洲合作对话（ACD）、亚太经合组织（APEC）、中亚区域经济体合作（CAREC）、亚欧会议（ASEM）等。

二、"一带一路"倡议框架下区域国际合作论坛发展活跃

"一带一路"倡议框架下区域、次区域国际合作论坛主要有中国－东盟博览会、博鳌亚洲论坛、中国－亚欧博览会、欧亚经济论坛、中国国际投资贸易洽谈会、中国－南亚博览会、中国西部国际博览会、中国－俄罗斯博览会以及前海合作发展论坛等。

三、"一带一路"建设规划下中国与沿线国家自由贸易区建设

中国与"一带一路"沿线国家已经签署了七个双边自由贸易区协议，有力地推动了区域贸易自由化。当前，中国与"一带一路"国家的贸易与投资合作虽然不断深化，但仍需要进一步加强合作，为中国引领新一轮全球化储备力量。中国要将"自由贸易区战略"与"一带一路"倡议结合起来，重点在"一带一路"沿线范畴内加快自由贸易区的谈判，推动全球贸易自由化。在对外贸易方面，充分利用中国与沿线国家的互补性和竞争性，加强合作与交流。中国与南亚、东南亚和中东欧贸易互补性较强，具有较大的潜力，应进一步加强与这些国家和地区的政策沟通，促进贸易便利化。同时，要进一步优化中国对沿线国家的贸易商品结构，加强与沿线国家在先进制造业和高科技领域的合作，扩大非能源产品

的进口，实现共赢局面。在投资合作方面，由于中国与东南亚、中欧等地区国家的生产结构类似，贸易竞争性较强，可以通过对外直接投资将国内优势产能转移到"一带一路"沿线国家和地区，形成新型产业链，从而带动相关地区经济发展，强化中国企业对产业链的融合能力和控制能力。此外，中国还可以将国内钢铁、建材、化工等产能过剩产业向沿线国家转移，促进中国和"一带一路"沿线国家对基础设施、产业和城镇布局、贸易和投资规划的调整，推动经济发展。

第三节 "一带一路"建设重视中国对外经济援助

对外援助作为主权国家的一种对外行为，其主要目标是促进和维护国家利益。当前发展中国家特别是最不发达国家消除贫困与实现发展的任务依然艰巨，中国作为发展中国家的一员，也积极推动南南合作，切实帮助其他发展中国家促进经济社会发展。由于"一带一路"经济体大部分是发展中经济体，部分经济体是中国长期以来对外援助对象国，"一带一路"建设启动以来，对外援助问题也是双边中长期合作规划中的一个重要问题。

一、对沿线国家经济援助的主旨

随着中国参与国际发展事务能力的增强，中国对外参与国际交流合作的强度也在逐渐增强，力求在力所能及的前提下，积极支持多边发展机构的援助工作，以更加开放的姿态开展经验交流，探讨务实合作。近年来中国通过自愿捐款、股权融资等方式，支持并参与多边机构发展援助行动，对"一带一路"沿线国家展开援助。

中国对"一带一路"沿线国家的援助主要有如下的特点。首先，从援助理念而言，受其自身发展经验及受援国经历的影响，中国的对外援助特意避免附加政治条件，将重点放在减少贫困和改善生计上，这是与日本等发达国家"以外援为杠杆，促进受援国改善人权、进行改革"的援助政策具有本质差别的地方。中国对外援助的宗旨在于减少贫困和改善民生，重点支持其他发展中国家促进农业发展，提高教育水平，改善医疗服务，建设社会公益设施，并在其他国家遭遇重大灾害时及时提供人道主义援助。

其次，从援助对象而言，中国的对外援助对象涉及亚、非、拉美、大洋洲、加勒比和东欧等地区大部分发展中国家，对最不发达国家和低收入国家的援助占中国对外援助比重的2/3左右。随着"一带一路"建设的推进，中国未来将会进一步扩大对外援助的规模，而新增的对外援助资金将会主要向"一带一路"沿线国家和地区倾斜。

再次，从援助规模而言，相比于日本等发达国家的对外援助，中国对"一带一路"沿线国家的援助资金中大多为无偿援助，虽然由于经济发展水平的限制，中国对外援助规模较小，但是其无偿援助的比例远超过日本等发达国家，并且近年来中国对外援助增长较快。

最后，从援助领域而言，中国的对外援助讲究发展引导性援助，即通过援助促进双边的合作、通过合作促进共同发展。长期以来，中国都比较推崇"授人以鱼不如授人以渔"，即通过经济合作加发展援助的方式，来促进当地的经济发展。中国对"一带一路"沿线国家的援助项目分布在工业、农业、经济基础设施、公共设施、医疗卫生和教育等领域，重点帮助受援国增强经济和社会发展基础，提高工农业生产能力，改善医疗和基础教育状况。中国的对外援助领域主要集中在基础设施建设方面，而在社会基础设施方面的表现尤为突出，这是在"一带一路"倡议合作下的对外援助实践。

二、对沿线国家对外援助的新使命

中国对"一带一路"沿线国家的援助坚持"平等互利、讲求实效、形式多样、共同发展"的四项原则，根据市场经济规律来实施援外项目，在"一带一路"倡议下，强调中国和"一带一路"受援国经济和社会的共同进步和发展。

三、经济援助对沿线国家中资企业营商环境的积极作用

中国对"一带一路"沿线国家的对外援助是南南合作框架内的"平等型援助"，在尊重受援国主权、不干涉受援国内政、帮助受援国提高自主发展能力的核心宗旨下，使用政府对外援助资金向"一带一路"沿线受援国提供包括经济、技术、物资、人才和管理等在内的支持，其性质是"平等型援助"。中国既不像西方传统援助国那样附加严格的政治条件甚至干涉受援国的内政（"支配型援助"），又不像美欧日等发达援助国那样将对外援助作为强化受援国政治经济依附的有力工具（"依附型援助"）。中国对"一带一路"沿线国家对外援助追求的是援助国与受援国之间的"互惠互利""互利共赢"。中国的对外援助既能在资金上补充其他援助国或多边援助机构的供给不足，又能在非资金领域补足后者的短板，因而不是对国际社会的"挤出型援助"。除了双边层面的"一对一"援助外，中国在三方、区域和全球三个层面开展的对外援助行为，对国际社会向"一带一路"沿线受援国有效供给国际公共产品提供有益的补充，因此大大提升了中国的区域影响力。此外，许多"一带一路"沿线发展中国家基础设施不完善，极大地影响了境外合作区的发展，如入驻罗勇工业园的企业就因园区公共交通不便而采购物资困难。也有中国境外工业园因水、电、气配套问题而阻碍了一些企业的入区，最终自己投资兴建电厂、拓展道路、疏通河道。外国投资商投资兴建的工业园区入驻率高于越南投资兴建的工业园区，其原因为越南投资的工业园区和经济区在规划方面存在连接性不强、不能发挥当地特有优势等不足。中国对外援助中很大一部分是援建受援国的基础设施，如道路、电信等，因此可以将中国对外援助与加强境外合作区建设相结合，不仅改善了中国企业的海外经营环境，同时也可以提升东道国的基础设施水平，进一步扩大中国在"一带一路"沿线国家的影响力。

第五章 "一带一路"建设中的对外直接投资风险

第一节 "一带一路"建设中的对外直接投资概述

全球金融危机以来，我国企业"走出去"步伐加快，对外直接投资快速增长。"一带一路"沿线国家是我国企业对外直接投资的重要区域，投资规模不断扩大。随着"一带一路"沿线投资规模的增长，投资风险的问题日益突出。研究"一带一路"建设中的对外直接投资风险，首先要了解"一带一路"的建设背景以及对外直接投资相关情况。本章将阐述对"一带一路"沿线进行直接投资的现状，深入分析其发展演进的内外动因，分析"一带一路"建设给我国企业对外直接投资带来哪些机遇，以及相应受到哪些制约因素和存在哪些潜在风险，从而为后文的风险分析奠定基础。

一、"一带一路"倡议的提出与建设进展

（一）"一带一路"倡议的提出

1. "一带一路"倡议提出的背景

全球金融危机后，世界经济形势发生了根本性变化，世界经济增长乏力，各国经济发展分化，国际经济格局日趋复杂。一方面，以美国为首的发达国家所主导的全球治理模式越来越难以反映发展中国家的利益诉求，全球经济格局变化对全球经济治理提出了更高要求；另一方面，全球范围内更加灵活的区域性经济合作层出不穷，新的合作载体更加合理地反映各方利益，成为融合政治、经济、文化各领域的利益共同体和命运共同体。在国际经济联系日益紧密的情况下，面对全球经济疲软，仅靠自身发展难以实现长期持久发展，需要各国协商合作共同探索国际经济合作新空间。全新经济格局这一趋势性转变需要中国积极应对，提出中国参与和引领全球经济治理的新主张。

从国内来看，我国正在推动全面深化改革，需要建立开放型经济新体制和推动形成全面开放新格局，进一步扩大开放是新时代社会主义市场经济发展的必然要求。在开放格局上，我国先后经历了沿海开放、沿江沿边开放和内陆开放，形成了全方位对外开放格局，但是经过多年的开放使原有的开放势能在逐步衰减，同时受发展基础、资源禀赋和地理位

置等因素的制约，从国内经济发展格局来看，内陆与沿海、西部与东部的经济发展差距仍然较大，开放程度还不够高，这时需要一个更具高度的战略思想引领对外开放新格局。"一带一路"有助于统筹利用国际、国内两个市场和两种资源，形成横贯东西、联结内外的对外经济走廊，从而释放对外开放新活力。"一带一路"有助于更好地推动中国与周边及沿线国家互利合作、共同发展，形成国际交往新格局。

2. "一带一路"倡议的提出和内涵

"一带一路"连接东亚经济圈和欧洲经济圈，贯穿亚欧大陆的广大腹地，向南延伸至印度洋和南太平洋，依托国际大通道、中心城市、重点港口、产业园区，沿线国家共同打造六大经济走廊，以此带动沿线国家的共同发展。"一带一路"倡议持续而有效地推进区域合作进程，构建区域合作体系，成为影响全球的重大倡议。

"一带一路"倡议具有丰富且深刻的内涵。首先，"一带一路"倡议体现了人类命运共同体的理念。以共建"一带一路"为实践平台，为国际社会提供更多公共产品，不断增进全球福祉，也为提升更加平衡的发展空间、更加平等的收入分配模式注入了新的动力，符合中华民族历来秉持的天下大同理念，使广大参与方都能从新的全球治理体系中受益。其次，"一带一路"是开放和包容的区域性合作倡议。虽然中国提出该倡议，但不是中国自建和独享，"一带一路"向所有意愿的参与方敞开，发挥各自比较优势参与合作，各方共同参与且发展成果惠及各方。最后，"一带一路"是务实合作平台，既非中国的对外援助计划，更不是中国的地缘政治工具，充分体现企业主体地位和发挥市场主体作用，推动政府、企业、社会机构、民间团体开展形式多样的互利合作，以切实可见的合作成果推动区域经济的发展。

"一带一路"统筹国际国内发展，是国家级顶层合作倡议，坚持开放合作、和谐包容、市场运作、互利共赢的原则，综合考虑沿线国家共同的和不同的利益关切与愿望期待，以"共商共建共享"调动各方参与的积极性，推动"一带一路"与各方的发展规划衔接合作。"一带一路"是我国全面深化改革的重要举措之一，也是引领我国新时代对外开放的重要抓手，为新时代引领构建开放型经济新体制和推动经济高质量发展提供强大动力。

3. "一带一路"倡议的主要内容

"一带一路"以"五通"为主要建设内容，即政策沟通、设施联通、贸易畅通、资金融通、民心相通为主要内容。

政策沟通。政策沟通是"一带一路"倡议的基本保障，也是各国积极开展合作、强化交流的前提条件，为各国开展务实交流合作提供了良好的政策基础。政策沟通协调机制，有利于各国企业在把握政策导向的基础上，根据不同国家的资源禀赋和市场机遇，确定合理的投资方式和投资目标，把握国际交流合作所创造的发展机遇。

设施联通。基础设施的互联互通是各国共同建设"一带一路"的优先领域，将推动实现不同国家之间的商品贸易、资金流转、信息传递和技术交流，促进不同地区之间的经济要素有序流动，优化市场资源配置，有利于沿线国家的区域经济合作，进而达到互利共赢的目标。

贸易畅通。贸易畅通是"一带一路"倡议中的重点内容，"一带一路"推动了沿线各国间贸易和投资的自由化、便利化，协商建设自由贸易区，以更高质量的营商环境推动贸易成本不断减少，激发市场活力和供给合作潜力，把投资和贸易有机结合起来，以投资带动贸易发展，挖掘贸易新增长点，促进贸易平衡。

资金融通。资金融通是"一带一路"倡议的关键支撑，探索与创新国际多边金融机构建设，充分利用各类市场化的投融资模式，通过多种投融资渠道的拓展，为"一带一路"倡议下企业的对外直接投资活动提供了稳定、高效、雄厚的资金支持。

民心相通。民心相通是"一带一路"建设的人文基础，能够加强各国人民的文化交流、促进国际化人才的素质提升，更深层次地加强彼此的文化理解与沟通，为跨国企业面向国际市场进行生产经营活动提供了有力的民意基础。

（二）"一带一路"建设的进展

1. 政策沟通推进政治互信

政策沟通是"一带一路"建设的上层建筑，为"一带一路"提供制度基础。自"一带一路"倡议提出以来，沿线国家的政治互信显著提升，外交关系明显改善，形成了互利共赢的共识和局面。我国与多个"一带一路"国家外交关系级别得到明显提升，相互合作的共同利益较多，在重大国际和地区问题上关系密切，累计签署战略、政策对接和经贸合作等各类合作协议。通过成功举办高峰论坛、G20杭州峰会、博鳌亚洲论坛等形式开展主场外交，为"一带一路"建设提供公共平台和交流契机，"一带一路"倡议越来越得到国际社会的认同。同时，积极开展农业合作、海上合作以及国际商事法务合作等专业领域的合作，通过务实合作夯实"一带一路"的经济和社会基础，切实给各参与方带来显著的利益回报。

2. 基础设施互联互通发展迅猛

基础设施联通则是"一带一路"建设的优先领域。"一带一路"沿线国家存在大量的基础设施建设需求，中国充分发挥在基础设施建设领域的优势，通过签署双边和多边的基础设施建设协议，借助亚洲基础设施投资银行（AIIB）融资平台，推动沿线国家的铁路、公路、航空、海运、通信等建设领域合作。这一方面提高了整体建设水平，另一方面加强沿线国家间的互联互通，缩短空间距离和运输半径，促进沿线国家的人员、商品和资源等流动和配置，实现基础设施联通对互联互通的牵引作用。

3. 投融资体系建设不断推进

多双边投融资的机制和平台发展迅速，不断加大以开放为主的政策性金融支持力度。

中国与沿线多个国家建立双边本币互换，在多个沿线国家和地区覆盖了人民币跨境支付系统。"一带一路"沿线金融互联互通水平不断提升。

4. 经贸合作取得显著成效

中国与多个国家和国际组织签署了合作倡议，同时坚持自由贸易区战略，在国内设立12个自由贸易试验区，进一步降低进口关税水平。自"一带一路"建设以来，跨境电子商务成为重要的贸易方式，"丝路电商"快速发展起来，形成了互利共赢的良好局面。同时我国对"一带一路"沿线的投资领域也不断增加，包括了电子通信、零售、人工智能等不同的行业。随着我国和"一带一路"沿线国家的经贸合作往来逐步增多，我国企业对外直接投资也将获得一个较好的发展环境和条件。

5. 人文交流水平日益提升

"一带一路"沿线国家的人文交流日益加深，民众基础日益深厚。我国与沿线国家建立了友好城市，在城市合作层面促进了"一带一路"的联系互动。中国在沿线国家设立了多个中国文化中心，与多个沿线国家签署高等教育学历学位互认协议，在多个沿线国家设立多个孔子学院和孔子课堂，持续推动了多个沿线国家的互免签证协定，沿线国家的人员交流更加便利。同时，根据沿线国家需求，推动签署了多份卫生健康合作协议，设立中医药海外中心，建设了多个中医药国际合作基地，向沿线发展中国家提供粮食援助，与多国开展了多个联合考古项目。中国与沿线国家科教文卫层面的务实合作交流，不断推进"一带一路"建设的民意基础。

二、"一带一路"建设中的对外直接投资现状分析

尽管起步时间较晚，但是中国对"一带一路"沿线国家直接投资始终保持着较高的增长率，其进展过程具有以下特征。

（一）投资规模不断扩大但逐步趋缓

自我国提出"走出去"战略以来，我国对外直接投资快速发展，尤其2008年全球金融危机后更是加快了这一进程。"一带一路"建设创造了大量境外投资机会，顺应了我国对外直接投资发展趋势，我国企业在"一带一路"沿线的直接投资规模不断扩大，呈现较快增长的趋势。同时，对"一带一路"沿线国家的直接投资从初期的快速增长，随着各种风险因素逐步暴露，企业投资更加趋于理性，进入一个相对平稳时期。

虽然在全球金融危机后，我国对"一带一路"沿线国家直接投资有个爆发式增长，但是"一带一路"沿线投资占全部对外直接投资的比重相对比较稳定。在"一带一路"建设正式启动后，不同年份呈现涨跌互现局面，但是总体保持了稳中有升的发展态势，个别年份大型项目投资对投资流量的变化影响较大。这种变化反映了我国企业更加注重投资风险和投资收益，宏观上转向鼓励东道国在国际融资平台支持下的自主投资。

（二）区位分布广泛但主要集中在亚洲国家

从投资存量的国别分布来看，"一带一路"经济体中吸纳我国对外直接投资存量较多的国家分别为新加坡、俄罗斯、印度尼西亚、马来西亚、老挝、哈萨克斯坦、阿联酋、柬埔寨、泰国、越南。

尽管各年度排名会有所变化，但是中国对"一带一路"沿线国家投资主要还是集中在亚洲和俄罗斯，尤其新加坡每年吸引中国企业对外投资最多。而这些国家的特征是政治环境相对稳定，与中国的双边关系较好，在市场环境、资源禀赋、产业规模和劳动力价格方面各具有优势和吸引力。

（三）投资行业日趋多元化、升级化

中国在"一带一路"沿线直接投资所涉及的领域更加广泛，遍布租赁以及商务服务业、制造业、能源、批发和零售业、采矿业、金融业、信息传输业等。从三次产业角度划分，中国直接投资主要分布在农业、能源、金属、化学、其他工业和公用事业等第一产业和第二产业，第三产业占比逐步增加。中国的对外直接投资从以能源和交通为主，开始向金融、科技教育、旅游、娱乐、信息传输、软件和信息技术服务业扩展，尤其交通和金融领域的投资增长较快，而不仅限于资源导向型行业，这体现了中国对外直接投资行业多元化、升级化的发展趋势。

（四）承包工程和并购项目持续增多

我国企业"走出去"的步伐日益加快，"一带一路"倡议更为中国企业"走出去"创造了难得的历史机遇。在各项能源及基础设施建设方面的合作关系更加紧密，中国的国有及大小民营企业纷纷响应，加入到"一带一路"建设中来，展现出了极大的热情。在对外承包工程方面，新签项目合同数和金额均出现显著增长。

三、"一带一路"建设中对外直接投资的动因

（一）市场寻求动因

在市场寻求的驱动下，我国许多企业对"一带一路"沿线投资，动因之一是为了获得东道国更广阔的市场，扩大市场规模，增强国外的购买力。近年来，"一带一路"沿线国家在全球投资中的地位日益凸显，中国连年成为"一带一路"最大的外资净流出国。未来"一带一路"有望成为全球新的贸易投资增长中心之一。为了进一步做好做大市场，我国积极与其他国家相关战略进行对接，如欧盟的"容克计划"、俄罗斯的"欧亚经济联盟"、蒙古国的"发展之路"、哈萨克斯坦的"光明之路"、波兰的"琥珀之路"等，推动形成更加广阔的市场。

（二）资源获取动因

资源是经济活动必要的生产要素投入来源。我国作为世界第一大制造业大国，经济快速发展所带来的资源需求不断提升，资源供需缺口日渐增大，是世界上主要的资源进口国和消费国。"一带一路"沿线国家拥有的丰富资源由于受资金、技术、人员、产业水平等影响限制，导致不能被有效开采利用，同时相对滞后的经济发展水平需要发挥资源禀赋优势，提高资源利用效率，通过资源出口获得经济发展必要的资本积累。中国与"一带一路"沿线国家都不是国际市场上资源能源的定价国，对国际市场定价权的影响有限，由发达国家掌控的大宗商品定价权客观上加大了沿线各国之间的国际资源能源交易成本。"一带一路"建设必然带来对资源的需求增长，这将为资源富余国家发挥资源优势、提高资源价值创造了契机。因此，我国与"一带一路"沿线国家资源能源合作潜力巨大。

（三）效率寻求动因

效率寻求具体指的就是追求更高的劳动效率，即跨国公司把生产的过程转移到具有更低劳动成本的国家来减少生产的整体成本。效率寻求型对外直接投资旨在建立全球生产体系，实现资源的最优配置和经济效率最大化目标。以跨国公司为代表，通过对价值链各个环节进行全球性最优配置来增强竞争优势。在发展初期，廉价的劳动力成本是中国企业的主要竞争优势。但近年来，由于我国的经济发展迅速，国内劳动力的工资成本逐渐提高，劳动力资源丰富带来的"人口红利"也开始减退，特别是制造业中的劳动密集型产业占主导地位。"一带一路"沿线投资可以有效地整合国内国际"两个市场"和"两种资源"，为企业带来全球配置资源要素的良机，成为中国企业提升经济效率的重要途径。

境外经贸合作区是我国企业在"一带一路"沿线投资实现效率提升的具体表现。这种主导产业明确、基础设施完备、公共服务功能健全的境外投资产业园区，是我国企业参与"一带一路"及对外投资的重要平台。一方面，境外经贸合作区享受东道国土地、税收等优惠政策；另一方面，发展共享基础设施和公共服务以发展集约型经济，最大限度地提高我国企业在境外投资的生产效率。我国企业对"一带一路"沿线投资，带去了中国的技术、设备、资本和服务，再结合当地的土地、资源和市场优势，既符合中国企业拓展海外市场、优化外部需求结构的现实需要，也有效盘活了当地要素，提升所在地的工业化水平，从而实现全球产业链层面的效率提升。

（四）技术寻求动因

技术寻求动因也可以称作战略资源寻求动因，其内涵是跨国公司以寻求东道国的技术为目标而开展的对外直接投资活动，为本国的发展提供更好的技术支持。在寻求东道国先进技术的过程中，跨国公司的主要投资形式包括两种：跨国并购和绿地新建。科技合作是"一带一路"重要的合作内容之一，欧洲国家在这个领域具有明显优势，我国在通信设备、高速铁路、核电、水电、光伏电池等领域也具有一定优势，中国与欧洲在大数据、人工智能、材料和计算等领域的科学合作可为各方带来共赢。对于沿线的发展中国家，强化"一带一路"技术出口和科技创新合作，将为沿线国家带来新的投资、产品、标准、人才和服务，带动各国新技术研发和先进技术市场化，实现更高水平的互利共赢。

我国对于"一带一路"沿线的发达国家的上行投资多是基于技术寻求动因的，是企业为了获取更先进的技术和管理经验而进行的对外直接投资活动。通过对外直接投资把一些中间产品生产企业进行收购或者自己组织建设生产基地，企业用内部的管理体系代替外部的市场运作，从而使生产的商品不断创新升级，促进我国的企业吸收国外的技术溢出，降低自身的 R&D 投入成本。

（五）竞争优势动因

竞争优势理论作为国际投资理论中的重要组成部分，在企业进行"一带一路"对外直接投资中发挥了重要作用。竞争优势的形成是基于市场竞争的不完全性，企业在该市场环境下可能形成竞争优势，例如在技术、管理、信息网络方面形成自己独有的竞争优势。与海外投资的当地企业之间竞争的时候，这种优势是支撑对外直接投资企业在海外市场形成有利局面的重要支柱。我国企业在国内拥有的领先于"一带一路"沿线国家的技术，高效的管理体系，强大的信息网络，优秀的人才支持，以及充裕的资金来源，都使得对外直接投资企业能够克服与当地企业竞争的不利地位，进行对外直接投资。除此之外，考虑到规模报酬递增效应在企业发展过程中不断影响着企业的投资决策，从而在公司做出是否进行海外投资、扩展公司规模的决策时，应考虑规模报酬递增效应的影响。我国企业对外直接投资规模越来越庞大，其他企业也积极参与其中，海外投资也是充分利用企业的竞争优势，最大限度地利用优势资源，实现利润最大化，同时也顺应国家的政策倾向，配合国家的战略行动。

四、"一带一路"建设中对外直接投资的制约因素

中国主张并实施"一带一路"倡议以来，促进了中国和沿线经济体建立起"同呼吸、共命运"的联系。但是，在如今的全球经济形势和背景下，中国如果要推动自身对"一带一路"沿线国家直接投资向更深层次发展，还面临着诸多的制约因素，如东道国政治环境复杂、融资渠道有限、特定行业限制、法律差异和外部因素等，这会导致对外直接投资效率的降低以及"一带一路"建设的推迟。因此，客观总结和分析这些问题将帮助我们更好地认识如今中国对沿线国家的直接投资，明确未来"一带一路"下中国对外直接投资的发展方向，有效地促进本土企业抓住有利的投资机遇，最大限度地减少直接投资的风险。具体来说，制约因素包括以下几个方面。

（一）东道国政治条件复杂

执政的党派不稳定与政治结构的频繁变动为中国企业在这些地区的投资活动增加了很

大的政治风险和不确定性，导致市场秩序混乱，这就很容易导致在这些国家投资建设工程项目的中国企业遭受经济损失和财产安全的威胁。例如，阿富汗的恐怖主义十分严重，最近一段时期内经常出现恐怖主义势力猖獗的情况，爆炸、绑架等暴力事件严重破坏了社会稳定，对民众和外国投资者造成了极大的心理恐慌，中国在当地建立和经营的投资企业与工作人员容易受到恐怖分子的袭击，这导致中国发展对阿富汗的直接投资面临巨大的安全威胁。将来的一段时期内一旦阿富汗的政治结构和环境出现更加剧烈的变动，那么中国在"一带一路"倡议下进一步畅想的"中巴经济走廊"的建设推进将会面临极大的问题和挑战。

（二）企业融资渠道有限

我国的企业在对"一带一路"沿线国家和地区开展直接投资时，对于资金的需求量是极大的，目前企业获得资金的融资渠道以亚投行、丝路基金和本国政府为主，东道国多以发展中国家为主，金融市场不完善。在投资收益方面，由于我国企业对沿线国家的投资大多数是基础设施建设领域，这一行业的特征是建设周期长、不确定性大、收益回报低，而投资收益较高的高新技术产业目前并未在中国对"一带一路"沿线国家直接投资中占据较大的比重，这使得东道国的许多金融机构采取观望或怀疑的立场，并不会为中国的投资企业提供太多的融资。

（三）东道国对特定行业投资的限制

目前，中国在战略性资源方面存在很大的需求，然而东道国普遍对于资源能源产业的投资限制条件较多，导致中国企业对战略性能源资源进行投资时面临一定的风险以及种种壁垒。从投资方式的层面上看，跨国并购是中国企业整体对外直接投资以及对"一带一路"沿线国家投资的主要方式，预计随着"一带一路"倡议的推进和越来越多的国家加入这一合作，我国企业的并购数量还会持续增加。而跨国并购的行为将影响到东道国本土企业的经营状况，同时改变东道国的市场结构，所以"一带一路"沿线国家通常会非常重视跨国并购的投资行为，同时也会设置一定的限制。特别是投资环境不稳定的东道国，更容易对中国企业的并购投资采取干预和限制措施，这些限制措施增加了对外直接投资的风险。

（四）法律制度存在差异

对外直接投资取得成功必须面对的就是对东道国法律法规的理解及出现纠纷时的解决方式。中国为了给企业对外直接投资提供法律保障，已经和许多"一带一路"沿线国家签订了双边投资协定。然而在实际进行投资时，一旦中国的对外直接投资企业经验不足，没有对当地的法律环境与风险进行充分的调研，不熟悉当地的法律体系而单纯地依靠本国政府外交手段来面对各种问题，就非常容易遭受巨大的损失。例如被认为触犯了反垄断法，遭到东道国的法律制裁等。例如印度尼西亚及菲律宾等国家的政府腐败严重，极大地损害了司法的公正性。

（五）外部因素导致竞争博弈加剧

当今世界形势错综复杂，近年来美国企图从国际治理秩序上阻挠"一带一路"建设，对于亚投行的建立采取消极反对的态度并进行干扰。一些西方国家极力鼓吹"中国威胁论"并否定中国在沿线地区开展基础设施建设、实现"五通"与互利共赢方面的积极努力和贡献，过度解读中国的战略目标甚至强加一些政治目的和军事色彩。日本也加强了向周边国家的渗透，印度、菲律宾等国加入同中国的南海争端，破坏国际之间的外交关系与和平合作环境，使得中国"一带一路"倡议和周边战略的推行面临巨大的阻碍，不利于中国发展对沿线国家的直接投资。例如，印度提出了"南方丝绸之路"，不断试图提高区域影响力和控制力，使中国在南亚地区推动中巴、孟中印缅两个经济走廊的建设面临较大阻力。此外，因为中东欧国家很大部分在欧盟组织中，当前中国与俄罗斯建立了"新时代全面战略协作伙伴关系"，合作程度不断加深；而中国加大在中东欧地区的直接投资比重，也可能会被欧盟组织误解甚至阻挠，不利于"一带一路"倡议的进一步实施。

第二节　"一带一路"建设中的对外直接投资风险识别

风险是一种不确定性，是普遍存在的。风险评估首先要清楚风险的来源、性质和构成，风险识别是对外直接投资风险研究的第一步。中国企业在"一带一路"沿线进行大量的对外直接投资，能否有效防控风险是影响"一带一路"建设顺利推进的重要环节。"一带一路"建设中的对外直接投资风险，既有对外投资中的一般风险，还有很多来自"一带一路"沿线的特殊风险，因此，我们首先要充分考虑"一带一路"沿线的宏观环境风险，同时也要考虑来自企业内部的风险。本节将综合考察现有的多种风险识别方法，根据"一带一路"建设中对外直接投资风险的具体情况，选择合适的风险识别方法进行风险识别，从而搞清"一带一路"建设中的对外直接投资风险构成，为后文的风险评估和风险防范奠定基础。

一、企业对外直接投资风险的界定

（一）企业对外直接投资风险的含义

尽管风险的定义在学界中不尽相同，但对不同观点进行对比后，仍可以发现，学者们对于风险的认知是存在以下几方面的共性的：第一，风险是一种不确定性，它是客观结果与主观预期之间的偏离；第二，风险是普遍存在的，是不可消除的。在此基础上，结合研究问题的特点，本书将企业对外直接投资风险定义为：在特定的环境中，企业进行对外直接投资时，客观存在的、将对企业目标的实现造成不利影响的不确定性。

（二）企业对外直接投资风险的一般特征

要想对企业对外直接投资风险有更具体的认知，可以从其具有的一般特征着手。通过对已有文献的梳理整合，可以发现，企业对外直接投资风险具有的一般特征大致包含以下四类。

1. 客观性

企业对外直接投资过程中的风险是客观存在、无法预测、不可消除的。风险发生的概率、风险波及范围的大小，不会受到投资主体主观判断的影响。企业建立的风险预警机制和采取的风险规避措施，都只能在一定程度上减轻风险发生造成的损失程度，而无法彻底消除风险。

2. 损失性

对外直接投资风险具有的损失性，表现为企业投资行为导致的最终结果与其投资动因之间的背离。企业进行对外直接投资的动因多种多样，可以是对海外市场的开拓、对战略资源的获取、对先进技术的引进或基于比较优势的产业转移，而由于企业对外直接投资过程中风险的存在，企业的投资目标往往无法完全实现，这样一种与投资预期之间的偏离，就是对外直接投资风险特征中的损失性。

3. 不确定性

对外直接投资风险的诱因多种多样，这些难以把控和消除的因素决定了对外直接投资面临的风险，在发生的可能性、发生的时间、造成的损失程度这三方面均是难以确定的。首先，对外直接投资作为一项经济决策，其决策水平在很大程度上取决于投资主体自身的经验和专业知识。例如，投资主体是否足够了解企业自身的财务状况，能否正确评估企业核心产品在东道国市场的竞争力，这些都会影响企业对外直接投资风险性的大小。其次，投资客体的特征与属性并非一成不变的，即使投资主体的决策水平较高，对外直接投资的最终结果还将受到东道国经济、政治、法律、社会文化等多重因素的影响，对外直接投资面临的风险性依旧无法掌控。投资主体与客体具有的这些特征，使得企业对外直接投资所面临的风险表现出不确定性。

4. 可测性

所谓的可测性，不是指特定风险发生概率的可测，而是指通过对已发生的风险进行大量研究，人们可以对相似类别的未知风险做出预防，降低风险发生造成的损害程度。风险发生后，可以从风险诱因、风险发生时间、风险作用对象特征、风险波及范围大小等多个维度对风险进行定性或定量的评估，从而找到风险发生背后的规律性，进一步设计出科学可行的风险评估机制和风险预警机制。

二、风险识别的原则及方法

风险识别是指风险主体对其正面临的风险及潜在的风险进行识别和归类的过程，它是风险管理的第一个环节，为后续的风险评估和风险治理提供基础。一般情况下，风险识别体系应包括对风险识别方法的选取，对风险源的辨别，以及对风险的定性或定量分析。

（一）风险识别的原则

企业的风险识别过程较为复杂，诸如风险识别过程中产生的成本、预计带来的收益、风险识别方案是否可行等因素，都需要被考虑在内。因此，在进行风险识别时，首先应当遵循以下五个原则。

1. 可行性原则

风险识别过程中，应当结合企业在资产规模、主营业务的类别、股权结构等方面具有的属性，构建一套具有较强可行性的风险识别方案，从而避免造成人力财力等资源的浪费。风险识别方案是否与投资企业的需求相匹配、方案对识别者专业水平的要求是否过高、识别过程需要的企业数据是否可得，诸如此类的考虑，都属于对可行性原则的遵循。实际的风险识别过程如果忽视了可行性原则，那么整个风险识别方案将对企业的风险管控没有任何帮助，同时造成较大的资源浪费。

2. 成本收益原则

企业对风险进行识别的根本目的，在于管控风险，实现营业利润的提升，而任何一项方案，其在实施的过程中都必然会产生成本。因此，企业在选用风险识别的方法时，应当遵循的另一个重要原则是成本收益原则。它要求风险识别的预期收益应高于它带来的成本，当任何一种风险识别方法均无法满足成本收益原则时，企业应该放弃风险识别，采取其他的手段应对风险。忽视成本收益原则的风险识别，很可能是得不偿失的，它会引致企业利润的减少，与风险识别的初衷背道而驰。

3. 灵活性原则

风险识别的方法类别是有限的，但企业的经营状况、面临的风险及风险具有的特征却是千变万化的，在对不同企业进行风险识别时，如不能根据企业的实际需求和经营状态对识别方法做出取舍与调整，而总是机械地将风险识别流程套用到类别相似的企业之上，必然会使风险识别的效用大打折扣，甚至可能得到与企业客观经营事实相悖的结论。可见，对于灵活性原则的遵守，既是对风险识别的要求，也是对风险识别结果的保障。

4. 综合性原则

企业自身经营业务的种类之多、开展业务的区域范围之广，使得企业面临的风险在种类、性质、程度上都呈现出复杂性。企业风险具有的复杂性要求企业的风险识别过程必须遵循综合性原则，即对不同类别的风险进行分析时，应当考虑到一种风险与另一种风险之间的关联性，综合考虑各种风险间的相互影响，而不是将风险割裂开后进行一一识别。

5. 系统性原则

企业的风险识别还应遵循系统性原则，这要求风险识别应当是一个连续的、长期的、科学的过程。作为一个复杂的经济系统，企业每时每刻的经济活动都面临着风险，过去已发生的风险未来可能会再次发生，过去不受重视的风险现在或许能给企业造成巨额亏损。因此，企业在进行风险识别时，不能只是聚焦于某一特定时期，还应对已发生的风险进行剖析总结，同时结合不同时期企业的经营状况特点，设计出一套动态的、具有不同侧重点的识别方案。

（二）风险识别的方法

学界现有的研究已为风险识别提供了较多方法，这些方法可大致分为三类：第一类包括决策树法、蒙特卡罗法、外推法等定量识别法；第二类包含专家调查法、流程分析法、财务报表分析法等定性识别法；第三类是综合了定量分析与定性分析的识别方法，如影响图法和故障树分析法。每一种风险识别方法都有其独特的适用性，能够解决的问题也不尽相同，通过筛选比较，本书最终选取了十二种常见的风险识别方法，对其所属的类别、具有的优势和劣势进行了系统梳理。结合本书研究问题具有的特点，此处将重点介绍其中的五种方法。

1. 外推法

外推法是类比推理法的一种特殊应用，其作用的领域非常广泛。在风险识别过程中，外推法通常是指时间序列预测法，其基本思路是将已发生的风险量化为包含时间维度的一个样本序列，之后通过趋势平均法、指数平滑法等方法使时间序列向未来延伸，从而对未来风险发生的可能性做出预测。

2. 决策树法

对具有不同期望值且用决策树表示的决策进行比较分析时，用到的方法即是决策树法。作为一种定量分析法，它的主要优势是简洁易懂、层次清晰，主要劣势是易受到决策者在确定概率和损益值时具有的主观判断的影响。

在运用决策树法进行风险识别时，其主要步骤包括以下四个环节：第一，依据已知条件将每一种决策方案及其包含的自然状态绘制成包含决策结点、方案枝、状态结点、概率枝四要素的树状图；第二，将所有自然状态的概率和损益值标注在概率枝上；第三，通过概率和损益值计算出每一个方案对应的期望值，将期望值标注在方案对应的状态结点上；第四，对方案的期望值进行两两比较，逐一"剪去"期望值较小的方案，得到最终的最佳方案。

3.SWOT 分析法

SWOT 分析法是一种从优势（Strengths）、劣势（Weaknesses）、机会（Opportunities）、威胁（Threats）四个维度分析企业现状，帮助企业识别潜在竞争对手、制定战略决策的方法。使用 SWOT 分析法进行风险识别时，通常要对企业面临外部环境的变化先做出分析，然后再结合企业内部经营管理的真实状况，综合辨别出企业可能面临的外部、内部风险。SWOT 分析法对前期资料的搜寻有较高要求，当辅助决策的相关资料足够真实完备时，利用 SWOT 分析得到的结果才具有科学性。

4. 流程图法

流程图法以其化繁为简、清晰明了的特点受到企业青睐，是企业识别风险最常使用的方法之一。流程图法的基本步骤是：首先，对企业生产管理过程的一切环节进行系统化、顺序化处理；其次，将处理后的结果绘制成流程图并重点标注出各环节之间的关键控制点；最后，在企业遭遇风险时，将企业的实际生产管理过程与流程图进行比对分析，找到风险发生的根源。通常情况下，企业的生产管理流程可以从价值流角度分为内部流程与外部流程，其中，内部流程是企业实际制造商品和服务的流程，对内部流程做出的分析可以高效判别企业是否存在营业中断风险；外部流程则是指原材料的采购、最终品的运输等与供应商和客户直接相关的流程，分析外部流程将对企业的连带营业中断风险做出判别。

5. 故障树分析法

故障树法是一种利用故障树图对风险事件之间内在联系进行分析，对风险发生原因进行探究的方法，常用来识别大型复杂系统的可靠性和安全性。故障树分析的基本步骤如下：第一，深入观察所要研究的系统的运行状态，统计分析已发生的风险事故案例，对系统可能面临的风险做出预设；第二，找到影响范围大、破坏性强、发生频率高的事故，确定其为顶上事件，顶上事件的发生频率即为对此类风险进行控制的目标值；第三，从顶上事件开始，自上而下按照因果关系逐级搜寻相关事件，并将这些事件绘制成故障树；第四，确定各基本事件的发生概率，计算顶上事件的发生概率。

三、"一带一路"建设中企业对外直接投资风险类型

综合考虑上述各种风险识别方法的适用性及可操作性，本节选用 SWOT 分析法从国家、企业两个维度，对"一带一路"背景下企业对外直接投资过程中的风险源进行辨别，并进一步对不同层面的风险进行定性分析。其中，国家层面的风险分析，是对沿线国家在政治、经济、文化等方面可能存在的风险进行辨别后提炼出较具有代表性的风险指标，同时阐述不同风险的成因。企业层面的风险分析，则从相对微观的视角展开，既包括企业在制定投资、管理决策时存在的风险，也包括企业在实际投资过程中，由于东道国市场竞争者的特性而面临的风险。

（一）宏观环境风险

宏观环境风险，是从国家层面进行的风险识别，此部分将主要从政治风险、经济风险、社会文化风险和自然灾害风险这四方面展开。

1. 政治风险

（1）政局动荡风险

"一带一路"贯穿欧亚大陆，沿线所涉及的国家大多为发展中国家，政治局势具有较强的不确定性。一方面，受地缘政治因素的影响，沿线部分国家国内战争频发，且国与国间领土纷争事故多发。南亚地区的印度与巴基斯坦常年对峙，中亚地区的塔吉克斯坦和吉尔吉斯斯坦也长期处于纷争之中。另一方面，由于国际恐怖主义的存在，以北非、西亚、中东为代表的地区多年受到侵害，国内恐怖破坏活动不断。在社会安全受到严重威胁、国内政治生态恶化加剧的背景下，一国政权更替现象时常发生、国内政治局势动荡多变，致使本国企业的对外直接投资面临较高的不稳定性及较大的风险性。

（2）政策频繁变更风险

政策变更也是政治风险的重要组成因素，连续性差的政策将为企业正常经济活动的开展造成诸多不便，企业不仅面临着成本增加的风险，同时还极有可能因政策变更而被迫中止经营，甚至撤出东道国市场。致使政策频繁变更的因素可分为以下几点：首先，"一带一路"区域部分国家民主化程度较低，政权频繁更替，新当权者往往会颁布新的国家政策，并对旧政府所签订的合作条约不予承认；其次，受经济发展水平的影响，沿线欠发达国家很可能为了追求眼前一时利益，通过变更税收政策、强行国有化等方式攫取外资企业的利益；最后，受文化差异的影响，东道国政府往往会因引进投资前缺乏与当地民众的沟通，在外资流入后修改原有政策，中止合作，将与当地文化产生冲突的企业驱逐出市场。

（3）法律环境风险

在"一带一路"倡议实施的过程中，为保护中国企业对外直接投资的合法权益，我国在制定相关法律规范的同时，已和多个国家和地区签订双边投资保护协定。但是由于政治、文化、经济体制的不同，中国企业在海外投资中仍存在较高的法律风险。"一带一路"沿线国家法律体系各异，覆盖英美法系、大陆法系、伊斯兰法系三大法系，且很多国家根据自身的政治需求和经济需求设置了许多当地独有的法律法规，纷繁复杂的法律环境大大增加了我国企业对外直接投资的风险性。首先，法律法规的多样性大大提高了企业对外直接投资的决策难度，企业即使派出大量专业人员提前熟悉东道国法律环境，也可能难以做到充分了解各国关于投资、融资、税收等法规的具体要求，企业随时面临着因触犯法规而带来的巨额罚金或利润亏损。其次，受到政权更替、战乱频发等社会因素的影响，"一带一路"沿线许多国家的法律环境并不稳定，政策朝令夕改的现象时常发生，企业的经营活动因为频繁变更的法律法规而面临着极大的不确定性。最后，受制于一国经济的发展程度及政府权力的大小，沿线部分国家的法律制度并不健全，政府既没有财力也没有精力完善本国法律体系，企业对这些国家进行的投资往往得不到完整法律体系的保障，在经营出现危机时也很难依据司法程序寻求有效援助。

（4）国家主权信用风险

国家主权信用是指中央政府作为债务人，其在履行偿债责任时所具有的信用意愿和信用能力。"一带一路"沿线国家中，超过半数国家的银行不良贷款比例在国际通行安全标准之上，许多国家的信用评级得分较低。主权信用评级得分较低意味着一国政府对于外债的清偿能力有限，其财政收入具有一定的脆弱性。这给投资者可能带来的直接影响是，投资者与该国政府签订的工程合同中，与投资融资方面相关的优惠条款不一定能够落实。换言之，由于东道国自身财政结构具有的脆弱性，企业进行的投资面临的安全性无法保障，合同存在一定的违约可能，投资者利益受损的风险较高。

（5）国家关系风险

近年来，伴随着中国在世界舞台地位的不断提升，许多国家与中国的经贸往来愈加频繁，但是针对中国设置的贸易壁垒及投资限制仍然存在，对此我国提出了一些新的贸易合作机制。然而，尽管国家间的经济依赖性日益增强，但是我国与"一带一路"沿线国家的投资往来仍然面临诸多阻碍，其中一个主要影响因素是国家关系。例如，同为正在谋求经济发展的国家，印度和中国在保持经济紧密联系的同时，在地缘政治领域却存在诸多纷争。作为亚洲地区最大的两个发展中国家，印度始终对"一带一路"倡议持有淡漠态度，这是因为中国经济的飞速发展在某种程度上引起了印度的防备心，致使其对来自中国的外商投资设置了诸多限制。此外，第三国霸权的介入也对中国与东道国双边关系产生了不利影响。"修昔底德陷阱""中国威胁论"等言论的出现损害了中国的国际形象，降低了周边国家引进中国投资的积极性。因此，我国企业在进行对外直接投资时必须正视由于国家间博弈带来的国家关系风险。

2. 经济风险

"一带一路"建设过程中的对外直接投资，还面临着诸如外汇管制、东道国国内通货膨胀加剧等经济层面的风险。我国"一带一路"投资的经济风险主要是指由于东道国宏观经济环境的变化而对投资者造成一定的经济损失的风险，本书将其大致分为汇率风险、外汇管制风险、通货膨胀风险以及利率风险。

（1）汇率风险

汇率风险主要包括来自汇率波动和外汇管制这两方面的风险。经济主体在运用外汇进行经济活动时，往往会因为受到汇率波动的影响而承受一定的经济损失。"一带一路"沿线多个国家中，仅土耳其、叙利亚、约旦、沙特阿拉伯等少部分西亚国家，由于其汇率制度为固定汇率制度而不存在汇率波动的风险。影响汇率波动的因素有很多，对一国而言，决定汇率变动的国内因素主要包括本国自身的财政收入结构，采取的货币政策，以及国际收支状况。首先，一国的财政收入结构在很大程度上决定了一国经济的自主性，财政收入来源渠道单一的国家，其经济增长对外部市场的依赖性往往较高，从而较易受到他国政策的影响。例如长期依靠石油出口发展经济的沙特阿拉伯、伊朗，当国际石油价格发生较大波动时，其国民收入将受到很大影响，汇率波动的风险大大增强。其次，一国的货币政策也将通过影响国内通货膨胀而使本国汇率发生变动，国内通货膨胀水平若长期居高不下，则本国货币购买力将急剧下降，汇率势必发生变化。最后，国际收支状况也将直接影响一国的外汇储备，而使汇率波动。此外，影响汇率变动的国际因素也有不少，如世界经济形势，大宗商品价格，区域经济体的对外政策，以及出于政治目的的经济制裁等。

外汇管制风险是指由于东道国政府采取汇兑限制措施，而使企业经济活动受到限制，由此给投资者造成经济损失的风险。外汇管制的行为多见于欠发达国家，由于其宏观经济基础薄弱，为平衡国际收支，同时避免国际投机资本的大量流入与流出，一国通常会采取外汇管制行为以约束跨国公司的经济活动。"一带一路"沿线涵盖不少欠发达国家，在进行投资时，当地市场潜在的外汇管制风险应当被考量。此外，当本国国内经济受到突发性冲击或外汇储备严重不足时，为避免国内经济进一步下滑，一国也许同样会实行外汇管制。

（2）通货膨胀风险

长期通货膨胀的直接表象是本国物价居高不降，货币购买力相应下降，由此给投资者带来的不利影响包括生产成本的上升、市场需求降低等。致使一国出现恶性通货膨胀的原因可从几个方面进行考虑：首先，沿线部分国家经济发展水平较低，外债负债率较高，政府为偿还债务、实现财政目标，可能通过发行大量货币获取铸币税，以通货膨胀为代价实现财政收入；其次，受政权频繁更替的影响，部分国家国内发行货币的种类多种多样，币值难以稳定，通货膨胀无可避免；最后，通货膨胀往往伴随着一国汇率变动而出现，本国货币在国际市场的持续贬值很有可能通过进口成本的上升诱发国内市场的通货膨胀。

（3）利率风险

利率的波动幅度将在很大程度上影响一国的投融资环境，频繁调整的利率水平将对企业的资金使用成本、所发行证券的预期收益率产生影响。当东道国经济环境表现出这样一种不稳定性时，企业的经营活动必然会陷入同样的不确定性中，其融资、投资等一系列行为将受到很大限制。

导致利率变动的因素有很多，作为货币政策的执行手段之一，政府可以通过调整利率水平来影响金融市场中货币资金的供求，从而为政府特定的经济目标服务。此外，利率水平还与一国通货膨胀程度相关，利率的频繁波动现象常见于通货膨胀较为严重的国家，如西亚地区的叙利亚、也门和南亚地区的巴基斯坦。最后，一国利率水平同样会受到国际市场利率水平的影响，沿线部分国家金融市场的结构较为脆弱，受别国金融政策溢出效应的影响，政府往往被迫调整利率以吸引或挽留国际资本。

3. 社会文化风险

（1）文化宗教风险

文化宗教风险是指企业对外直接投资的过程中，由于忽视了东道国在文化与宗教方面的特殊性而给企业的实际经营活动带来的风险。一方面，"一带一路"沿线国家众多，这些国家在自然资源禀赋、人口数量、社会制度等方面具有的差异性催生出了社会文化的差异性，它不仅表现为风俗习惯和语言文字的不同，也综合反映在一国国民的综合素质、价值观念层面上。另一方面，"一带一路"沿线地区包含了大量具有浓烈宗教色彩的国家，如叙利亚、巴基斯坦、沙特阿拉伯等，企业员工在相关地区施工时，有可能由于宗教信仰的不一致而与当地居民发生冲突。此外，项目的实际施工期也会因斋戒日等宗教节日的存在而不断延长。

（2）基础设施风险

基础设施风险是东道国基础设施状况给企业投资造成的风险，东道国基础设施的完善程度，将对企业的运营成本产生直接影响。例如，较差的路况会增加企业采购、销售环节的运输成本，基础能源如电力、水源的不稳定供应会降低企业的生产水平。企业对"一带一路"沿线国进行投资时，不应该忽视基础设施风险。

4. 自然灾害风险

自然灾害风险是指企业在对外直接投资时，由于东道国内出现地震、海啸、泥石流等自然灾害而给企业经营带来的风险。"一带一路"沿线国家涵盖多种地形地貌，不同国家自然灾害的发生率具有较大的差异。同时，受国家经济实力、政府执行力等因素的影响，不同国家对自然灾害的预防能力、灾后治理能力也是各不相同的。因此，企业投资所面临的自然灾害风险大小将综合取决于东道国的地理特性和预防处理能力。

（二）企业层面风险

1. 竞争风险

竞争风险侧重分析"一带一路"背景下我国企业在进行对外直接投资时，由于东道国市场中竞争者数量发生改变而面临的风险，以及企业在对技术进行开发、本土化或使用过程中存在的风险。

（1）竞争者变化风险

企业在新进驻一个市场时，其对市场份额的占据程度将首先受制于市场中原有竞争者在规模、数量、声誉等方面具有的优势。同时，企业的竞争实力还会因市场中不断加入的新竞争者而发生改变。本书在分析竞争者变化风险时，侧重考虑的是中国企业同新进入东道国市场的竞争者，在规模竞争和关系竞争这两类竞争中面临的风险大小。

在规模竞争中，企业获胜的可能性，与其在资金、技术、规模等方面具备的竞争优势紧密相连。关系竞争中的关系，则是指国家间的政治往来，即母国与东道国及第三国之间的关系。对外直接投资的企业，其在东道国市场的竞争结果，不仅取决于自身的综合实力，还在很大程度上受到母国与投资国政治关系的影响。

中国企业在对"一带一路"沿线国家进行投资时，多以获取战略性资源为目的，"走出去"的企业如中国石油、中煤能源、中金黄金等，其自身已具备较成熟的资源开采和资源利用技术，且具有雄厚的财力，此类企业在与新入市场的竞争者进行规模竞争时，面临的风险性通常不会很高。然而，战略性投资因其背后具有的特殊目的，易引起东道国政府的警惕，此种情况下，企业与新入市场的竞争者间的竞争，将更倾向于关系竞争，企业在进行投资时面临的竞争者变化风险，将综合受到规模竞争与关系竞争结果的影响。

（2）技术风险

技术风险主要包括技术开发风险、技术本土化风险和技术落后风险。技术开发的风险性贯穿于新技术开发的整个过程中。技术开发前，诸如仪器设备的购买、政策法规的熟习、市场潜力的合理预判、合作厂商的协助等先决条件如未成熟，企业在实际进行技术开发时可能会遭遇技术瓶颈、政府介入、市场回报难以覆盖前期投入等困境。即使技术开发的先决条件已经满足，企业已开始启动研发，只要东道国市场有任何一家企业抢先研发出类似技术，那么此次技术开发带来的利润将大大降低。即使研发顺利完成，技术无人抢先开发，企业仍面临着由于客观社会、经济环境发生变化，新技术完全失去市场的风险。技术本土化风险则是指，企业将技术引入东道国市场后，由于东道国人力资本、政策法规等方面的限制，技术无法完全实现本土化，企业蒙受较大亏损。技术落后风险主要指企业在使用租赁技术的过程中，由于东道国市场发生科技进步，企业原先租赁的技术已无法创造预计的价值，企业承受着由于租赁技术发生严重无形损耗而带来的营业利润的减损。

2. 投资风险

中国对"一带一路"沿线国家的投资以国有企业为主，且大部分为中央企业。以国有企业为主体的投资，因其在投资经验、投资资金来源、投资目的等方面所具有的特殊性，本身便面临着特定的投资风险。

（1）战略风险

战略风险是指企业在对外直接投资的过程中，其制定的投资战略在投资方式、投资目标、投资领域等方面所表现出的风险性。

首先，企业的对外直接投资主要可分为绿地投资和并购，但这两种方式均存在一定的风险性。绿地投资又称创建投资，然而这种方式的前期投入大、建设周期长、难以快速和有效打开东道国市场，且对跨国公司自身资金、技术、能力等要求较高。并购是收购与兼并的简称，指外国投资者依法通过一定渠道取得东道国某企业部分或全部所有权。但这种跨国购买的方式同样存在较大风险，如并购前的信息不对称风险、并购后的整合管理风险、不同衡量准则造成的价值评估风险以及东道国政府出于安全因素的考虑而出现的抵制风险。

其次，以国有企业为主力的中国企业，在对"一带一路"沿线国家进行对外直接投资时，常具有较强的政治目的，东道国对此往往具有较高的警惕性，企业在东道国市场的经济活动可能会面临着较为严格的监管，由此带来的经营成本上升等问题将提高投资风险。

最后，中国企业对"一带一路"的投资领域主要集中在基础设施和能源行业，由此也带来了一定的风险。基础设施项目的施工期限长，所需资金规模大，资金回报率往往较低，且易受东道国政治局势变动的波及。而能源领域的投资，由于其常常具有的战略意义，易引起东道国政府及居民的敌视，产生较高抵触情绪，致使项目实施难度加大。

（2）决策风险

企业决策风险的大小主要体现在以下两方面。一是决策前信息搜集的完整度。企业的历史风险数据、东道国的法律法规，这些与对外投资直接相关的数据与信息越准确详尽，决策者做出的决策越具有科学性，企业面临的决策风险则越小。二是决策过程的科学性。决策制定者的专业背景、相关经历，处理历史数据采用的方法，这些因素都将影响决策过程的科学性。

3. 管理风险

相较于具备丰富投资经验的跨国公司，我国的部分企业在管理结构上存在一定的缺陷，尤其是国有企业，其管理方式上呈现出的诸如所有者和经营者目标取向不同、责权不明晰、对经营者的激励与约束不足等问题，将在很大程度上增加投资的风险性。考虑到这种现象的存在，下文将从人才、技术、财务三个角度，对我国企业在"一带一路"沿线国家进行投资时可能遭遇的管理风险进行分析。

（1）人力资源风险

经济全球化的大背景之下，世界各国的资源争夺正愈演愈烈，其中既包括对自然资源的搜寻，也包括对高素质专业人才的招募与抢夺。所谓的人力资源风险，是指企业雇用的人才在来源和管理两方面存在的风险。

一方面，企业工程项目的按期完成离不开专业人才，而庞大的工程规模决定了企业不可能仅从母国征调人才，因此东道国人才市场将成为企业的主要人才来源。此种情况下，企业雇用人才的基本素质、专业能力，将主要取决于东道国的教育环境。另一方面，即使人才来源得到保障，企业在对人才进行国际化经营管理时，仍旧面临着不少风险。与众多国际著名跨国公司相比，我国企业的人才管理制度仍有待完善，人事制度、薪酬管理制度、绩效考核制度等方面存在的不足，很可能会挫伤国际员工的积极性，所导致的人才流失将给企业的营业收入带来负面影响。

（2）技术外溢风险

"一带一路"沿线国家多为欠发达国家，其本国企业自身的生产技术、研发能力、管理水平往往不高，中国企业在对这些国家进行投资时，所起到的示范带动作用会比较明显，由此引致的技术外溢风险较大。技术外溢导致的东道国企业技术提升、产业结构升级，将对企业的市场份额产生冲击，同时有可能提高东道国市场的人力成本。这种由于技术管理不当而带来的市场竞争加剧、企业利润受损，即是技术外溢风险。

（3）财务风险

财务风险主要来源于企业在融资过程中面临的融资风险，以及由东道国政策决定的税收风险。企业对"一带一路"沿线国家进行投资时，主要采取的融资方式可分为债务性融资和权益性融资，前者包括银行贷款、发行债券和应付票据、应付账款等，后者则主要指股票融资。由于中国资本市场目前仍处于起步阶段，公司股票和债券受到限制，难以满足海外并购的需要，所以中国企业海外并购一般选用现金作为支付手段，或通过银行贷款筹资。而这种做法很可能会大幅度增加企业的融资成本，从而给财务层面带来隐患。此外，作为影响生产成本的主要因素之一，企业在东道国投资时面临的税收水平将直接影响海外投资企业的实际收益。"一带一路"沿线国家经济发展水平普遍不高，为保护本国产业，带有强烈歧视性的税收政策较为常见，这些政策在一定程度上加重了企业的财务风险。

四、"一带一路"建设中企业对外直接投资风险的特殊性

前文对"一带一路"建设中企业对外直接投资风险的种类做出了识别，应当注意的是，较之常规的对外直接投资，企业对"一带一路"沿线国家进行的投资，在投资行业、投资区域和投资主体三方面上都具有一定的特殊性，这些特殊性的存在使得企业所面临的风险包含下列几个特征。

（一）政治风险占比更高

受投资行业、投资区域的影响，中国企业在对"一带一路"沿线国家进行投资时，首先应当考虑的即是政治风险。一方面，中国企业对沿线国家的投资行业多集中在能源、交通和金属矿石领域，不同于制造业、服务业的投资，能源行业的投资因其具有的战略意义，易引致东道国政府和百姓的猜忌，企业投资风险更大程度上源自政治层面。而与交通相关的基础设施领域的投资，由于其施工年限长，对融资的依赖性高，实际投资过程面临的风险多受到母国与东道国政府间亲疏程度的影响，同样隶属于政治层面。另一方面，"一带一路"贯穿欧亚大陆，沿线所涉及的国家大多为欠发达国家，其政策法律中与对外直接投资相关的保障制度并不健全，加之西亚、南亚等地区战争频发、政权更替频繁，企业在投资过程中面临的政治风险将远远高于经济、社会文化等其他类型的风险。

（二）由于投资地区过度集中导致的风险频发

中国企业对"一带一路"沿线国家的投资主要集中在东南亚区域，中东欧、中亚、西亚等区域的投资占比一直不高。过度集中的投资区域加剧了对外直接投资企业间的竞争，降低了投资效率，提升了对外直接投资的风险性。投资区域的过度集中很可能会加大企业投资的风险性。

（三）风险管控难度更大

首先，不同于一般的对外直接投资，企业在对"一带一路"沿线国家进行投资时，面对的风险类型更加多样，治理风险受到的限制更多，风险管控的难度更大。"一带一路"覆盖的国家数量极多，这些国家在自然条件、经济基础、法律环境、社会文化等方面呈现出纷繁复杂的特征，企业在进行对外直接投资的风险评估时，需要综合分析各个国家的各种风险，对已发生的风险进行治理时，需要熟悉不同国家的法律法规，庞大的工作量将大大增加企业的风险管控难度。其次，中国对"一带一路"沿线国的投资以国有企业为主导，国有企业特殊的股权结构使得企业高级管理层与企业之间的利益失去必然相关性，企业投资策略的制定往往更取决于决策主体的个人偏好。这种情况下，企业对外直接投资的风险性将增加，风险管控的难度也相应上升。

（四）风险的损失性更大

以国有企业为主体的对外直接投资，在资金规模和投资动因上具有的特殊性，加重了风险发生时的破坏程度和影响范围。国有企业规模庞大、财力雄厚，其对外直接投资项目涉及的金额动辄数十亿元人民币，风险一旦发生，企业面临的亏损额将远远高于普通企业。此外，国有企业在对"一带一路"沿线国家进行投资时，多数是为了获取重要能源，投资一旦失败，企业获取能源的渠道收窄，很可能波及国内关联产业，对国内宏观经济造成不良影响，风险的影响范围已不局限于投资企业自身。

第三节　"一带一路"建设中的对外直接投资风险防范

风险识别和风险评估是为了有效防范风险。我国企业在"一带一路"沿线投资活动的顺利进行与沿线国家自然条件、经济基础、法律法规等多方面因素息息相关，企业面临的风险将直接影响企业对外直接投资的成效，"一带一路"建设的顺利推进需要有效防范对外直接投资风险。风险防范要求针对各类可能风险，依据不同类型、风险大小和先后次序，建立风险防范体系逐次应对和处置风险。本节将在分析我国"一带一路"建设中的对外直接投资风险防范现状的基础上，建立包括风险评估系统、风险预警系统、风险处置系统在内的对外直接投资风险防范体系，进而分别从企业和国家角度提出对外直接投资风险防范措施。

一、"一带一路"建设中的对外直接投资风险防范现状

受投资行业、投资区域和投资主体特点的影响,中国企业在"一带一路"沿线国家进行投资时,所面临的风险比常规的对外直接投资风险更加复杂、更难以控制。投资行业集中于能源、交通领域引致的较高政治风险,投资地区集中于东南亚区域引致的不良竞争,投资主体倾向于国有企业引致的更高损失,这些因素的存在也使企业对外直接投资的风险管控难度大大增加,也反映出构建一套合理、有效的风险防范体系具有的紧迫性和必要性。

然而,较之于发达经济体的许多领先企业,中国企业的全面风险管理才刚刚起步,在开展国际投资活动时,往往不能清晰辨识出公司所面临的真正风险,加之缺乏有效的风险预警系统,难以对风险做出及时的应对和处置。具体来看,我国企业目前的对外直接投资风险管理水平呈现出以下三方面的特点。

(一)人力管理效率低下

企业的人力资源管理效率主要反映在企业内部评估、奖惩、解聘机制的合理性之上。一方面,受企业股权结构、对外直接投资目的等因素的影响,以国有企业为主导的中国企业,一定程度上存在"任人唯亲"的现象,内部缺少良性互动的竞争机制。另一方面,对于从东道国市场直接聘任的当地员工,企业现有的管理制度常常无法调动其积极性,致使国际人才的流失现象较为严重,较高的人员流转率直接印证了企业在人力资源管理方面的效率低下。

(二)财务管理效率低下

受早期中国市场体制不完善的影响,不少企业的财务管理流程缺乏一定的规范性,不规范的财务管理流程将影响企业最终财务数据的有效性,失真的财务数据不仅不利于企业对自身经营状况的衡量,还很有可能增加企业触犯法律法规的可能性。

(三)风险防范体系缺乏系统性

中国企业现阶段所采用的风险防范体系,多数仍停留在传统的部门管理阶段,缺乏一定的系统性。"一带一路"背景下,企业对外直接投资面临的风险因素具有复杂多变的特性,这要求企业进行风险防范时,所采用的风险防范体系不能是一成不变的,它必须包括风险的最初辨识、风险的定量估计、风险预警防控这三个功能,同时能够结合企业经营特点,设计相应的风险处置对策。

综上,本书发现中国企业目前对外直接投资风险管理水平总体偏低,需要构建一套系统的、能够提升企业风险管理效率的风险防范体系,为"一带一路"背景下的企业进行对外直接投资提供有效保障。

二、"一带一路"建设中的对外直接投资风险防范体系

本书设计的投资风险防范体系，是基于东道国宏观环境数据、企业内部运营数据及相关资料，结合对已有文献的研究，综合设计出的一套包含风险评估系统、风险预警系统和风险处置系统的体系。在对"一带一路"沿线国家进行投资时，通过对这一体系的灵活使用，企业不仅可以在前期进行科学的投资决策，还可以在后期运营过程中实现风险动态监控和积极应对，促使投资活动更加高效、安全地开展。首先，企业通过风险识别系统对其投资过程中面临的风险种类及成因做出辨识，并在识别的基础上，结合相关的研究方法对不同类型的风险做出定量评估；其次，进一步借鉴已有研究的指标库和方法库，构建风险预警系统，同时借助计算机系统，获取相应的预警信号；最后，企业应结合自身情况，依据风险处置系统对不同等级的风险采取风险规避、风险转移、风险分散、应急管理等相应的风险处置措施。

（一）风险评估系统

风险评估系统包括信息采集、风险识别、风险评估和动态监测系统，前述研究已对企业在"一带一路"对外直接投资过程中可能遇到的风险源、风险因素进行了识别，并通过构建相关风险指标，结合特定方法对风险程度进行评估。

中国企业面临的风险主要包括由东道国宏观环境决定的政治风险、经济风险、社会文化风险、自然灾害风险四类外部风险，以及由企业自身经营管理状态决定的竞争风险、投资风险、管理风险三类内部风险。不同类型的风险，其发生的可能性、发生后对企业绩效的影响程度是不完全相同的，因此，有必要构建出一个风险评价指标体系，对不同类型风险所具有的不同影响力做出刻画。前述研究综合采用了德尔菲法、模糊综合评价法等风险评估方法，计算求得不同类型风险对应的判断矩阵及权重向量，以此来衡量企业对"一带一路"沿线国家进行投资时，不同类型风险带给企业的不同影响。

（二）风险预警系统

风险预警系统主要是基于风险评估系统的研究进行风险判断，动态监控风险因素的变化趋势，评判各种风险状态的强弱程度，并在此基础上向决策层发出预警信号。该系统主要包括预警指标的确定、预警模型的构建和预警信号的生成三个部分。

由于风险预警建立在风险识别的基础上，所以可以结合前述的相关研究来分析风险预警模块。首先，关于预警指标的建立一般以风险识别的结果为依据，明确各个层级的相应指标，把握投资风险预警的关键因素；其次，由于风险评估过程是基于科学的方法定量测度风险发生的可能性和程度大小，包含方法选择、权重计算及综合评价，与预警模型的构建过程一致、方法类似、目的相同，所以可以使用前述所介绍的风险评估方法来构建风险预警模型。当然，应该清楚地认识到各种计算方法都是利弊兼有的，因此在进行选择时应充分结合企业自身情况，如模糊层次分析，是以相关专业人士或专业机构评分为基础，通

过判断矩阵来确定权重大小，在企业对被投资国信息搜集不完全的情况下，能"集百家之长"，提高预警的全面性和准确性。而在信息掌握较为全面、统计研究详细的情况下，为避免专家打分造成的主观性，可以选择熵值法来确定权重，以客观数据为基准进一步分析各影响因素的风险大小。在预警综合评价上，也可以采用前述的研究，通过计算得分和绘制投资风险图进行直观比较。

风险预警系统的最后一步是将上述研究计算出的风险值与相应的风险预警区间进行匹配，判断风险值是处于正常状态、戒备状态还是危险状态，并发出对应的预警信号，实现风险预警的信息化、可视化，以便进行动态监测。借鉴已有文献的研究，可以将企业投资风险分为五种预警等级。其中，设定风险值在 0 ～ 20 为低风险状态，显示绿色信号，表示处于正常状态；20 ～ 40 为较低风险，显示蓝色信号，这一阶段存在轻度的风险；40 ～ 60 为一般风险，显示黄色信号，此时已经呈现出中度的风险症状，企业需要密切关注投资环境的变化；60 ～ 80 为较高风险，显示橙色信号，这时风险已呈现较高的态势，必须尽快找到关键影响因素进行有针对性的处理，避免风险的进一步扩大；80 ～ 100 为重度风险，显示红色信号，此时风险已经很大，企业必须果断地采取应急措施，将可能的损失降到最低。

（三）风险处置系统

风险处置系统主要是依据预警系统传递出的警情信号和相关报告，因地制宜、因时制宜，选择一种或多种措施来控制和降低风险，或把可能产生的风险损失降低到最小。目前常用的风险应对措施大致分为四种，即规避策略、转移策略、缓解策略和接受策略，在进行实际的风险管理决策时，可以将这些应对措施组合起来使用。接下来，将结合上述预警系统反馈的警报信号进行具体讨论。

呈现绿色信号的低风险状态和呈现蓝色信号的较低风险状态可以统一划分为低度警报，综合使用风险规避策略和风险转移策略，在风险事件发生之前尽一切努力排除、回避风险或有意识地将风险的后果转移给第三方，以此来降低和有效控制风险。风险规避策略多用于项目的启动阶段，通过对风险评估的详细解读，制定严谨、详细的可行性报告，进行科学决策，力争从源头上消除导致风险事件发生的风险因素。对于那些不能回避和排除的风险，可以使用风险转移策略转嫁风险，常见的有项目保险、合同转移和项目担保三种方法。除此之外，企业也可以充分利用进出口银行、出口信用保险公司等政策性金融机构实现风险转移，搭建投资风险"防火墙"。

呈现黄色信号的一般风险状态将发出中度警报，可以采取缓解策略来减轻风险，并进一步分散风险，降低风险事件发生的可能性。风险缓解强调对风险的控制，侧重于通过采取相应的措施使风险事件的不利后果减少到一个可以接受的范围，降低潜在问题发生的概率。例如当被投资国法律体系不完善、存在较多争议时，企业通常会面临较高的法律风险，因此必须在投资前吃透中国和东道国有关对外直接投资的政策要求、法律法规，还有与此相关的国际公约和双边或多边投资协定，心中有数才能做到应对自如，全面把控风险。在风险得到有效缓解控制后，针对主要的风险因素采取相应的措施逐个击破，进一步分散风险，减少损失。

将呈现橙色信号的较高风险状态和呈现红色信号的高风险状态，统一划分为高度警报。由于高风险项目在前期进行投资决策时就会被否决，所以这种情况大多发生在项目运营过程中遭遇不可预见的风险，如内部动荡、突发事件等，以及风险规避、风险转移、风险缓解策略不可行或者可行措施执行成本过高，此时企业应采取风险接受策略。但是要注意，接受并不意味着无所作为、被动承受，而是要在无法改变既定现实的情况下，提前预估风险事件可能造成的后果，并采取积极的措施进行应急管理，减轻损失，同时在风险发生后采取相应的风险补偿措施弥补企业既定的损失。

三、"一带一路"建设中的对外直接投资风险防范对策

对于企业在"一带一路"对外直接投资中所面临的各种风险，除设计包括风险评估系统、风险预警系统和风险处置系统在内的"一带一路"投资风险防范体系进行实时监控、及时反馈、合理应对外，还需要从顶层设计的角度进行宏观把控，因此，本书将从企业和国家两个维度提出整体性的风险防范对策。

（一）企业对外直接投资风险防范对策

作为对外直接投资的参与主体，企业对风险的防范能力将直接决定其投资的成败，因此，想要成功"走出去"的企业不仅要制定科学的对外直接投资策略，实施高效的内部风险管控，更要全面提升自身的实力，做大做强，提升国际地位，在"一带一路"沿线投资的浪潮中赢得机遇、独占鳌头。

1. 制定科学的对外直接投资策略

（1）重视前期准备和风险评估

由于"一带一路"沿线国家在资源禀赋、经济基础、社会制度、宗教文化等方面存在较大差异，想要进行投资布局的企业一定要重视前期的实地考察、信息搜集、数据整理、对比分析等，对沿线国家进行全面深入研究，结合自身实际情况选择最适合的投资国家，制定有针对性的产品战略进入东道国市场。在利用东道国优势的同时注重对东道国的反馈效应，形成良好的伙伴关系，通过互利共赢以实现长期可持续投资经营，更好地防范各类风险。

在前期调研的基础上，投资企业应尽快完善风险管控体系，设置风险预警系统，以更好地应对和处理投资过程中发生的风险。首先，建立信息资源共享平台，确保信息的真实性和全面性，最大限度地掌握各国变动情况，提高风险评估的准确性和有效性。其次，要

严格按照科学决策和程序化管理的规程进行风险评估，构建综合性的风险评估体系，通过计算测度将各种风险量化，把握各项风险发生的可能性和程度范围。最后，借助计算机辅助管理系统，实现对风险的实时监测、动态追踪，并根据反馈系统及时做出调整，全面提高对外直接投资企业的抗风险能力。

（2）选择适合的投资进入方式

进行对外直接投资的企业须认清自身条件和所处环境，明确各类投资方式的利弊，通过再三权衡选择与企业匹配的"走出去"模式。一般来说，企业境外投资的进入方式有独资经营、合资经营和战略联盟，由于这三种方式的进入条件和风险程度差异较大，企业应因地制宜，合理应用。选择独资经营的企业虽然可以通过在海外建立生产基地直接建立推广自己的品牌，避免较高的关税及非关税壁垒，但需要雄厚的资本和强劲的实力，且易遭受东道国的敌视和排挤。相比而言，合资方式在规避风险和安全性方面更具优势。通过与东道国企业合资经营，既可以发挥自身的技术、资金、品牌优势，又可以充分利用当地资源、人员关系和社会文化等优势，大大降低进入东道国的"门槛"和可能的政治风险，但不同文化背景下的双方如何实现统一协调是关键问题。

事实上，由于"一带一路"沿线国家政治、经济、社会文化等环境复杂多变，越来越多的企业开始尝试构建新的跨国战略联盟，如品牌联盟、供求联盟、技术合作联盟、研究开发联盟、市场共享联盟、投资资本联盟等。例如，可以与东道国本地的金融机构合作，有效地降低政策歧视性风险。在"走出去"的过程中，既要加强同国内企业间的联盟合作，通过国有企业与民营企业之间的相互联合，形成产业链集群、优势互补集群、地域集群等集群式投资方式，增强实力，也要具备长远意识，配合我国对外直接投资的总体战略和规划，服务国家战略发展，增强企业防范各类风险的综合能力。

（3）实施本土化投资经营战略

企业的本土化战略不仅包括生产营销和人员雇用的当地化，还包括企业文化和管理的当地化，入乡随俗并树立企业的公民意识，充分融入当地社会。在实施本土化战略的过程中，可以利用东道国的原料、资金、技术和人才，通过产品和技术的当地化，降低投资的进入门槛，较快打开当地市场，获取收益。其中，实施人力资源本土化战略既可以降低当地政府和民众的抵触情绪，提高企业进入东道国的概率，还有助于企业尽快融入当地社会，应对文化冲突。

一方面，可以聘请熟知东道国法律的人才，通过他们熟悉当地的政策要求和法律法规，有效防范法律风险，尤其要重视有关知识产权的法律法规，避免侵权和被侵权事件的发生。另一方面，要适当雇用当地员工，加强同当地工会的交流联系，依法保障员工的权益。同时要注重协调两国员工人数的比例，重视文化差异，避免出现严重的内部分歧和冲突，及时总结应对和处理过往文化风险事件的经验，采取积极的措施引导员工形成正确的文化差异认知，并在组织中形成自身特有的文化理念，增强企业凝聚力。

2. 实施高效的内部风险管控

（1）完善企业自身治理结构

完善企业的治理结构主要侧重通过合理界定企业的所有权和经营权，明晰所有企业成员之间的权利义务，避免因管理层的决策失误造成的不利影响。随着企业规模的逐渐扩大和市场份额的不断增加，企业在"走出去"时必须对其治理结构做出相应调整，避免由于股权结构单一而出现一股独大或内部人控制等现象，增大决策失误风险。

企业治理结构的完善通常可以遵循以下几个步骤：首先，明确董事会的核心地位，通过分设董事长、总经理将决策权与经营权分割开，借助独立董事制度使股东大会、董事会和管理层之间形成相互制衡的关系。其次，建立健全的信息披露和有效的监督机制，确保企业所有者、经营者及所有员工之间实现信息的快速传递和及时反馈；同时，加强各级监督机构的建设和完善，形成覆盖面广、连贯性强的监督链条，及时追踪监管企业的运营状况。最后，可以结合行业特性和自身的生产经营性质，建立有效的业绩评价与激励机制，进一步改善企业治理结构。适时的监督与激励会提高管理层和基层员工的积极性，为企业的发展创造更多价值。

（2）规范企业财务管理流程

对在"一带一路"沿线国家进行投资布局的企业来说，各种货币金融风险是企业财务管理面临的一大挑战，企业需要积极与商业银行、证券公司等金融机构交流合作，为企业财务体系的稳定性和安全性提供有力的外部保障。企业也应加强自身内部建设，内外结合全面把控财务风险。

第一，建立财务风险预警体系。以企业的财务报表为基础，利用敏感性较强的各项财务指标对企业的财务状况进行检查、分析和预测，对监测数据的异常变化发出警戒信号，给企业管理者留出一定的时间来防范控制可能的财务风险。第二，建立信息沟通机制。充分利用互联网技术的发展，构建信息沟通平台，确保业务信息的及时传递和正确执行，同时第一时间收集第一手的财务数据，使企业能快速应对复杂多变的市场环境。第三，严格把控日常的财务核算工作，加强内部审计监督，从源头上遏制风险的发生。在保证会计方法正确适用的基础上，加强对流动资金链和存货管理的关注力度，准确记录消除旧账和坏账的原始数据，确保财务信息的完整真实。不定期对公司的财产进行清查核算，以确保公司资产的安全性。第四，加强财务人员的独立性和规范操作。准确的财务决策建立在真实全面的财务数据上，所以为保证财务信息的准确性，企业应保证不相容职务分离，确保岗位间的相互监督和制约，如确保会计人员和出纳人员分离、仓库保管人员与会计记账人员分离等，同时做到权责分明，确保所有从业人员明确并认真履行自身职责。

3. 全面提升企业综合竞争力

（1）提高核心竞争力，实现价值链的攀升

作为对外直接投资的主体，企业要想在对"一带一路"沿线国家的投资中立于不败之地，最根本的措施就是加快创新发展，不断提高自身的核心竞争力和在全球价值链分工中的地位。

一方面，要紧密结合"一带一路"的发展机遇，通过对现有产品进行深加工来提升产品的赢利能力，同时吸收借鉴国外的先进经验，在现有的基础上结合自身实际情况进行科技创新及转型，进一步提高技术水平和产品附加值。企业积极转型的前提在于具备全球市场的分析及预测能力，可以敏锐地察觉到国际市场的变化与发展趋势，积极做出调整和应对。这就要求企业不仅要及时分析市场变动和竞争对手的行为策略，顺应市场变化，实施有效的产品策略和发展策略，还要对全球市场的历史数据进行整理分析，把握其动态演进过程，进一步提高对市场变动的应变能力。

另一方面，在世界经济高速发展的今天，品牌的重要性远胜以往，"品牌既是进入行业的壁垒，也是进入行业的手段"，所以，企业必须加强品牌建设、实施优质可持续的品牌发展战略，通过品牌营销等形式，赢得良好的市场口碑，增强用户黏性，形成良性循环，在提升核心竞争力的同时实现长期可持续发展。在品牌推广的过程中，应制定科学有效的市场营销策略，加强对目标市场的调研，如调查市场参与度、现有的销售渠道、居民的消费偏好和消费能力等，执行最有利的方案，降低市场风险，增加胜算。同时，加强企业间的交流合作，做好中国产品，讲好中国故事，将中国品牌沿着六大经济走廊逐步推向世界。

（2）培养国际化人才，重视人力资源开发

对于从事国际化生产经营的企业来说，人力资源往往是取胜的关键因素，企业可以通过"引进来"和"走出去"相结合，构建多层次人才培养体系。

首先，"引进来"是指通过采取具有吸引力的政策，招揽全球人才，引进先进技术，实行人才兴企战略。进行境外投资的企业可以通过国家"千人计划"和地方政府的"引智工程"等搭建平台和绿色通道，广泛招收在企业管理、财务审核、法律谈判等方面的优秀人才，特别是在相关国家有过实际工作经验的，纳为己用，从而在人才竞争中获得优势。

其次，"走出去"的企业必须立足于自身发展，加强人力资源的开发，重视跨文化培训，把有潜力的雇员派往东道国，使其通过境外投资项目的实践不断得到锻炼，在"干中学"，不断积累经验，进一步成长为国际化的人才。同时，也要加强这一领域内的智库建设，借助专家团队在投资相关的商务、法律、保险等方面的专业知识，以更好地应对境外投资中遇到的各类风险。

最后，应强化企业员工的风险意识。在进行对外直接投资时对每一位参与人员进行风险培训，培养所有参与人员的风险意识，使每个人在开展业务时能充分考虑风险因素，提高整体的风险防控能力和风险应对能力；同时可以采取相应的奖惩制，确保投资参与人能够各司其职，做好本职工作，防止人为因素造成的投资风险。

（3）履行社会责任，树立良好的企业形象

目前，社会责任绩效已经成为评价企业绩效的一项重要指标，我国企业对外投资应积极履行当地的社会责任，努力得到当地政府和民众的认可，降低在海外市场可能遭遇的投资风险和经营风险。从企业战略管理角度出发，就是要从股东利益至上的战略管理转变为基于企业社会责任的战略管理，并把企业社会责任具体纳入各项经营业务和财务管理的控制之中，形成执行和监督小组，确保企业的社会责任能够得到具体落实。通过评估企业社会责任绩效，进一步全面衡量企业的整体价值和可持续发展能力。

从具体操作来看，主要有以下三个方面：一是保障员工权益，实现共同发展。投资布局"一带一路"的企业要尊重沿线国家的宗教文化和风俗习惯等，切实保障当地员工的合法权益，遵循同工同酬的原则，通过开展属地化经营增加与东道国的利益交汇点，互利共赢，共同发展。二是参加公益事业，积极开展社会慈善捐赠，落实共商、共建和共享的发展理念。三是树立环保理念，履行环保义务。遵守当地环保的法律法规，通过规范科学的流程设计和行之有效的监督管理，将污染降低至最低，努力实现节能减排，积极履行与环保相关的法律义务。

（二）国家对外直接投资风险防范对策

企业对外直接投资的布局和发展离不开母国政府的支持，一方面，政府可以通过国家力量对企业给予保护，帮助企业有效应对可能的政治风险、经济风险等；另一方面，能够搭建多种渠道和平台为企业提供资金技术支持和信息服务等。作为海外风险管控的引领者，我国政府可以从法律保障、投资保护、信息服务、金融支持、研发创新五个方面进行调整，构建良好的投资环境，为企业在"一带一路"沿线国家开展投资经营活动提供助力。

1. 建立法律保障制度

长期以来，我国一直注重引进和利用外资，但在有关对外直接投资的立法上呈现出明显的滞后性：一是缺少专门用于调整对外直接投资的基本法律，且已有的相关法律位阶较低；二是我国对于企业对外直接投资的服务和保护意识不足，目前《企业海外投资管理办法》是依据《中华人民共和国行政许可法》《国务院关于投资体制改革的决定》《国务院对确需保留的行政审批项目设定行政许可的决定》等法律法规制定，可见在对外直接投资的管辖上采取的仍是以行政审批制为主，属于国家管制，对企业境外投资的服务和保护成分不足。

因此，为了更好地支持我国企业开拓海外市场，保护对外直接投资企业的合法权益，推进"一带一路"倡议的实施，首先，政府要尽快建立一套完善的对外直接投资法律体系，充分考虑本国的实际情况和当代国际投资特点，通过立法确定对外直接投资的地位和作用，明确国家保护对外直接投资的原则。其次，在立法过程中应当秉持"服务和保护"的指导思想，在规范监督我国企业对外直接投资行为的同时，尽可能多地体现出对我国企业进行对外直接投资的鼓励和保护，如简化审批程序、提高行政效率、提供资金融通渠道等。最后，在制定具体的法律条文时，须充分考虑我国企业境外遭遇不公平待遇的实际情况，加以防范和约束，切实保护我国对外直接投资企业的利益。

2. 提供对外直接投资保护

基于政治风险的复杂多变，进行对外直接投资的企业无法仅依靠自身力量来规避所有的风险，所以政府间的沟通协商是推进和保障企业在"一带一路"沿线国家进行投资布局的重要途径。

要加强政府间对话合作，通过寻找利益共同点推动双边或多边投资协定的签订，就经贸合作中常见的政治风险、贸易壁垒、体制障碍等问题进行协商，并依据不同的投资国别、行业领域、利益诉求细化双方的权利和义务，确保条约双方能够得到有效约束，并借助协议的权威性有效防范企业在对外直接投资过程中可能遭受的风险损失。同时，可借鉴多边投资担保机构（MIGA）的实践经验，创建"一带一路"多边投资担保机构，将其作为长效机制为企业提供稳定可靠的政治风险担保。

目前，随着"一带一路"倡议的实施推进，涌现出越来越多高质量的合作机制和平台，如亚太经合组织、亚欧会议、博鳌亚洲论坛、中国－东盟博览会、中国国际投资贸易洽谈会等，我国政府可以充分利用、整合和对接现有的双边或多边合作机制和合作平台，在尊重各国国情和客观经济基础的前提下，本着"共商、共建、共享、一国一议"的原则，推进贸易投资规则衔接，促进要素自由流动、贸易便利化和投资自由化。

3. 完善我国对外直接投资保险制度

由于投资保护协定和投资合同无法覆盖所有的政治风险，且协商、调节、仲裁及诉讼等措施不够及时有效，所以大多数资本输出国尤其是发达国家选择通过建立海外投资保险制度，由政府及其认可的保险机构为本国对外直接投资企业提供政治风险担保。

目前，我国海外投资保险机构还处于发展的初级阶段，许多应有的功能还没有得到真正的开发和利用。以中国出口信用保险公司为例，其在管理上通过采取审批权与经营权合一的机制，加快承保速度，提高承保效率，但这种机制的存在同时造成了业务垄断、缺乏竞争、监管混乱等问题；在承保方面，主要是对因征收、汇兑、战争、违约等政治风险造成的经济损失提供风险担保，但面对"一带一路"沿线国家复杂多变的投资环境，这种传统的保险略显单薄，险种设置存在滞后性。

所以，为了进一步完善我国海外投资保险制度，政府应尽快出台专门的企业海外投资保险法，以立法为基础规范保险机构的设立和运营，为企业提供现实指导。同时加强海外投资监管立法和海外投资援助立法，注重国内法与双边及多边投资保护协定和投资保护条约的协调融合，使各种法律相互配合，发挥最大效用。就海外投资保险机构而言，要重视审批权和经营权之间的制约关系，完善监督机制，降低自身内部经营风险，为我国"一带一路"倡议的实施保驾护航。

4. 完善信息服务平台

要想全面了解"一带一路"沿线国家政治、经济、社会、文化等各个方面的信息，仅凭企业自身的能力是远远不够的，应借助国家和国际平台，加强对"一带一路"沿线各国的信息收集、处理和分析，为进行对外直接投资的企业提供指导帮助。

首先，加大"一带一路"风险有关研究的资金支持力度，设立专门的对外直接投资指引网站，定期发布海外东道国国家风险评级报告、合作国别（地区）指引、国别贸易投资环境报告等专业性研究报告。

其次，加强对智库公司的政策扶持，通过数据库信息平台对现有风险信息资源进行优化整合，使其成为第三方专业机构，为企业提供对外直接投资信息咨询服务，对企业对外直接投资项目进行风险评估和预测，协助企业建立投资风险预警系统。

再次，推动成立海外行业商会，组织海外华商经验交流会，加强对外直接投资企业间的沟通交流、信息共享，增强抵抗风险的能力。同时可以在保证国家利益和安全的前提下，与国际知名的数据库和信息机构进行合作，进一步提高数据分析的科学性和准确性。

最后，商务、外交和安全部门要加强对热点地区安全形势的监测，及时发布相关预警信息。同时借鉴国际经验进一步完善风险评估机制，重视相关理论研究在"一带一路"风险区域的示范使用，并将评估结果转为有意义的政策指引，助力政府做好对"一带一路"沿线国家投资风险的分析、研判和预警。

5. 加强金融领域支持

（1）提供税收优惠和资金资助

对进行对外直接投资经营的企业来说，由于其兼具国民和居民的双重身份，加之国家间的税收管辖权相互交叉，因此不可避免地会遇到双重征税的问题，高额的税收会增大企业成本，削减利润，挫伤企业"走出去"的积极性和信心。因此，我国政府要重视对税收政策的制定。一方面，要积极与沿线国家沟通合作，签订双边或多边税收协定，加强对涉税争议的协商，建立"一带一路"国别税收信息库，对沿线国家的营商环境、税收制度、征管规定及税收协定（协议或安排）进行详细参考，为企业提供全面税收指南和良好的税收环境。另一方面，进一步完善我国《中华人民共和国企业所得税法》等法律法规有关企业境外所得在国内享有税收抵免的制度设计，允许企业延递纳税，同时秉承一体化经营的原则，允许企业在境内外的所得和亏损进行相互抵补，在合理合法的情况下，给予一定的灵活性。

在资金资助方面，主要是通过搭建各种平台为企业打通融资渠道。一是发挥银行授信、银团贷款功能，注重利用新兴多边开发性金融机构和商业性金融机构进行融资。二是发挥债券市场融资功能，支持符合条件的中国境内金融机构和相关企业通过在境外发行人民币债券或外币债券进行融资，用于对沿线国家进行投资。三是建立基金运作合作体系。目前，我国已建立起多项与"一带一路"相关的专项投资基金，如丝路基金、中国－东盟投资合作基金、中非产能合作基金、中国－中欧共同投资基金等。未来，政府可以遵循"对接、效益、合作、开放"的原则，进一步加强与沿线各国的合作，不断扩大基金规模，为企业提供广阔的融资平台。

（2）构建多层次多功能金融体系

随着"一带一路"倡议的推进发展，现有的金融服务已难以满足企业日益增长的投资需求，我国政府亟须构建多层次多功能的金融体系，服务实体经济，助力企业对外直接投资活动的开展。首先，在金融机构建设上，加强各类金融机构参与的广度和深度，一方面，发挥政策性金融的引导作用，吸引资金支持沿线基础设施、能源开发和民生项目的建设。另一方面，鼓励商业性金融机构以"一带一路"为轴，开展沿线网络布局，在风险可控的条件下提供各项金融服务，支持企业走出国门，同时加强同境外金融机构的合作，分散风险。

其次，在金融市场完善上，除健全"一带一路"区域投融资市场、构建以银行为主体的传统融资机制外，探索建立"一带一路"区域债券市场，通过债券市场的筹资功能为大型项目建设提供长期性、多样化的资金支持。同时要加强市场信息披露，鼓励更多企业有机会参与其中。在金融产品供给上，深化针对"一带一路"沿线国家的多元服务，如大力发展融资租赁、融资担保、贸易信贷、支付结算、资产托管、信用评级、专业咨询等，不断进行金融产品创新，以满足对外直接投资企业对不同东道国的不同需求。此外，还要加强相关业务的金融监管。

6. 鼓励自主创新研发

创新作为引领发展的第一动力，对任何国家和企业来说都是至关重要的，尤其是在国际竞争日益激烈的今天，"科技兴国"成为提高我国综合国力的重要战略支点，因此政府应全面推进技术创新，鼓励高端研发，打造核心竞争力，建立我国自主创新的生态系统。

在研发创新方面，鼓励发展以市场需求为导向的新兴产业，瞄准科技前沿，通过制定专项政策，孵化鼓励研发型企业的发展，如对大数据、人工智能、生物医药、海洋能源等战略性新兴产业进行重点扶持。同时，对处在不同发展阶段的企业给予不同的政策指引，大力支持创新能力突出、拥有自主知识产权的领军企业，推动其从模仿跟随向超越引领转变，加速进入世界科技创新的前沿；鼓励具备市场优势和竞争优势的骨干企业加大研发投入，进一步推动技术革新和产业升级；加快培育灵活性强、具有发展潜力的中小企业，引导其以产业链分工的形式进行模块化创新，发挥聚集群的创新优势。在生态系统方面，充分发挥国家自主创新示范区的政策效应，优化创新资源配置，推动技术、产业、管理等多个领域跨界合作，实现开放式的协调创新。同时，在全国范围内进行科技布局，高质高效地建设各类重点实验室、技术推广基地、科技企业创新园和孵化器等创新载体，与国际一流大学、顶尖科研机构积极开展交流合作，并充分利用信息化手段，鼓励全社会进行"微创新"活动，持续优化人才激励机制，构建良好的创新生态环境。

第六章 "可持续发展"导向型国际投资条约

第一节 国际投资法的"可持续发展"导向

"可持续发展"的出现源自人类对环境与发展二者关系的探讨。随着社会的发展，生态可持续性不再是"可持续发展"概念的唯一要素，人本因素和社会经济因素被纳入其内涵，"可持续发展"的外延从环境领域拓展至国际治理领域，成为一项国际法原则，被纳入诸多国际条约。以生态利益主义为中心要义的"可持续发展"概念渗透至国际投资法领域的初期，在各国所签订的双边投资条约以及多边投资协定中有诸多拥趸，但随之而来的是各国举步维艰的实践，"可持续发展"原则面临着不可持续危机。

一、"可持续发展"演进之内核：个人主义与生态利益主义的论争

（一）"可持续发展"的产生：生态利益主义对个人主义的全面取代

社会物质生活条件使人们产生了法律需要，同时又决定着法的本质和发展。"可持续发展"理念在国际法领域掀起的改革大潮从法律思想的角度来审视，实则是生态利益主义法律思想对个人主义法律思想的全面颠覆。近代西方法制以个人权利为中心，建立起一整套以权利私有化为特征的法律体系。在资本主义大发展时代，统治阶级意志指向对自然资源最大限度的攫取以满足资本创造的需求。因此，各国的立法在不同程度上都体现出个人主义的特征。具有个人主义特征的法律在处理环境与发展二者之间的关系时，以人类利益为中心，以牺牲环境为代价促进发展。以人类利益为中心的传统资本主义立法，过度注重天赋人权，却忽视了人类与自然的共生关系。然而一系列"环境公害事件"让人类逐渐意识到传统的非可持续发展模式已经严重扭曲了人与自然的关系。个人主义法律制度显然已经无法满足社会发展需求，由此生态利益主义开始取代个人主义，成为法制变革的理论依据。生态利益主义认为在解决人与自然关系的过程中，应当将"生态利益"作为社会活动的中心，认识到在整个生态系统中，人只是其中一环，其他生物物种也应当成为价值的主体。以此为理论基础，"可持续发展"理念在国际法领域掀起改革浪潮。

地球生产重要可再生资源的能力必须得到保障，有可能的话，必须加以恢复和改善。与此同时，其要求环境政策水平的提高，应当在以不损害发展中国家发展的前提下进行。

"可持续发展"作为一个术语开始频繁出现于与环境、经济以及社会有关的国际性文

件中。在国际法领域，其以序言的组成部分或具体条款的形式出现在国际多边或双边条约中，且得到许多国际法庭的支持，成为一项被公认的国际法律概念。

与"可持续发展"在公约和双边条约等书面文件中的高歌猛进相悖的是，该理念在国际社会实践中备受质疑。在"可持续发展"理念指导下的社会经济发展成效与其所背负的预期效应并不相符，在一些国家和一些领域中，该理念非但没有将其发展引向可持续，甚至促使其以更隐晦的方式走向反方向。"可持续发展"理念仿佛进入了难以持续的死角，以至于开始出现了否定的声音，认为应当放弃这一理念。

（二）"可持续发展"的适用困境：个人主义对生态利益主义的反扑

不可否认，"可持续发展"在国际法领域的推行为缓和经济发展与自然环境间的矛盾起到了积极作用，但在国际社会不断推进的过程中，各个主体的利益需求不断增长，经济利益和生态利益的博弈并未平息甚至愈演愈烈，当今国际社会所面临的生态环境危机依然严峻。尽管地球生态的恶化使生态利益主义得以通过"可持续发展"在国际和国内治理中占据主流地位，但生态利益主义与个人主义之间的非合作博弈从未停歇。当以个人主义为中心的经济利益与生态利益发生矛盾，"可持续发展"即被搁浅。

这种非合作博弈集中体现在高污染、高能耗、高排放的三高领域中，对此类行业来说"可持续发展"理念在全球治理中的推行直接造成了行业利益的损害。在"可持续发展"理念推行初期，三高行业与其进行了直接对抗。然而，随着"可持续发展理念"的确立、舆论环境的改善以及国际和国内治理水平的不断提高，近年来此中对抗虽仍未销声匿迹，但也逐步消减。经济利益对生态利益的对抗呈现间接化的特征，对抗手段极具隐蔽性且生态损害性却较之直接对抗更甚。近二十年以来，"漂绿"已经成为企业间接对抗"可持续发展"政策的主要手段。通过"漂绿"行为达到形式上的环境合法，而实质上却实施环境污染、生态破坏行为的企业并非少数，本田汽车等跨国企业都曾陷入"漂绿"丑闻。尽管目前社会舆论监督对"漂绿"行为的实施起到了遏制作用，大量非政府组织、环保团体以及大众传媒对该行为进行了充分披露，但在企业发展过程中，经济利益和生态利益之争将会持续存在。而企业作为强自发性的市场主体，其价值追求往往导向经济利益，故"漂绿"行为并不会因曝光而销声匿迹，甚至可能进一步改变其外部表现形式，变得更加隐蔽而不易于察觉。

在个人主义与生态利益主义的博弈过程中，企业本身存在的经济利益追求取向，决定了其无法成为"可持续发展"变革中的主力军，因此政府公共行政权力的介入，成为主导生态利益主义全面取代个人主义过程中的决定性因素。在"可持续发展"理论迅速发展时期，绝大多数国家政府开始正视传统非可持续国家经济发展模式的弊端，通过修正政策和法律，出台政府"可持续发展"目标，以缓解此前因优先经济发展带来的一系列严峻的环境和生态问题。这一时期，经济利益为绝对追求的发展理念被不断反思和修正，生态利益主义占据国家治理主流地位。然而,纯粹的生态利益之上带来的经济挑战令政府无所适从,这一困境在资源禀赋型国家和产业体现中尤为清晰。政府出台的限制传统能源开发以及环境污染产业的措施,在一段时期内造成了相关经济指数的下滑。坚持改革并投入资本进行环境治理和生态修护还是回到过去的发展模式、确保国家经济利益成为横亘在政府面前的一道两难选择题。为了维护自身原本的利益,同时为了确保自身在社会发展中处于优势地位,一些企业开始通过逃避环境保护法、干扰执法等手段,阻碍政府部门开展环境规制活动,并试图通过这种方式,打消政府推行环境规则的念头。而当这种鲜明的反对立场和各种干扰手段均无法达到预期效果的情况下,个人主义和生态利益主义之间的矛盾日益突出,持有反对态度的企业对政府环境管制干扰行为也更加极端,并逐步构成了对环境管制主体的俘获(Capture)。从实际现状来看,这种"俘获"表现出明显的不合理性和不正当性。

在经济利益与生态利益的博弈中,除了俘获外,还存在一种背离可持续发展原则的行为即招安。它主要是指在强势主体明确表明立场、坚决维护自身利益的情况下,通过让步、协商等方式,来瓦解新生敌对力量。不仅如此,在传统经济发展模式下,社会在潜移默化中形成了一种相对稳定的利益分配格局,其中占有统治和支配地位的无疑是以传统工商企业为代表的经济主体,它们同样表现出上述两大倾向。在可持续发展原则实践过程中,尚处于萌芽和兴起阶段的环保力量根本无法与传统占有统治地位的经济力量相抗衡。而为了避免环保力量的崛起,同时为了减少巩固自身统治地位的阻力,这些传统经济力量则会通过招安的手段,逐步地消除各类环境保护活动,抵制与消灭新生环保力量所表达的环境保护诉求。在此,需要着重强调的是,即便社会大众普遍认同"可持续发展"原则,即便当前的法律体系已经将这一原则纳入到立法领域,但是在实践过程中,由于其损害了个人主义利益,"可持续发展"原则的推行仍然会遇到重重困难。另外,由于法律更侧重于体现,而并非决定社会中各类权力关系,因此在传统经济力量占据统治地位的情形下,维护新生环保力量和可持续发展原则的法律体系同样会失效。

二、"可持续发展"理念与国际投资法的融合

第一代"可持续发展"原则在实践过程中陷入了混乱模糊的困局,而之所以会出现这一现象,主要是因为传统经济发展模式以追求经济效益为主,忽视了对环境的保护,主要是因为原有定位过于模糊宽泛。如果社会未能建立一个全新的经济发展模式,未能解构原有的经济结构,未能改革原有的社会生产方式,未能转变原有的社会和经济发展理念,那么"可持续发展"原则根本难以贯彻落实,根本无法发挥出作用。因此,要想"可持续发展"原则取得重大进展,要想其能够落到实处,就必须变革现有的经济发展模式,探索出经济发展与生态保护相协调的新型发展模式。从国际社会的角度来看,资本的全球流动带来世界性的经济发展模式转变,因此,将"可持续发展"理念嵌入国际投资法,通过国际社会共同治理,对跨国资本进行"生态性"改造,是新一代"可持续发展"原则在全球推行的法律保障。

（一）实质内核：利益平衡下的生态中心主义

利奥波特强调生态中心主义主张人类并非共同体的统治者与征服者，而是与其他成员平等存在的一员，一方面表达了对个体的尊重，另一方面也表达了平等的价值取向。生态中心主义所提倡的平等观念为人与自然和谐共处奠定了坚实的思想基础，同时使人类重新审视自身在生态共同体的地位，给予这一共同体充分的尊重。人类与生态共同体的利益是一致的，两者处于和谐统一的关系之中，强调善恶的衡量标准并非个体，而是生态共同体。所谓人类中心主义，只是一种狭隘和短浅的认知，它否定了生态的意义，否定了人与自然和谐共存的可能性。而对比之下，生态中心主义要求人们必须以平等观、发展观看待问题，从整个生态系统的视角认清人类的职责与义务，明确人类的定位，要求人类必须贯彻落实融合观念，平衡好生态、经济、社会的关系，解决好三者之间的发展问题，其与生态伦理观相呼应，开创了生态文明。

生态伦理观与生态文明理念都批判了人类中心主义狭隘、片面的观点，认为人并非生态系统的统治者与征服者，肯定了生态中心主义的先进性与现实意义，认为它是人类在社会实践中必须秉持的观念与态度。从这一层面而言，新一代的"可持续发展"原则应当要摒弃与超越传统的人类中心主义，而选择基于融合观念的生态中心主义。实践证明，目前困扰人类生存与发展的环境问题，其主要是源自资本化的工业文明社会，主要是因为传统以牺牲环境为代价的粗放型经济发展模式。在资本的推动下，在经济利益的趋势下，生态环境与经济增长之间严重失衡，大量的废水、废渣、废气被排放，加剧了生态系统的负担，最终使其出现故障；大量的不可再生能源被开采，既破坏了生物的多样性，同时也引发了环境污染问题。即便伴随着环境的恶化，人们逐步意识到生态保护的重要性，但是也因为传统经济力量根深蒂固，使得环境保护与经济增长之间矛盾激化、相互博弈。

而要想保证环境保护与经济建设之间的利益平衡，最有效的措施无疑是"生态经济"，即遵循"可持续发展"原则，以融合理念为指导，建立一种环保与经济增长相互协调、彼此促进的新发展模式。生态经济主张人类经济系统与生态系统的有机融合，而并非强制性融入，要求要通过技术和技术创新，实现生态资源的有效利用和生态环境的高效治理，以形成生态保护和经济增长的双赢局面。在生态经济模式下，人与自然、生态与经济不再处于对立面，而是构成了彼此兼容、相互融合的利益共赢机制，一方面生态的保护有利于促进经济的可持续发展；另一方面经济的增长有利于为生态治理提供支持。

作为生态经济的一环，"可持续投资"以一种新的投资形态出现，成为第二代"可持续发展"原则在投资领域的延伸，在一定程度上体现了第二代"可持续发展"原则所包含的经济利益与生态利益的融合。"可持续投资"（Sustainable Investing）主要是指一种综合考虑环境、社会、治理、经济等诸多因素在内的新型投资理念，要求在制定投资决策时应当要考虑项目的社会影响力。"可持续投资"概念出现以后，迅速被法学界吸收，不管是国际法还是国内法，投资立法越来越注重对"可持续"这一概念的解读。

但是"可持续投资"概念中的"可持续"所提出的诉求是实现投资活动本身对经济利益和生态利益的平衡，其概念内涵和外在形式皆只探讨如何通过投资者的自我约束来实现这一平衡。其对投资的"可持续性"关注仅仅在于投资本身是否符合"可持续"的标准，是否能达到经济发展与生态保护之间的代际平衡，实质上仍是个人主义对生态利益主义妥协的体现。此种理念映射在国际投资法尤其是双边投资条约中，遭遇到生态利益主义的反噬，体现出一种严格的"可持续发展"导向趋势，即嵌入投资者社会责任条款同时加强东道国对外国投资的管治权。国际投资条约这一变化的产生正是基于东道国对生态利益的追求，一方面希望在本国进行投资的企业能够自觉带来生态效应，另一方面为防止企业利用传统国际投资条约的"弱东道国管制"特点做出违背本国利益的行为。因此，"可持续投资"在这一过程中被投资东道国越来越多地解读为强调保护本国利益，导致东道国和投资者及其母国之间的权利义务出现失衡，这一失衡不仅仅体现在东道国立法上，同时也体现在一些国际投资纠纷争端解决机制的纠纷解决过程中。

尽管"可持续投资"概念摒弃了第一代"可持续发展"中对个人主义和生态利益主义的非黑即白式选择，看似兼顾了生态利益和经济利益，在国家内部治理中取得良好反馈。但是资本的本性是趋利与流动，且社会的"可持续发展"需要资本的投入，因此各国须扩大资本来源，获取来自国内和国外的财政资源。资本的跨国流动所涉及的利益相关方较国内投资更复杂，因此对跨国资本的有效管理，不能仅仅强调资本输入国的生态和社会利益。同时，对跨国投资行为的良性治理模式也并非某一方主体可以独自做到的，国际合作的价值在此凸显。在关注资本输入国社会和生态利益的同时，维护投资者和资本输出国的经济利益，在跨国法治合作中，完成投资者与母国、东道国之间利益的融合，实现多方共赢才是第二代"可持续发展"原则下最理想的跨国投资法治模式。通过各方协作，以保障跨国投资的持续性，从"质"的角度提高国际投资对第二代"可持续发展"实践的贡献。由此可见，在第二代"可持续发展"时代，国际社会所急需的是在保持跨国投资本身可持续性要素的基础上，实现优质资本的持续性输出和输入。事实上，融合资本输入方与资本输出方之间的利益，不仅体现在投资本身经济利益与生态利益的融合，也体现在投资者、东道国和母国不同利益诉求的融合。

在第二代"可持续发展"时代下的跨国投资法制应在关注投资本身可持续性的基础上，强调对于符合可持续标准的投资，如何通过东道国和母国之间的合作得以持续进行，从而实现投资者、东道国、母国三方利益的融合。作为国际投资的三个主体，其利益诉求的指向性并不一致，国际投资条约产生的目的正是为了将跨国投资过程中不同利益之间的零和博弈弱化。第一代"可持续发展"理论下的投资条约虽然克服了投资条约过度强调投资者利益保护的弱点，却没有对东道国的管治权做出一定的约束，易导致投资条约出现另一种极端化。然而，投资者作为个人主体，显然无法与东道国的利益抗衡，尽管诉诸国际投资争端解决机构是可行的途径，但是近年来，投资者－国家争端解决机制（Investor-State

Dispute Settlement，以下简称 ISDS）正面临改革，许多国家甚至已经放弃 ISDS 机制，而将投资者与国家的争端解决重新置于国内司法管辖体系之中，投资者在这些国家处境逐渐艰难。因此，在国际投资条约实践中，长期被忽略的另一方，投资母国应当被纳入条约中，一方面做出适当的母国承诺以引导、促进和鼓励对外投资，另一方面与东道国合作，保护本国海外投资的安全。

（二）理论指向：三方融合的"可持续发展"导向型投资协定

跨国投资不仅受东道国国内法的制约，而且还受大量国际投资条约（Inter-national Investment Agreement，以下简称 IIAs）的制约，特别是双边投资协定（Bilateral Investment Treaty，以下简称 BIT）和自由贸易协定（FreeTradeAgreement，以下简称 FTA）中的投资章节。国际投资条约不仅要保护外国投资者及其投资，而且要为缔约国实现经济和社会的可持续发展发挥促进作用。从国际治理的角度来看，"可持续发展"导向型条约机制是指为了实现缔约国的可持续发展目标，同时使投资能够长期有序运行，由东道国、投资母国双方缔结，通过为投资者、东道国以及母国设立权利和义务，平衡由于跨国投资而引发的各种利益矛盾，实现多方利益竞合的一种双边或者多边国际投资法治机制。在第一代"可持续发展"理念的指引下，将东道国政府的生态利益与跨国投资者的个人利益割裂，以纯粹的生态利益中心主义为价值追求的投资条约，无法调和不同利益之间的冲突，并不能适应更为频繁的资本跨国流动现状，因此未能建立起高效运行的双边和多边投资条约。第二代"可持续发展"理念对个人利益与生态利益之间的配合提出了要求，这种要求在跨国投资治理体系中表现为通过市场与政府机构、东道国与母国的多向融合及协同治理，扩展双边和多边投资条约的维度，实现投资持续性。

IIAs 的三大构成要素分别是：条约所遵循的理念、条约主体和规则。生态中心主义作为基本理念，其对个人利益与生态利益的融合体现在环境、社会和经济三个方面。跨国投资应当符合东道国的环境要求已经成为国际社会的共识，环境条款业已成为新一代 IIAs 的主要内容之一。当前，国际社会越来越重视可持续发展的社会化方面，跨国投资对缔约国的劳工、人权等领域的影响日益被关注。因此，除了传统的环境保护和国家安全保护之外，一项外国投资是否有利于东道国社会的"可持续发展"也逐渐成为衡量投资是否适合的标准之一。相较于环境和社会效益，跨国投资的经济效益不仅仅取决于投资本身所具有的属性，同时还受到市场经济和政府管制两个因素的影响。市场的自发性对投资的刺激总是指向经济利益，为了纠正这种偏向性，整合多种治理手段，促成多方合作治理显得尤为重要。所以，"可持续发展"导向型的双边和多边投资条约应关注通过融合多方利益和多重手段提升缔约国的投资治理能力建设。一方面，东道国和母国应当通过投资条约实现多方位合作，合理限定各方投资管制手段使用的边界，避免管辖冲突的同时实现治理手段的互通，共同解决影响跨国投资的一系列问题，提升双方投资治理的有效性；另一方面，尝试将除政府和投资者以外的投资利益攸关方纳入投资条约的覆盖范围，提升其在投资政策制定、投资运行过程以及争端解决中的参与度，提高缔约国投资治理的科学性。

在个人利益与生态利益融合的生态中心主义治理理念下，"可持续发展"导向型的 IIAs 缔约主体虽仍然为东道国和母国，但条约指向的权利和义务分配却发生了变化。目前，大量投资条约都声称以促进外国投资为目标，但却忽视了投资母国在跨国投资中所扮演的角色，将视角过分限定在东道国以及投资者本身的责任上，缺乏在促进或提高对外投资"质与量"方面的母国政府责任。而这些"质量兼备"的投资，恰恰是许多国家可持续发展所必须的。尽管晚近一些投资条约确实包含了母国措施（Home Country Measures，以下简称 HCMs）方面的条款，但这些条款仅限于促进对外投资，加强国家合作的声明，并非具体的义务，缺乏稳定性与可预见性，并不能确保其有效实施的机制，无法成为促进海外投资的有力手段。

通过母国措施条款为投资母国创设激励和保护投资的义务，对投资者、东道国和母国三方而言，都是利好的措施，它使得投资条约不再仅仅是夹在投资者和东道国之间极具争议的监督者角色，而成为帮助投资者符合东道国"可持续发展"的目标，实现投资持续化的手段。一方面 HCMs 有助于投资者规避海外投资风险，缓解其与东道国之间的利益冲突。另一方面，针对不同缔约国，设置不同的 HCMs，可以引导投资流向东道国所急需的领域，在帮助东道国发展的同时提高投资竞争力，同时在全球范围内实现资本的有效流动，一定程度上抑制了资本市场的自发性与滞后性带来的不利后果。

三、"可持续发展"导向型国际投资条约的文本机制

外国投资已经成为促进国家尤其是发展中国家经济发展不可或缺的重要因素，全球大部分国家管理跨国投资活动的法律框架都基于 IIAs，其所载明的具有约束力的规范是国际经济法的重要组成部分。为确保国家对跨国投资活动的管理符合可持续发展要求，IIAs 必须进行可持续发展转向，以确保在保护资本跨国自由流通的同时，不损害东道国的环境和社会发展，并对东道国的经济发展有所助益。

（一）"可持续发展"导向型投资协定的主要范本

从传统的理念出发，国际投资条约的缔结主要是为了保护和促进投资，"可持续发展"并非其首要目标。然而，当今国际社会面临着前所未有的"可持续发展"挑战，改革现行国际投资治理机制以解决与跨国投资活动有关的"可持续发展"问题的呼声日益高涨。近千年以来，各个国家、学术界和补充"ISA"全称从业者开始反思 IIAs 制度。主要国际组织和非政府组织提出了若干国际投资条约的示范文本以及改革提议，以改变现有的国际投资条约状况，使其与"可持续发展"目标相协调，促使其成为能够实现"利益平衡"的国际投资条约。这些范本和提议讨论了国际投资协定和"可持续发展"之间的关系，并为改革目前的国际投资协定和 ISDS 机制提供了建议。尽管国际组织所制定的 IIAs 范本并不具有强制约束力，但从文本角度来看，这些范本已经尝试改革现有的 IIAs，呈现出清晰的"可

持续发展"导向。

第一，以东道国、母国与投资者三方权利义务构建为核心的综合性"可持续发展"导向型国际投资条约范本。国际可持续发展研究所（*International Institute for Sustainable Developmen*，以下简称 IISD）最先认识到以"保护外国投资者不受歧视性待遇"为核心的传统 IIAs 无法帮助国家应对可持续发展的挑战，发布了《促进可持续发展的国际投资条约范本》（*A Model International Investment Agreement for the Promotion of Sustainable Development*，以下简称 IISD 范本 IIA）。该范本以"可持续发展"为核心价值"重新定义"了现有的 IIA 范式，将外国投资者、母国的权利和义务纳入条约中，构建了国际投资治理中第一个包括总则、外国投资者权利和待遇标准、外国投资者义务、东道国权利和义务、母国权利和义务、其他协定、争端解决机构、制度规定、例外以及最后规定的综合性模板，不仅要求东道国尽到保护外国投资者利益的义务，同时直接要求投资者承担确保其投资符合可持续发展目标的义务，它还要求母国承担起监管海外投资者的责任。该范本的核心精神在于必须以合法、透明和负责的方式在投资者权利、发展目标和保护东道国公共利益之间取得平衡。

第二，以更加照顾发展中国家的可持续发展需求为核心，不断进行文本机制升级的"可持续发展"导向型国际投资条约范本。联合国贸易和发展会议（*United Nations Conferenceon on Tradeand Development*，以下简称 UNCTAD）基于发展中国家的视角，发布《可持续发展投资政策框架》。该文件不仅为 IIAs 的制定提供建议，且提出了投资政策的"设计标准"，以可持续发展和利益平衡为导向，稳健实现投资政策的转型。该范本相较于 IISD 范本更加注重投资者、东道国与母国利益的平衡，同时进一步提出要实现 IIAs 中实体责任和程序之间的平衡。为了抵消东道国在国内司法体系中因直接适用 IIAs 救济投资者权利而产生的过度责任与程序成本，新一代 IIAs 应当保护东道国免于承担不合理的责任以及高昂的程序成本。

第三，将发展中国家缔约能力建设作为"可持续发展"要素之一的国际投资条约范本。投资与发展之间的联系是"不确定的"，外国投资能否以及在多大程度上促进东道国的发展取决于各种各样的因素。鉴于各国对"可持续发展"可能有不同的解释，《英联邦指南》首先对这一术语做出了界定，其指出本指南并非单纯侧重于经济增长或环境可持续性，而是采用一种全面的发展概念，其中包括环境保护、人类健康和福利、人权和土著人民的权利等。值得注意的是，由于英联邦指南的对象主要是发展中国家的 IIAs 制定和谈判人员，因此它还讨论了与发展中国家制定 IIAs 有关的问题，如谈判能力建设、国际合作和国内法制定等，是国际投资条约范本中最早也是最全面提出该项提议的范本。

第四，发展中国家所提出的以限制仲裁庭权力以及东道国管治权赋权为路径的"可持续发展"导向型国际投资条约范本。南部非洲发展共同体（*Southern African Development Community*，以下简称 SADC）提出了旨在通过外国投资治理促进 SADC 国家可持续发展的

BIT 范本。该范本明确提出新一代 BIT 的制定应当"寻求缔约国、投资者和投资之间的权利和义务的全面平衡",其平衡体现在对现有 ISDS 机制和 ISA 判例法的反省,达到此种平衡的主要途径是,"防止仲裁庭在序言中表达的保护投资者意图的基础上,对有利于投资者的实质性条款进行扩张性解释"。此外,该范本还单独设置了"国家的管制权"条款。此条款强调依据国际习惯法和国际法的一般原则,国家保留对外国投资采取监管和其它措施的权利,以确保外国投资与可持续发展的目标和原则是一致的。

第五,发达国家建立国际投资法庭以取代 ISDS 机制的提议。与其他国际组织关注 IIAs 中实体权利规则设置不同,欧盟于 2015 年提出建立投资法庭的提议。欧盟希望在跨大西洋贸易与投资伙伴协定(*Transatlantic Tradeand Investment Partnership*,以下简称 TTIP)以及正在进行和未来将进行的欧盟贸易和投资谈判中,建立投资法庭以取代现有的 ISDS 机制。根据该提议,欧盟首先将寻求建立"拥有合格的法官和透明的程序"的双边投资法院体系,然后在 TTIP 谈判和未来欧盟贸易和投资谈判中,通过和其他国家的合作,建立一个永久性的国际投资法庭。但在《欧盟-加拿大全面经济贸易协定》和《欧盟-越南自由贸易协定》的协议中都涵盖要建立一个由一审法庭上诉法庭所组成的投资法庭的提议。诚然,欧盟的初衷并不是出于可持续发展的考虑,但它可能会对欧盟未来的国际投资条约与"可持续发展"的兼容性产生深远的影响。建立投资法院涉及国际投资治理机制的两个关键方面,即投资争端的解决和东道国监管权力的保留。而这两个方面是现有 IIAs 不足以解决"可持续发展"问题的主要原因之一。欧盟的建议可能有助于弥补这种不足。

(二)国际投资条约范本中的"可持续发展"规则

尽管 IIAs 设立的初衷是要解决保护外国投资者及其投资不受东道国歧视的权利,但在 IIAs 转型过程中,旨在促进可持续发展的条款被越来越多地纳入文本中。为了便于讨论,这些条款被统称为"可持续发展"规则。IIAs 并没有固定的"可持续发展"模式及要素,在这些文本中有四种常见的"可持续发展"规则。

第一,包含"可持续发展"目标的序言。从条约法的角度看,条约的序言部分包括缔约方缔结条约的一般目的和目标声明、该条约的价值。序言虽是条约的组成部分,但它不同于条约的具体条款,通常不赋予缔约双方权利或义务,仅是一种对国际习惯的反映。根据《维也纳条约法公约》,序言可对若干重要条款的适用发挥辅助作用。在《国际海洋法公约》的实践中,仲裁庭在解释《国际海洋法公约》条款时,经常引用公约中序言部分的内容。

第二,"可持续发展"实质性条款。长久以来,实质性条款一直是国际投资条约的核心条款,对投资者及其投资待遇和权利进行保护。"可持续发展"实质性条款依据其内容,可进一步分为两类。一类是积极条款,要求各国为可持续发展采取某些行动或不采取某些行动。例如一些 IIAs 中对缔约国不降低环境保护水平以吸引外国投资的条款以及缔约国在接受外国投资时进行环境审查的条款等。另一类是例外条款，旨在免除缔约国采取某些与 IIAs 其他义务不一致措施的责任，通常这些豁免都是基于公众利益和可持续发展。如果缔约国采取的措施属于例外规定的范畴，则缔约国无须为外国投资者因此遭受的损失担责任。

第三，缔约国公共利益条款。这些条款是为保护缔约国公众利益而设计的，在国际投资条约中通常采用以软法的形式出现。软法规则是否应纳入 IIAs 及其可能发挥的作用的问题引起了争议。虽然在 IIAs 中纳入软法规则并不一定使这些规则转变为"硬法"，也很难对缔约国和外国投资者强加确定义务，但这些规则的存在有助于使 IIAs 更符合可持续发展目标。

第四，"可持续发展"程序性条款。早期的 IIAs，特别是欧洲国家制定的 IIAs 并没有全面的程序规则。这些 IIAs 中的程序规则只是为了使国家同意将某些类型的投资争端提交国际仲裁，仲裁程序规则却是由适用的仲裁法律所决定的。近年来的 IIAs，特别是美国式的 IIAs，往往包含争端解决各个方面的全面程序规则。其中有些规则与可持续发展有关，例如关于程序透明度、无利害关系第三方（比如法庭之友）的参与规则。

尽管这四种元素经常出现在 IIAs 中，但它们并不构成 IIAs 中"可持续发展"元素的详尽清单。事实上，IIAs 中所体现的"可持续发展"元素各不相同。这些元素虽以不同形式出现，但不相互排斥。一个有关可持续发展的问题可以适用 IIAs 中的不同条款。例如，与跨国投资有关的环境问题可以通过一般例外条款、法庭之友参与条款和公共利益保护条款加以解决。

（三）国际投资条约范本的"可持续发展"评价

尽管外国投资在促进经济发展方面发挥了积极作用，但并非所有外国投资都能促进东道国的"可持续发展"。跨国投资活动对东道国的环境和当地社区造成严重破坏的案例不胜枚举，有的甚至引发了国际争端和冲突。在环境脆弱、政治不稳定、经济不发达、政府治理能力弱的国家，这种状况时有发生。此外，现行的国际投资全球治理规则也并非都以"可持续发展"的视角来构想和设置，尤其是早期的 IIAs 未能在解决"可持续发展"问题这一议题上有所贡献。例如，在 ICSID 中心的判例显示，仲裁庭在考虑外国投资是否促进东道国发展时，更倾向于衡量其对经济发展的作用而非对"可持续发展"的助益。

IIAs 制定过程中的"可持续发展"理念缺失，带来了跨国投资国际治理法治中的"可持续性赤字"，不利于国际经济的发展。许多国家尤其是发展中国家对跨国资本的需求和传统跨国投资所带来的生态负面效应相伴随，使得东道国不得不面临更高的社会治理挑战。同时，由于投资者－国家争端解决机制是当前大多数 IIAs 的首要选择，因此外国投资者得以在国际仲裁中挑战东道国规制权。

制定"可持续发展"导向型的 IIAs，本质上意味着 IIAs 对传统意义上投资保护目的的"偏离"，以照顾包括环境和社会需求在内的"可持续发展"关切。近年来，以发达国家为主导力量的 IIAs 范本升级开始越来越重视"可持续发展"，许多国际组织也纷纷制定了 IIAs 范本，以满足"可持续发展"需要。各类"可持续发展"IIAs 范本的出现表明，制定面向"可持续发展"的国家投资政策和 IIAs 已经成为全球共识。不同的 IIAs 范本的制定主体存在性质、区域以及经济发展程度的差别，在某种程度上，代表了国际社会在不同层面对传统 IIAs 进行"可持续发展"改革所付出的努力以及所取得的显著成就。尽管这些范本在模式和内容上存在差异，但它们都一致认为，目前的国际投资条约体系与"可持续发展"不完全相容，尽管一些 IIAs 将"可持续发展"纳入其序言，但仅具有象征意义，在实践中的效力有限。

不同的 IIA 范本试图从不同角度更好地把握保留国家规制权力和保护外国投资之间的平衡，来改革当前的 IIAs 体系。有的提出了一些建立综合 IIAs 治理体系的方法，如 IISD 范本、UNCTAD《可持续发展投资政策框架》以及《英联邦指南》，而另一些则更侧重于 IIAs 制定的某些方面，如欧盟建立投资法院的提议。但这些 IIAs 范本中包含了许多关于重新设计 IIAs 条款和增强这些条款的执行效力的建议。在实质性要素方面，它们将某些国家管制行为排除在征收和公平待遇条款的适用范围之外，或将这些行为列为例外条款；在程序元素方面，它们旨在限制外国投资者对东道国提起仲裁的能力。虽然所有的 IIAs 范本都强调了可持续发展的重要性，但对"可持续发展"的理解却不尽相同。一些范本采用狭隘和传统的理解，将"可持续发展"的范围集中在环境保护问题上。也有的范本具有更广泛的理解，试图解决多重"可持续发展"问题，如劳工和人权保护、ISDS 的合法性和企业社会责任等。

不同的政策目标将使得这些 IIAs 范本具有不同的实际效果。例如，UNCTAD《可持续发展投资政策框架》强调规范外国投资者的行为；而南共体双边投资条约范本则把重点放在保持东道国对外资的灵活管理权能上。到目前为止，在各国在制定 IIAs 的过程中，是否以及如何遵循这些范本并未可知，因此很难准确地评估这些范本将如何影响全球 IIAs 的制定。但有一点是明确的，这些范本都将有助于使 IIAs 更符合"可持续发展"目标。

四、"可持续发展"导向协定中的东道国、投资者与母国

投资者、东道国以及母国作为国际投资法律关系中的三个法律主体，在国际投资治理法治中有着同样重要的地位。然而，传统的 IIAs 不管是从理念上还是文本设置上，都更加注重对投资者权利的保护，而这种保护往往通过为东道国创设义务来实现。因此，在传统的 IIAs 中，对投资者义务的规范非常少，更不用说需要承担的责任和投资义务。关于投资者的责任，往往通过东道国和母国的归内法进行规制，IIAs 中未曾出现相关规定。然而，"可持续发展"问题是一个全球性的问题，没有任何一个国家可以在其中独善其身，因此将国际投资条约与国内法作为相互独立的规则体系，是无法实现"可持续发展"共识的，通过规则设置加强 IIAs 与国内法的交互，才能够实现"可持续发展"之目的。

（一）投资者对东道国的"可持续发展"责任

尽管国际社会在讨论"可持续发展"相关问题过程中，仍然在一些层面未能达成共识。但必须指出的是，在推进"可持续发展"原则落实的过程中，国家虽然是主要的责任承担者，但是并非唯一主体。换言之，"可持续发展"是一个建立在多元治理体系基础上的全球治理问题，它一方面有赖于政府政策的支持与引导，另一方面也需要私营部门、非政府组织的积极参与及配合。在国际投资法领域，作为国际投资绝对主力军的企业特别是跨国企业，应当对自己的行为承担相应的国际责任，已经成为各方共识。然而现实却令人遗憾，除了晚近缔结的BIT外，绝大多数的IIAs在投资者应承担的投资责任与义务上都选择了沉默。随着"可持续发展"的不断推进，以3000多个IIAs为基础构建的国际法律机制，因为这些条约中跨国投资者责任与义务规则的缺失，而遭受强大非议。也正因为相关规则的缺失，当东道国公民因跨国企业的经济活动而面临利益受损时，根本无法遵照IIAs的相关规则进行维权，导致无法获得权利救济。另外，在投资者履行东道国"可持续发展"义务的层面上，国际投资治理法制也存在一些固有缺陷。包括国际人权法、国际环境法在内的国际法分支，并没有为环境保护、人权等权利造成侵害后果的跨国投资者制定相应的责任约束机制和担责机制。以国际人权法为例，该法律并没有制定明确的规则以详细规定投资者的义务，仅仅宽泛地表示：缔约国须采取积极有效的措施，以确保投资者不对他人权益造成侵害。此种原则性规定根本无法引导与强制要求跨国投资者践行其促进东道国"可持续发展"的社会责任。也正因如此，当东道国的公民人权受到侵害后，其只能够在国内寻求司法救济，仅仅在国内维权无用的情况下，才能够到国际人权法庭提出诉讼。

面对上述问题，国际投资条约有必要明确并完善可持续原则相关的法律条文，应订立要求投资者践行社会责任、承担义务的专门条款，比如要求投资者在开展投资经济活动时，要严格遵守国际社会公认的社会责任标准；要求投资者在其他国家开展经济交易活动时，必须遵守东道国的法律；要求投资者不得以投资为由对他人人权造成侵害，并遵循公认的国际人权标准和核心劳工标准。伴随着理论的成熟和认识的加深，国际条约已经逐步向个人利益与公共利益平衡的风向转变，要求私人主体必须承担起相应的责任与义务。

（二）母国对东道国"可持续发展"规制的补充

一些资本输出国家受国际压力，不得不要求本国投资企业在开展跨国投资活动时承担起环保、保护人权等责任与义务，要求其贯彻落实"可持续发展"原则。然而，对海外投资者跨国投资活动适用国内法这一做法，往往会引发干预他国内政等质疑，因此这类规则并未得到国际社会的普遍认同。针对这一问题，国际投资条约可以直接明确投资者的责任，从而确保跨国活动适用国际投资法而并非国内法。从目前的现状而言，国际投资条约创设投资者责任与义务的实践尚处于初级阶段，仍然存在诸多不足，但是可以明确的是，这一实践将是未来国际投资条约的创新方向。

此外，母国对投资者的规制在促进可持续发展方面发挥着积极作用。国际投资条约在创设投资者责任时，可以确保投资母国国内法与国际法之间的协调与相互补充。一方面，投资母国可要求投资者的跨国经济活动必须承担起促进东道国可持续发展的义务，而与其相关的规定可以参考与借鉴国际条约中的相关标准与规定；另一方面，东道国对投资者权利的保护机制，则可以看作是对投资母国相关法律机制的补充，并要求投资母国提供技术性援助或信息公开支持，以确保东道国与母国之间建立长久稳定的合作关系，同时通过法律保护的机制，以及国内法与国际投资条约之间的有效衔接，来达到双方合作共赢、可持续发展的目的。

在 IISD 颁布的《促进可持续发展的国际投资条约范本》中，母国权利与义务成为独立的部分，包括四个方面的内容：协助和便利外国投资、信息便利化、投资者在母国的责任以及反腐败义务。这些条款极大地体现了母国与东道国的国际合作要求。协助和便利外国投资条款为母国在投资促进领域为东道国提供协助奠定了基础，此种协助可以通过后续各节中所建立的机制来实现。该条款的前提是，母国对东道国的协助应当与东道国的发展目标相一致。换言之，母国协助的目标应是根据东道国的需要进行对其有益的协助。在信息便利化条款中，东道国、投资者和母国三个行为体被纳入信息共享进程，以确保投资者在东道国的投资是以充分和准确的信息为基础的。在投资者在母国投资的责任条款中，投资者的信誉记录及其他类似信息将处于母国的监管中，为东道国对投资的管理提供重要信息。反腐败义务要求投资者遵循法律，不行贿或以其他方式贿赂公职人员，腐败行为被视为犯罪行为，要求母国与东道国合作提高国际投资环境的透明度，提高东道国的清廉度，保障投资的可持续发展。

第二节　"可持续发展"导向型投资协定中的投资者

国际投资条约是规制投资活动中东道国和投资者权利义务的重要依据，投资者利益的保护始终是投资条约的重要组成部分，但随着"可持续发展"理念与国际投资法的深度融合，在"可持续发展"导向型国际投资条约从片面追求对投资者利益的保护走向对东道国与投资者利益的平衡，从投资者权利本位向投资者待遇与责任并重导向发展：一方面 IIAs 将投资者在东道国享有的三大待遇进行"可持续发展"升级；另一方面，将跨国投资者的责任纳入协定中，使投资者责任从国内法义务向国际法义务发展，既回应了国际投资法人本主义的趋势，同时也更注重有利于东道国与母国对跨国投资的"可持续发展"协同治理。

一、"可持续发展"导向下投资者的待遇

不管处于何种阶段的 IIAs，其最终目的都绕不开对投资者利益的保护。相较于对投

资者利益的过度保护倾向的传统 IIAs，"可持续发展"导向型国际投资条约中的投资者待遇需要更多地考虑利益的平衡。最惠国待遇、国民待遇以及公平公正待遇是 IIAs 中核心的外国投资待遇标准，也是影响资本国际流动的重要因素。投资者待遇条款由来以久并不断发展，从早期的友好通商航海条约到现代 IIAs，其都作为条约的重要组成部分被广泛讨论。

（一）最惠国待遇：适用阶段的前移与援引范围的限缩

根据最惠国待遇条款，缔约国必须向作为该条款受益方的另一国投资者提供其给予第三方的最优惠待遇。从双边投资条约维度上理解，即东道国向来自另一缔约国的投资者或投资提供其与其他国家所签订的 IIAs 中给予投资者或投资的最优惠待遇。最惠国待遇有三个特点：首先，它是一项条约义务，而非国际习惯法，因此，一国只有在条约中做出承诺时才须就其承诺内容承担义务；其次，因为东道国无法预先明确界定给予何种待遇，所以它是一项相对义务，其内容将取决于东道国给予第三方国家投资者和投资的待遇；最后，这种待遇的比较只能产生于同一领域。

在 IIAs 中的最惠国待遇条款有许多不同形式，依据其独立性，可分为三种类型：独立存在的最惠国待遇条款，附属于国民待遇条款的最惠国待遇，附属于其他条款中的最惠国待遇。现行中国与非洲国家缔结的 BIT 中的最惠国待遇条款都属于第一种类型。无论最惠国待遇条款以何种形式构成，IIAs 都规定了例外情形。中国同其他国家缔结的 BIT 中所载明的例外情况大致分为三种：经济一体化安排例外、税收优惠安排例外以及边境贸易安排例外。

从最惠国待遇所适用的实践来看，大部分 IIAs 都将其作为一种准入后待遇予以规定，即只有在受保护的外国投资者获准进入东道国领土管辖范围之后才给予最惠国待遇，但晚近的一些 IIAs 中出现了变化。随着自由贸易协定中投资章节的出现，越来越多的投资条约自货物和资本流动自由化的准入阶段以来给予外国投资者权利。

从国际投资仲裁的实践来看，Maffezini 诉西班牙一案是 ICSID 仲裁中心作出一国可援引最惠国待遇适用东道国与他国之间争端解决程序裁决的第一案。在该案中，投资者提出依据阿根廷与西班牙的 BIT 中关于最惠国待遇条款的规定，本案争端解决程序可援引西班牙与智利 BIT 中关于争端解决的规定。最终仲裁庭裁定，只要第三方条约的争端解决条款体现为保障投资者合法权益的立场，那么其能够援引最惠国待遇条款。尽管这一裁定一经作出受到了许多批评，但 ICSID 法庭在许多针对阿根廷提出的投资争端案件中，都采取了与该案相同的做法。

国际实践表明，最惠国待遇常常被用来援引东道国与其他国家的双边投资条约中更有利的程序规定。因此，一些国家试图通过将争端解决机制排除在最惠国待遇范围之外来防止这种可能性。

"可持续发展"在国际投资领域的实践中所展现的要义除了实现经济发展与自然环境的和谐共生，同时也体现在代内各主体的发展平权中。然而，最惠国待遇适用阶段的迁移一定程度上意味着对东道国义务的加重，自 20 世纪 80 年代末"华盛顿共识"达成以来，以新自由主义和市场原教旨主义为意识形态的投资条约盛行于世，其将保护投资作为投资条约的价值取向与主要内容，极大地削弱了东道国的规制权，甚至导致规制"寒蝉效应"，不利于东道国的公共利益和根本安全。保障东道国的规制权列为国际投资条约改革的五大目标之一，最惠国待遇条款作为影响东道国规制权的重要条款，其适用范围需要受到限制。限制最惠国待遇条款适用于投资实体待遇的直接效果是：降低投资者通过该条款援引第三方条约中更有利待遇的可能性，减少东道国的被诉风险。若继续沿用传统上用语宽泛的最惠国待遇条款，无疑为投资者利用该条款进行"条约挑选"提供较大空间。投资者可以使用新近条约中的最惠国待遇条款，援引先前条约中更有利的待遇标准，导致国际投资条约"可持续发展"改革之成果付诸东流。

因此，在最近的条约和投资章节中频繁出现的对最惠国待遇范围之限制在于更广泛地排除最惠国待遇的范围。这类条约将在其之前签署或生效的双边投资条约和投资章节在内的其他条约的全部内容排除在最惠国范围之外。

面对国际投资法庭对最惠国的宽泛解释以及明确限制其范围的趋势，一些国家建议在未来的双边或者多变投资协定中不纳入最惠国待遇条款。诚然，限制最惠国待遇条款的适用难免会引发降低投资条约保护价值的担忧，但是如何平衡投资者权利与东道国规制权，是当前国际投资体系"可持续发展"改革的重要课题。最惠国待遇作为投资者享有的重要待遇之一，有利于其获得更高水平的保护，限制该条款的适用固然会降低投资条约对于投资者及其投资的保护水平，但只要适度，就相当于对过去过度保护投资的一种修正。此外从根本上讲，限制最惠国待遇条款的适用符合国家主权原则的要求，因为该待遇由国家主权衍生而来，因此服从国家主权是其根本特征。因此基于第二代"可持续发展"理论中的权利平衡内涵，限制其适用范围并非对最惠国待遇条款泛化的应激悖反，而是国际投资条约对"可持续发展"所做出的回应。

（二）国民待遇：走向"准入前"阶段

IIAs 中的国民待遇条款要求东道国给予外国投资者不低于本国投资者的待遇，且允许外国投资者就该项措施向仲裁法庭提起仲裁。国民待遇条款的目标是消除旨在便利东道国本国投资者的投资和强加于外国投资者的任何歧视性措施或不作为。

从中国各阶段 BIT 中的国民待遇条款内容来看，缔约国对外国投资的态度逐渐从"限制"转向"自由"。以中国与非洲国家所缔结的双边投资条约为例，属于中非第一代 BIT 阶段的中国－加纳 BIT 中，没有纳入国民待遇条款，这一时期东道国拥有完全的自由裁量权决定给予外国投资或投资者以何种待遇。进入第二代 BIT 时代，以中国－摩洛哥 BIT 为例，国民待遇条款出现，其规定东道国给予外国投资者的待遇不能低于"依据其法律和法规"给予本国投资者的待遇。尽管该时期BIT中已经有国民待遇的约定，但是依据东道国本国法律、法规，这一描述给投资待遇带来了不可预测性，实质上构成了对国民待遇的限制，因此一些学者认为其并未给予外国投资者国民待遇。属于第三代中非BIT的中国－南非BIT中，将根据东道国法律法规这一限制条件去除，将税法以及"旨在专为促进、保护和提高因南非共和国过去的歧视性做法受到损害的人（人群）的计划或经济行动"作为例外予以剔除。晚近中国－坦桑尼亚BIT中所载的国民待遇条款则将国民待遇限定在"其领土内投资的运营、管理、维持、使用、享有、出售或处分"的范围内，并采用了"相同情势"的描述。同时，该条款也设置了在对外国投资者的投资和生产不产生重大影响的前提下，给予本国国民奖励和优惠以激励本地企业发展的例外。中非BIT中国民待遇条款的进化过程符合中国和非洲国家对待外国投资态度的转变，也体现出中国在国际投资中角色的转变。之于东道国来说，国民待遇条款是一把双刃剑，一方面其可以通过保证国内市场的平等准入和待遇吸引外国投资，另一方面，也可能限制东道国在制定国内政策方面的自主权。就国际投资实践而言，国民待遇最重要的内容之一在于其适用的阶段，即其适用于东道国投资准入前还是投资准入后。目前，中国与其他国家缔结的BIT中，国民待遇被严格限定在投资准入后阶段，并没有设置准入前国民待遇的意图。由于准入前国民待遇限制了东道国政府或部门对外资进行审批的权能，一定程度上限制了国家为扶持本国新兴产业而给予的优惠待遇，故在传统的BIT中甚少提及，但这一情况正在发生改变。

准入前义务正在以多种方式纳入IIAs中，包括通过国民待遇条款进行约定，或通过条约对"投资者"和"投资"的定义加以说明。在一些国际投资条约中，广泛的、以资产为基础的"投资"定义，已经不再局限于资产须获得东道国法律承认，而"投资者"也被定义为"寻求、正在或已经进行投资的人"，IIAs中的国民待遇条款适用范围已经在向投资准入前推进。

根据经济主权原则，各国拥有管制外资的主权权力。据此，除少数美式双边投资协定以外，传统双边投资协定一般不给予外资准入方面的国民待遇，而是要求依据东道国的法律法规调整外资准入问题，东道国保持着管制外资的主权权力和必要的政策空间。贸发会《投资政策框架》的"核心原则"明确规定，各国基于国际承诺以及公共利益，拥有确立外资准入和经营条件且尽量减轻外资潜在负面影响的主权权利。然而，外资准入国民待遇条款是一种高度自由化的投资准入条款，根据该条款，除负面清单中列明的事项以外，东道国基本丧失了对外资进入的审查和甄别权。因此，"可持续发展"导向型国际投资条约一般不宜规定外资准入国民待遇条款。如果确须规定此类条款，那么应防范该条款对国家外资管制权的过度侵蚀进而损害东道国"可持续发展"目标的实现。由此，制定适当的负面清单就成为此类国际投资条约谈判的重中之重。缔约国之间应审慎谈判、制定负面清单的具体内容，尽量将敏感的、与可持续发展有关的重要事项或措施列入保留范围。

因此，尽管少数发展中国家对待准入前国民待遇的态度从起初的"拒绝"逐渐形成开放态势，如《东盟全面投资协定》（*ASEAN Comprehensive Investment Agreement*，以下简称 ACIA）根据"相互国民待遇"模式向其成员提供准入前国民待遇。智利、哥伦比亚、墨西哥、秘鲁等国在加入 TPP 时，也未对准入前国民待遇条款提出保留，但其都对准入前最惠国待遇的适用进行了援引身份限定或具体领域限定。而大部分发展中国家尤其是在希望完全掌握国内外资立法自主权的国家中，将国民待遇限于投资准入后阶段仍为主流趋势。巴西对外签订的合作与投资便利化协定（*Cooperation and Facilitation Investment Agreement*，以下简称 CFIA）即是这方面的典型。巴西－苏里南 CFIA、巴西－埃塞俄比亚 CFIA 中都明确排除了投资准入前国民待遇，且都对国内法出于促进国内经济而给予本国投资者的优惠待遇做出了例外规定。

（三）公平公正待遇：嵌入投资者的合法期待

公平公正待遇（*Fairand Equitable Treatment*，以下简称 FET）条款的起源似乎可追溯到国际贸易组织（*International Trade Organization*，简称 ITO）宪章以及美国与其他国家缔结的友好通商航海条约。多年来，FET 及其变体，如"公正和公平待遇"或"公平和合理待遇"，已成为现代国际投资条约不可或缺的构成条款。时至今日，FET 条款被认为是当今国际投资条约中所载的"最重要的实质性保护"条款。作为对外国投资者遵守国家行政、司法或立法权力的标准，FET 条款重新定义了对国家管制权在外国投资保护中所能接受的限制，同时一定程度上改变了国家外资管理法律框架。FET 条款所适用的对象是国家监管权力的行使，对国家为实现可持续发展目标而采取监管措施的范围产生深远的影响。

尽管 FET 条款在 IIAs 中大量出现，但目前没有统一的 FET 条款立法模式。目前存在的 FET 条款分为附条件的以及不附条件的两种。附条件的 FET 条款通常与其他国际或国内法律相关联得以适用，此种模式的条款被美国、英国和法国等国家广泛使用。而不附条件的 FET 条款只要求缔约国向外国投资者提供 FET，而不对 FET 施加任何外部限制。

附条件的 FET 条款依据其所关联的外部标准可以进一步划分为三种类型。第一种是与一般国际法相联系的 FET 条款。这种条款的表现形式为"根据国际法，缔约任何一方的投资者在缔约另一方领土上的投资应得到公正和公平的待遇"，或"每一缔约国在任何时候均应给予外国投资公正和公平的待遇以及充分的保护，在任何情况下此种待遇都不得低于国际法要求的标准"。此类条款中的"国际法"指的是一般国际法，即在决定外国投资者应享有何种待遇时，应参考能够适用于所有国家的国际法渊源。

第二种是与习惯国际法有关的 FET 条款。这一条款可能仅提及习惯国际法或习惯国际法下的其他相关标准，这类 FET 条款在美国和加拿大的国际投资条约中特别普遍。

第三种是与国内法律法规相联系的 FET 条款。在当前的 IIAs 实践中，纳入这种 FET 条款的条约数量很少。喀麦隆－古巴 BIT 中的 FET 条款就是一个典型的例子。该条款指出，缔约方应确保另一方投资者的投资在遵守国家法律和法规的前提下获得公平和公正的待遇。此种类型 FET 条款的有效性饱受质疑的原因在于，FET 条款旨在向外国投资者提供独立于东道国国内法的某种程度的保护，而此类型条款对国内法的依赖实际上否定了这一基本概念，放弃了依据独立的国际标准对东道国管制权进行评估的可能性。

与美国和加拿大相反，德国、瑞士和瑞典等欧洲国家广泛采用不符条件的 FET 条款，此类条款的典型描述是"缔约一方投资者在另一方境内的所有投资应享有公正和公平的待遇"。这一条款常常引起 FET 条款是否独立于习惯国际法中基于条约的待遇争论，不可否认，此种描述与其他待遇存在一定程度的相互作用和重叠，但国际社会普遍认为 FET 条款是不附带条件自动适用的，除非 IIAs 中存在明确的相反规定。

由此可见，国际投资条约中的 FET 条款多种多样，许多条款与国际法规定的外部标准相联系，导致 FET 条款的内容存在无法得到精确描述。有鉴于此，不应抽象地确定 FET 条款的内容，应根据具体国家和具体情况做出决定。

从国际仲裁实践来看，"投资者合理期待"在仲裁中的作用经历了由膨胀走向正常化的过程。在 21 世纪以前，国际上并没有有关 FET 条款的公开仲裁裁决，但 2000 年以后，这种局面被彻底打破。自此开始，在根据 IIAs 提起的几乎每一项索赔中，都有投资者主张东道国违反了 FET 条款，且投资者针对 FET 条款违约所提出的索赔在 ISA 实践中保持着极高的胜诉率。在 ISA 中，投资者可以单独或与征收补偿一起提出 FET 索赔请求以增加获得赔偿的机会。这种变化使得 FET 条款迅速得到国际社会的重视。

在 ISA 实践中，保护投资者的合法期待是衡量 FET 条款的关键要素之一。特别是在长期投资项目中，对外国投资者合法期待的保护显得尤为重要。因为投资项目一旦开始，投资者将在很大程度上失去与东道国讨价还价的能力。

当然，仲裁庭对合法期待的过多解读在国际社会引起了激烈争议。一些学者认为，Tecmed 案所体现出的 FET 条款履行标准在社会实践中很难实现。这仅仅是一种对东道国监管权的完美主义描述，诚然，所有国家都应该追求这种状态，但极少有国家能够实现甚至没有国家可以达到这种完美的监管状态。仲裁庭将外国投资者合理期待作为东道国在 Tecmed 案中应承担义务的依据是"值得怀疑的"。过度根据投资者的合理期待以判断东道国的管制措施是否达到 FET 的标准是毫无道理甚至稍显荒谬的。这种判断依据忽略了一个重要的事实，即外国投资者对东道国法律法规的合理期待会随着时间的推移而改变，且这种期待也应随着东道国法律的变化而进行修正，以保证其保持在合理的范围内。一味地强调外国投资者对东道国法律法规的"信赖利益"，有可能使东道国无法做出任何合法的法律及政策改变，是一种对东道国管制权的变相歧视。

二、"可持续发展"导向下投资者的责任

在 IIAs 中新增投资者义务的条例，是目前国际投资法改革领域的重大课题，引发了

学术界的广泛讨论。目前中非 BIT 中并未载入投资者义务条款，晚近生效的中国－坦桑尼亚 BIT 也仅在序言中指出"鼓励投资者尊重企业社会责任"。投资条约主要是以保障投资者合法权益为根本要义，因此从这一层面而言，新增投资者义务条款，无疑是对原有投资条约的一大创新与突破。

资本的本质在于财富，在于经济利益，然而道德的本质则体现在社会责任。只有社会责任成为资本的一部分，那么它才会受到资本市场的认同与遵从。也就是说，社会责任如果成为人类获取资本的重要要素，且是人类追求财富必不可少的措施，那么它才会被资本家自觉遵循。由于各国社会体制有所差异，在较为发达的市场经济中，资本往往对道德表示尊重与遵从，而在较为滞后的市场经济中，资本则通常无视或蔑视道德。这很好地解释了跨国公司在发展中国家弱化社会责任，对社会责任的履行存在国别性差异、区别对待不同国家消费者的现象。在 IIAs 中明确企业社会责任，能够促使跨国投资者很好地将社会责任履行与资本追求财富的本性相结合，即将社会责任的履行作为企业获取财富的手段和工具。企业履行社会责任，一方面有利于外部企业社会责任投资行为发生，从资本市场上顺利融资，吸引企业外部投资者购买其股票向其投资，以获得充足发展所需的资金。另一方面，外部企业社会责任投资把企业对社会、环境、道德、公司治理等因素作为评价其业绩的指标，有利于企业内部社会责任投资的发生，即企业作为投资主体对外投资时，会注重考虑投资项目本身对社会、环境、公共健康与安全等因素的影响。因此，企业社会责任有利于实现内外部企业社会责任投资的良性互动。

（一）"可持续发展"的兴起与投资者责任的发展

投资条约中新增投资者义务的条款，是国际投资法改革的重大突破。东道国与外国投资者两者的利益冲突，主要体现在如下方面：一是投资条约过于保护外国投资者，从而引发了反向歧视问题；二是两者间的争端纠纷解决机制，为实力强大的外国投资者提供了特殊保护。而也正是如此，国际投资法在实践中往往存在"宪政性失灵"现象，而这则导致投资条约的负面效应日益显著，使其无法发挥自身消除贸易壁垒、促进投资自由化的作用。因此，从某种意义来看，投资条约中新增投资者义务条款，是对传统国际法的批判与反思的结果。

"可持续发展"议程的出现与兴起，是在传统投资条约中增加投资者义务条款的主要动因。"可持续发展"目标要求对投资条约进行更新，单纯以保护和促进投资为宗旨的传统投资条约应被以"可持续发展"为目标的新型投资条约取代。

在投资条约中增加投资者义务条款，迎合了国际法注重私人规范的趋势。近几年来，国际人权法等国际条约不仅明文规定了私人的权利，同时指出与私人权利相关的法律条例和政策要求同样能够对私人予以约束。以国际投资法为例，投资者义务条款的制定与实施，一方面体现了个人权利与义务的关系，另一方面也契合了权利与义务相适应的需求。投资条约赋予了外国投资者"出诉权",这很好地保障了投资者的合法权益,另外,投资条约所规定的投资者待遇也明显高于习惯国际法。而这种结构性的偏颇和对外国投资者的过度保护,使得投资者在国际仲裁庭中成为享有特殊保护的对象,造成了私人权利与义务的不对等。从这一点来看,投资者义务条款的制定,能够限制投资者特殊权利的滥用,从而达到私人主体权利与义务的均衡。

在投资条约中增加外国投资者责任的条款,是基于东道国与外国投资者间关系再平衡的需要。现有国际投资法律体制被认为过于强调投资者权利与利益的保护,东道国的国家政策和规制空间受到不合理限制。为了实现东道国与外国投资者间的平衡,有代表性的观点主张,应通过"例外条款"充分肯定东道国维护国家安全、公共利益的需求,维护东道国对投资的管制权。然而,投资仲裁机构对于"例外条款"的解释存在不确定性,使该条款并没有在实践中很好地发挥其应有功能。不同于"例外条款"对平衡东道国与投资者双方关系发挥的功能,投资者义务条款则是通过投资者一方来实现权利与义务的协调,改变投资条约只赋予投资者权利,不规定投资者义务的做法。同时,东道国将获得针对投资者违反条约义务提出反请求的权利。东道国提出反请求的权利具有重要的意义,例如,在ICSID程序改革的讨论中,承认东道国反请求的程序性权利,并认为这是东道国与投资者之间存在"对等性义务"的结果,将会在投资条约中变得越来越普遍。增加投资者义务的规定,将促使仲裁庭对投资者是否履行投资条约规定的义务进行审查,从效果上看,在一定程度上削弱了仲裁庭在平衡双方关系时的广泛自由裁量权。当条约没有规定投资者义务时,仲裁庭只能根据公平合理这个过于灵活的原则,在条约解释可能过于偏向投资者时,适当维护东道国的主权利益,然而,这种通过解释来实现平衡的要求在实践中经常被忽视。相比之下,当条约规定了投资者义务时,仲裁庭不得不对投资者义务特别是由东道国管制权引申出的投资者义务是否得到遵守进行审查,从而增加了投资仲裁对投资者的约束。从这个意义上讲,投资条约规定投资者义务,是从投资者一侧来促进投资者与东道国之间的平衡关系,不同于以往在东道国利益一侧采取条约解释措施这种做法,是一种具有再平衡特点的探索,有助于在东道国与外国投资者之间建立对等性关系。

在投资条约中新增投资者义务条款,是对未履行社会责任的外国投资者的一种责任约束,是对非理性跨国投资活动的制约。投资条约关于投资者的保护条例,或多或少地限制了东道国规制权的使用,而这也为一些外国投资者做出不利于东道国利益的投资行为创造了条件。而伴随着一些不负责任的跨国投资活动与日俱增,国际社会普遍对投资条约中的正当性问题展开了激烈的讨论。从实际情况来看,投资者义务条款的制定与实施,并未受到国际社会的广泛支持。其中,持有支持态度的主要以发展中国家居多,这恰好与上述学者提出的"反抗运动"内涵相适应。在此,需要着重说明的是,投资条约中的投资者义务条款,主要是要求投资者在开展跨国投资活动时,必须严格遵循东道国的法律规定,必须履行保护东道国环境、公共卫生安全等责任与义务,这在一定程度上保障了东道国管制权的使用；此外，投资者义务条款还促进了外国投资者和投资企业在个人权利和义务的平衡，弱化了经济霸权的形象。综上可见，投资者义务条款，不仅具有明显的法律后果，而且还表现出极为深远的政治意义，即反对经济霸权。此外，在投资者义务条款的约束与保护下，东道国能够根据本国社会体制和基本国情，加大对环境保护、劳动权益保护等方面的侧重，以此更好地维护本国的合法权益，同时更有效地认同与接纳东道国在投资者义务问题上的特殊化规定，从而实现国际投资法在普遍性和特殊性的和谐统一。企业社会责任，是囊括法律、道德等在内的多元责任。目前，加强企业社会责任法制化建设，已经成为各国的统一追求，同时也是约束企业不良商业行为的重要手段。不可否认，促进企业践行社会责任是目前商业活动中的重要内容，这意味着国际投资法有必要重视投资者行为的规范与约束，有必要顺应国际形势和人本化诉求，新增投资者义务条款，明确投资者在人权保护、环境保护等公共福利领域的责任与义务。

（二）"可持续发展"中的企业社会责任表现形式

企业社会责任（Corporate Social Responsibility，以下简称CSR）是指企业特别是跨国企业自愿遵循的做法和规则，以限制其活动为社会、环境和其他外部因素带来的负面影响。企业社会责任最初以跨国公司的主权道德为基础，后来由经合组织以及联合国等国际机构所发布的一系列准则以及原则构成。这些软性法律文书与硬法性质的国际投资条约共同对企业社会责任进行规定和限制。

近年来，国际投资法一直明示或暗含企业社会责任相关内容。现行的许多IIAs中已经出现企业社会责任条款，虽然这些条款出现的时间并不久，但已经成为一种趋势，尤其在南北IIAs中得到大量适用。

同时，跨国投资者因采取"非社会责任"行为被诉诸国际投资仲裁的情形在当前时有发生，从仲裁法庭对此类纠纷的可受理性以及管辖权所做出的考量可以看出，企业社会责任已然成为跨国投资者所应承担的义务，是国际投资法所规范的内容之一。

目前国际投资法中所包含的企业社会责任条款分为三类：第一类是各国鼓励公司自律的条款；第二类是东道国国内法中关于企业社会责任的相关规范；第三类是晚近IIAs中所出现的明确要求投资者遵守人权或环境义务的条款。其中前两类条款为间接条款，第一类条款通过一些规范跨国公司自治的多边条约或者宣言，要求或呼吁跨国公司通过"自治"以履行企业的社会责任。第二类条款则通过东道国国内法律框架，为监管外国投资者的商业行为创造中间工具。第三类条款的内容包括规定投资者直接承担人权、环境保护或国际反腐败义务，作为直接条款，其反对IIAs以保护投资者利益为首要目标的定位，通过为投资者创设义务来对传统IIAs进行实质性改革。不管是间接条款还是直接条款，都可以抑制对外国投资者的过度保护，进而减弱东道国权利与义务之间的不平衡现象，其通过将企业社会责任转化为对投资者的可强制执行的国内、国际义务来改变跨国公司的公司责任，使投资法成为追究跨国公司责任的一个有效且意想不到的杠杆。

1. 申明东道国规制权以实现权利平衡的间接 CSR

从 IIAs 实践来看，大多数 CSR 条款都是间接条款，投资母国以及东道国将 CSR 作为一种跨国企业自我调节的手段，在 IIAs 序言中加以明确，其本质目的在于申明东道国拥有对外资的规制权。

在解释某些投资待遇时标准的不一致可能会损害各国保护人权或环境的积极义务。而间接的企业社会责任条款可以证明或强调对投资者待遇的限制性解释，通过解释国家加强投资者社会责任的意图，帮助仲裁庭更好地界定投资者合法预期的范围。因此，间接的企业社会责任条款可以在解释投资条约中东道国权利和义务的内容及范围方面发挥一定程度上的有益作用。然而，这些条款仅仅为跨国投资者设立了"道德"义务，但无法在投资争端解决程序中将此种义务转化为可执行的法律义务。他们只是重申企业社会责任的自愿性，这种自愿性仍然是企业的一种自我责任形式，不具有法律约束力以及强制执行力，且此类条款对企业社会责任的描述非常模糊且宽泛，为跨国投资者提供了较大的行动空间。

2. 创设投资者义务以实现义务平衡的直接 CSR

与间接条款不同，直接的企业社会责任条款旨在通过设立外国投资者的义务来管理外资活动，当出现背离行为时依据此类条款追究外国投资者责任。但由于当前的 IIAs 还未完全摆脱传统形态下的外资保护者角色，因此此类条款在 IIAs 中并不多见。

TPP 投资章节将企业社会责任作为独立的条款进行规制。尽管从文本表述来看，本条款旨在"鼓励"外国投资者"自愿"承担企业社会责任，使得缔约方难以就该条款提出实质性的权利主张，但由于 TPP 是一个集合了货物贸易、技术贸易、贸易救济程序等内容的综合性条约，多种权利的互相牵制，使得缔约方不得不重视该条款的施行。且 TPP 框架下的企业社会责任条款之进步性在于，其将该条款置于争端解决机制的管辖范畴之内，将企业社会责任变成了一种可诉性义务。TPP 中的企业社会责任条款对加拿大产生了重大影响，此后加拿大所缔结的 BIT 开始载入该条款，甚至比 TPP 更加严格。

在企业社会责任条款中的用词较 TPP 而言更加明确，使得该条款的可诉性更强。

虽然目前 IIAs 中所出现的企业社会责任直接条款对外国投资者的国际义务内容仍具有模糊性，但赋予了东道国在解决与外国投资者的争端时援引这些条款以更大的可能性。从理论的角度来看，企业社会责任直接条款在平衡东道国与投资者利益方面有所助益。一方面，资本输入国（东道国）在企业社会责任直接条款的保护下，能够正确、有序地行使规制权，且在投资者违背义务的情况下为东道国提供了反请求的权利；另一方面，投资者在企业社会责任直接条款的约束下，会自觉约束自身的投资行为。

3. 要求遵守东道国法律以实现"可持续发展"的复合型 CSR

从 IIAs 中企业社会责任规则的形态来看，美国、加拿大以及欧盟等发达国家和地区所缔结的 IIAs 将企业社会责任作为一项独立的义务在单独的条款中加以明确，而对企业社会责任的具体标准并不提及，仅要求企业将负责任的投资标准纳入公司内部治理政策考量中。因其标准和内容存在模糊性，因此，此种类型的条款本身并不具有确定的可诉力，本质上更倾向于对企业内部"道德"的引导，而并非对企业进行责任的外部规制。然而，这些国家和地区对外缔结的 IIAs 往往以贸易、投资等诸多内容的综合性经贸合作协定的形态出现，因此由于涉及的利益相关条款众多，企业社会责任条款通过与其他实质责任条款的结合仍可以得到一定程度上的履行保障。但从当前国际社会的局势来看，仍然有许多国家徘徊在诸如 TPP、TIPP 等为代表的综合性经贸合作模式之外。此外，随着世界局势的变化，单边主义悄然"回归"，许多国家退出了已经加入的多边投资机制，双边投资条约成为唯一能够保障国家间投资合作的文本机制。然而，就双边投资条约角度而言，单纯的企业社会责任条款并不能满足促进投资"可持续发展"的要求。以 PAIC 草案、SADC 范本为代表的 IIAs 范本中对企业社会责任条款的设置，说明一些国家更倾向于在企业社会责任条款创设具有可执行力的义务，在对企业内部治理提出要求的同时，通过条约实现东道国对外国投资者及其投资的有效管理。因此，美式以及欧式 IIAs 中的企业社会责任规则不宜被全盘照搬，各国应当结合自身制度的特点以及在国际投资中的角色，设置包含遵守东道国法律的复合型企业社会责任条款。

将遵守东道国法律义务与企业社会责任合并为一项的目的在于将投资者所应当遵守的企业社会责任标准限制在东道国已经做出的承诺范围之内，在实现东道国外资管治权的同时，确保投资者的利益。在国际投资合作尤其是当东道国是南方国家的投资合作中，作为资本需求方，南方国家为了吸引发达国家投资者，出台了多项针对外国投资的优惠政策措施，这些国内法的制定在一定程度上具有放弃或减损国内环境、劳工等权利的作用。如果在此类型 IIAs 中对企业社会责任标准进行独立划定，导致投资者所应履行的条约义务标准高于东道国国内法标准，则事实上为投资者创设了更为严苛的义务，背离了投资者利益保护的初衷。此外，在条约中创设高于东道国本国法的企业社会责任义务会带来国际法、国内法义务衡量标准的不平衡，给外国投资者留下诸多可操作空间，并不利于东道国对外国投资进行有效管理。因此，从实现东道国国内法与国际法的良好互动角度出发，南方国家在对外缔结 IIAs 时，应当考虑为投资者创设结合遵守东道国法律的复合型企业社会责任义务。

（三）明确投资者违法后果以保障行为的可持续性

投资者违反投资条约义务的法律后果具有特殊性，它与投资者违反东道国或其母国国内法的法律后果不同。当 IIAs 直接规定投资者义务时，它便与原有国际投资条约表现出明显的差异，且打破了"私人不是国际法主体"这一传统观念，尽管目前国际社会尚未形成有关"私人国际法责任"的理论和实践。但在过去的几年中，投资者违反企业社会责任的现象不可谓不多，违反环境保护规定、给予劳工不正常待遇、贿赂当地政府官员等行为被广泛披露。针对投资者在东道国履行企业责任过程中的乱象以及不可持续的行为，条约在为投资者创设义务的同时，也可以更详细而具体地明确其在违反企业社会责任条款所应承担的法律后果。

IISD 范本在其文本中规定了投资者的违法后果，根据该范本第 18 条：当投资者严重、持续地违反其重要义务时，可以排除投资者利用条约规定的争端解决程序针对东道国提出请求的权利。由此可见，在 IISD 框架下，违反投资者义务条款将会直接导致对其享有该条约保护的权利被剥夺。由于这种后果体现为一种相对极端的形态，因此 IISD 范本在其评注中特别指出，为了避免该条被滥用，应当对其适用做出严格的条件规定。以剥夺受保护权利作为违反条约义务的法律后果的 IIAs 条约还有 2015 年印度 BIT 范本，根据该范本的相关规定，如果投资者通过贪污腐败、程序滥用、欺瞒等不正当手段开展投资活动时，那么他将不再享有投资条约所赋予的投资仲裁权利。

在 IIAs 的仲裁实践中，并非只有此类剥夺条约保护权益的条款具有此种效果，国际仲裁庭在处理投资争端时对"投资"的限定性解释也可以达到与其相类似的效果。部分仲裁庭将"善意原则"看作是"受保护的投资"的补充原则。在界定"受保护的投资"范围时，仲裁庭能够根据实际情况，在正当的范围内使得违背善意原则与"投资者违背条约义务"表现出相同的性质，承担同样的法律后果。

投资者对违法后果的承担，还可以表现在：根据投资者违法成本，相应地限制其请求权的使用，即削弱东道国对外国投资者的赔偿责任。投资条约下的赔偿责任与一般国际法中的国家责任存在明显的区别。部分学者表示，在国际仲裁案件中，一些仲裁庭往往会将东道国的赔偿责任与国家责任等同看待，然而在特定情形下，这种做法并不合理。从法律承担效果来看，投资者在违背投资条约条款时，其请求权会有所抵消，而这则使得东道国承担的赔偿责任有所减少，此时则能够弱化国际争端纠纷中被严格化的国家责任，从而使东道国与投资者之间的关系趋于平衡。当然，投资者在违背投资条约义务时被抵消掉的请求权，以及东道国减少的赔偿责任范围，则主要由仲裁庭决定。

在国际仲裁中，仲裁庭在解释投资条约中"公平待遇"等条款时，可以明确表示投资者在开展跨国投资活动时，在依法享有投资条约赋予的权利时，应当要履行相应的责任与义务，如在投资活动中不做贪污腐败或贿赂等不正当交易行为、不做侵害他人人权或破坏东道国环境等行为，或者在法律允许的范围内，以正当合理的方式开展经营管理活动等。如果投资者未能满足这一要求，那么则可以认定其违背了投资条约义务条款，此时则可以适当地降低东道国的赔偿责任。

第三节 "可持续发展"导向型投资协定中的规制合作

国际规制合作并非一个新概念，其雏形可追溯到联合国欧洲经济委员于1996年所提出的规制一致（Regulatory Consistence）概念。当时的世界各大国为消除GATT（关税与贸易总协定）带来的关税壁垒下降所形成的利益损失，通过合法的法律与政策变更，制定了各自的规则体系、监管标准以规制外国投资。这些程度不同、标准不一的规则实质上形成了新型的"边境后"非关税壁垒。规制一致的提出对各国间规则的相互协调和认可提出了要求，为消除贸易壁垒促进货物的自由流动，提供了新路径。然而，规制一致在实践过程中却遇到了阻力，不同国家与地区的规制措施以及标准之间，存在巨大的异质性，难以达到"一致"的状态，规制协调（Regulatory Coherence）因此产生，旨在降低各国家与地区间规制"同化"的程度，通过互相协调以降低贸易摩擦。

近年来，国际社会在经济全球化的过程中对国际规制合作的认同加深，规制合作逐步从国际贸易领域扩展到国际投资领域，晚近形成的TTP协定不仅在相关条款中对规制合作进行约定，甚至将规制协调单列为一章。"可持续发展"作为全球性问题并非任何一个国家可以独立解决的，在实现"可持续发展"的过程中，规制合作是必不可少的。因此，以IIAs为契机，各缔约国进行规制合作，突破国际治理的单边性，从而推动国际投资的"可持续发展"是当前国际投资领域的新趋势。

一、国际规制合作：实现"可持续发展"的新路径

国际经贸领域的国际规制合作是不同国家针对经贸规则、制度以及执行机构进行一定程度的统一和协商。规制合作一般由两种方式，一是规制的相互协调，二是标准的相互认可。发达国家在规制合作方面的前瞻性优于发展中国家，规制合作体系在发达国家之间的发育已经趋于合理，OECD国家（OECD国家，是指加入了经济合作与发展组织的国家）之间的规制协调和相互认可体系以及TPP的规制协调章节是其中极具代表性的结果。相对于具体领域的相互合作，规制合作是一个相对抽象的概念，实现这种抽象的合作在国际治理中的达成，需要国家进行有效合作，往往涉及的国家越多，利益诉求区别就越大，合作也就越难以达成，但总体而言国际规制合作是可以实现的。

从《威斯特伐利亚条约》至今，"主权国家"概念的发展已有逾300年的历史。主权是国家内部的最高权威，是一种对使用暴力的合法垄断，基于此，在国际交往过程中，国际干涉是违背国际社会原则的行为，是对主权国家的践踏。然而，随着国际关系的进一步发展，国际合作和冲突的程度都进一步加深，许多困扰全球的问题依靠单一的主权国家已经难以解决，国家不得不让渡一部分主权以解决这些全球化问题。在现代社会中，诸如国际恐怖主义、核武器扩散等非传统安全问题已经令一国疲于应对，而全球化带来的经济问题和环境气候变化问题等，更是对国际合作提出了新的挑战。"可持续发展"的内涵包括

横向与纵向的"可持续",其中横向的可持续即要求国际主体间的平衡发展。因此,实现"可持续发展"原则本身就包含了对国际规制合作的渴望。

(一)国际规制合作的发展

国际规制合作并非近年才出现的问题,早在 GATT 时代就已经存在。从广义的政策协调角度来说,在二战后成立的关税与贸易总协定中,就已经可以寻到部分国际规制合作的身影。WTO 成立后,多边规制合作有所发展,但进程相对缓慢。金融危机爆发后,随着 TPP、TIPP 等一系列超区域自由贸易协定的兴起,规制合作发展进程得以加速。

金融危机爆发前,各国进行规制合作的主要平台是 GATT 以及 WTO。GATT 建立的主要目的就在于:结束世界大国为转嫁 1929—1933 年经济大萧条带来的国内危机而采取的贸易保护主义措施。事实上,合理范围内的贸易保护措施的确可以起到保护本国弱小产业、维护国家经济安全之目的,然过犹不及,经济大萧条后,各国采取的关税、进口限制以及出口补贴等措施远超正常水平,形成的贸易壁垒一度使世界贸易急剧萎缩。各国也自食恶果,经济发展疲软使得国际秩序岌岌可危,终诱发第二次世界大战。基于深刻的历史教训,二战结束后各国开始筹建国际贸易协调与合作机制,通过对彼此间贸易制度的协调以及共同建立国际贸易新规则,以促进货物的自由流动,复苏世界经济。GATT 在此种背景下问世,成为"人类历史上首个签署的调控和规制各国国际贸易政策的多边协定"。WTO 进一步继承并发展了 GATT,将国家间规制合作的范围进一步扩大至服务贸易、知识产权以及与贸易有关的投资领域。

然而,进入 21 世纪以来,WTO 体制内多边谈判的进展缓慢,导致一部分国家对 WTO 产生怀疑,认为其无力应对至少无法迅速应对全球治理中出现的新问题,因此许多国家开始大量缔结区域或跨区域经贸自由贸易协定。亚太经合组织率先提出开展区域内"规制一致性"对话的提议,并就规制一致提出了非歧视性(Non-discrimination)、综合性(Comprehensiveness)、透明度(Transparency)、可问责(Accountability)以及有效性(Efficiency)五原则。TIPP 所倡导的规制合作是一种高程度的规制认可,即各方承认规制体系的差异化,同时各方对这种差异性的规则进行相互认可,故一种产品或一项投资只须达到任何一方的标准,则可在区域内自由流动。此外,双方承诺规制认可不会使的有关环境、安全等方面的标准低于任何一方原有规则。

总的来说,通过近几十年的发展,国际规制合作呈现两大趋势。第一,规制合作的形式逐渐具象化,从初期对各国政策的协调转变为通过负责且精细的机制设计以完成多层次的规制合作。第二,规制合作的参与方逐渐多元化,以企业、行业团体、非政府组织为代表的非国家行为体通过规制合作参与国际投资条约。

(二)国际规制合作面临的挑战

国际规制合作作为一种国际合作机制,在 IIAs 中的适用主要体现在协调缔约方的投资政策以促进投资便利化。首先，其所面临的挑战来自国际合作中"主权让渡"带来的认同困境。各国为了达成国际合作，相互之间的政策协调与认同是必不可少的，而国内政策之间的相互协调甚至认同将带来国家独立制定以及执行相关规则的排他性。国家间规制合作的程度越高，机制越精细则意味着更高的"主权让渡"需求。诚然，高程度的"主权让渡"能够为国际合作带来更多的可能性，同时加速各方之间的"一体化"发育程度，但是"主权让渡"同时也面临一个问题，即合作方国民的认同困境。国际规制合作作为各国应对经济全球化冲击的一种选择，其合作之初是为了共同应对国际社会的变化无常，规制合作会带来合作方内部货物、资本以及人员的自由流动，规制合作中的各方将改变独自面对国际形势的羸弱，转而形成强有力的"共同体"。但是，"共同体"中各要素的自由流通所带来的经济和社会问题仍需要各国自行消解。成员方的资质差异决定了其消解能力的大小，资质相对较弱的国家难免会陷入消解"黑洞"，从而引发本国民众对"共同体"的抵触情绪，进而怀疑本国政府的治理能力，瓦解"共同体"的向心力。近几年欧盟内部层出不穷的"公投"即是规制合作所带来民众认同问题的集中体现。

其次，国际规制合作同时也面临信息交流畅通度挑战。国家间的规制合作建立于各方相互信任的基础上，因此公开透明的信息披露程序与灵活充分的信息交流机制是国家间规制合作的前提。在国内层面，国家的政治架构以及规则体系对信息交流也产生重大影响，然而在国际规制合作过程中，国内的政策及规则的沟通却常常被各国忽略。联合国在相关调查报告中显示，在目前已经提请仲裁的国际投资争端中，超过半数的案例中都存在争端方地方政府与中央政府的交流不畅现象。国内与国际层面信息交流的畅通度对建立国家间规制合作的信任基础至关重要，任何环节的信息交流受阻，都将威胁到规制合作的顺利进行。

最后，执行力缺失也是国际规制合作所面临的挑战之一。相较于发达国家之间的规制合作，广大发展中国家在规制合作的过程中更容易面临执行力缺失的挑战。等效或统一的规则作为国际规制合作的成果，合作方对其承认与执行状况，是评价国际规制合作的主要依据。因此，功能完备的执行机构和行之有效的执行保障机制必不可少。执行机构的功能直接影响着规制合作的覆盖性，规制合作的成果能够在哪些领域发挥何种程度的作用皆受其影响。执行保障机制则是规制合作运行的"司法"机制，对违规方实施约定范围内的"惩戒"，为权利被侵害方提供救济。缺乏执行力的国际规制合作最后难免会流于形式，并不能起到真正的功效，甚至造成一种行政资源的浪费。

（三）国际规制合作与国际投资治理的"可持续发展"

世界正处在全球化的时代，其主要表现在出现了具有全球范围的专门技术合作网络，以及跨越国界、难以通过传统国际法加以管制的生活和专家合作领域。目前，全球投资治理体系主要依靠双边层面的国际投资条约和国际投资争端解决机制，但这一体系似乎与全球治理的目标并不完全一致，尤其是在对与跨国投资活动有关的"可持续发展"问题的回应上表现差强人意。各国对这种不满有着不同的反应，欧盟在 TIPP 的谈判中提议建立国际投资法院取代现有的 ISDS 机制；一些拉丁美洲国家，如玻利维亚、厄瓜多尔和委内瑞拉，已经退出了 ICSID 公约，并决定终止现行双边投资条约；南非等其他国家对所签订的 BITS 进行审查指出，目前的双边投资条约制度将国家的重要利益置于可能对合法、宪政和民主决策构成直接挑战的不可预测的国际仲裁中。

从传统意义上来说，国家是构成国际政治生活的基本单位，是其领土内法律和强制权力的最终来源。国家享有不受外来干涉的自主权，国际社会对这种独立的地位予以认可。因此，原则上一个国家可以行使其管理权的空间仅及于其领土范围。然而，日益加深的全球化动摇了这种以领土为基础的治理体系，并引起了对全球治理的紧急呼吁。尽管近几十年来国际社会对全球治理的讨论热度空前，但它仍然是一个新的、含糊的、复杂的和灵活的概念。国际治理是一个持续的进程，其通过化解冲突、兼容不同的利益、采取合作行动的方式得以实现。由此可见，全球治理所依赖的基础是国际社会各主体间的非对抗以及合作的执法机制。

尽管全球治理在应对全球化问题上具有强大吸引力，但它同时也面临巨大挑战。从本质上来说，国际体系是建立在国家主权原则基础上的，威斯特伐利亚秩序仍然是国际体系的基石，故全球治理从一定程度上表现为"国家治理的全球化"，其动力仍源自主权国家的行动。在现代欧洲诞生和发展的主权国家制度在全球范围内得到了稳固的建立，国际社会以国家为中心的理念得到主权国家的广泛认同。因此，国际法在传统上被定义为"为协调国家间关系而创造的法律"，反映在对主权国家的承认和只有国家才能够作为国际法创造者的高度专制学说中。以国家为中心的国际治理理念在国际投资治理中表现得尤为明显。

作为国际投资治理主要法制来源的 IIAs 其本质上是处理东道国、母国以及投资者在跨国投资过程中产生的关系，其通常在双边或多边谈判的基础上产生，然而各国的政策目标可能并不一致甚至相互冲突，因此国际投资协定几乎不可能纳入充分和统一的"可持续发展"规定。国际仲裁庭对 IIAs 条款的不一致解释进一步加深了其复杂化。国际投资法与"可持续发展"的兼容问题随着涉及各种"可持续发展"要素的投资争端的出现而更加明显。为了解决这一问题，近年来各国开始探索构建更具包容性和更平衡的国际投资条约体系，将国际投资条约的重心从保护投资者权利转向关注"可持续发展"。

为了使国际投资协定更符合"可持续发展"，国家必须协调国际投资协定中的"可持续发展"规则，国际规制合作逐渐成为国际投资条约"可持续发展"转向的新途径。建立以"可持续发展"导向型的 IIAs 体系，缔约国需要实现国际投资协定之间的规制认可以及协定内部的规制统一。

不同的国际投资条约在其"可持续发展"条款方面有着巨大的差异。一些 IIAs 载有多项"可持续发展"条款，而另一些则载入较少。除了数量上的差异，各 IIAs 中"可持续发展"条款的质量也参差不齐，一些条款仅限于有限的范围，而另一些条款则广泛适用于免除缔约国的国际投资协定义务。因此，一些国际投资条约似乎比其他条约更有利于"可持续发展"。然而，不同层次的"可持续发展"条款却可通过 IIAs 中常见的最惠国待遇条款得以扩大。不同水平的条款往往基于缔约国所处的不同经济发展阶段，强行通过最惠国待遇将不符合缔约国发展水平的"可持续发展"条款进行援引，将削弱 IIAs 在缔约国中的合法性，因此缔约国之间应通过规制合作努力协调"可持续发展"条款，增加 IIAs 制定的科学性与平衡性，促使"可持续发展"与 IIAs 体系更加兼容。

除了通过国际规制合作协调不同 IIAs 关系以外，母国和东道国还应当通过规制合作执行和保障机制，对协定内部的规则进行科学的制定、恰当的解释和合理的适用。由于传统上国家垄断了条约的制定权力，非国家行为者被排除在国际投资协定的制定之外。IIAs 制定和适用过程中的民主赤字问题削减了其在解决"可持续发展"问题方面的效力，故有必要通过适当的方式加强非国家行为者在国际投资协定制定和适用进程中的透明度和参与度。国际投资治理中的"可持续发展"问题不仅仅是一个经济问题，更是一个政治问题，因此实现"可持续发展"目标需要东道国和母国在国家和国际层面上进行深刻的体制建设和决策模式转变，以国际规制合作为途径促使不同国家间利益的融合，最大限度地保障国际投资合作中的利益平衡。

二、投资条约中的国际规制合作：经验与教训

对国际投资治理中的规制合作来说，IIAs 中的具体规则制定、执行以及保障机制都是国际规制合作的重要方面。国家在国际投资治理体系中的规制合作获得了可观收益，在提高贸易和投资、提高管理效率以及降低经济成本三个方面表现得尤为突出。然而，自21 世纪初开始，在阿根廷经济危机和 2008 年全球金融危机背景下发生的一系列投资争端，引发了各国、国际组织、学术界对于国际规制合作体系的反省，作为国际规制合作保障机制的 ISDS 机制首当其冲。投资争议解决机制合法性和正当性被广泛质疑，改革现有投资仲裁体制的呼声日益高涨，以提高透明度和促进投资便利化的规制合作新规则在 IIAs 中不断涌现。

（一）"可持续发展"导向国际投资条约的规制合作新规则

在当前的国际投资法框架下，发达国家是现有 ISDS 机制红利的最大受益者，因此以发达国家为主的大部分缔约国在对 ISDS 机制进行革新时，试图通过完善现有机制的程序，以达到继续享有机制红利的目的。ISDS 机制对国家实现合法公共政策目标主权权力的威胁是其饱受诟病的主要原因，不论是发展中国家还是发达国家都因为国际投资仲裁庭对投资者利益的过度保护而自危。晚近的国际投资条约中，东道国与母国通过提高争端解决机制运行的透明度、引入利益相关第三方的参与以及设置上诉法庭这三个方面的规制合作，对现行的 ISDS 机制进行程序性完善，试图平衡东道国与投资者在争端解决领域中的利益，从而确保实质性条款中权利义务规则的有序运行，促进国际投资的"可持续发展"。

1. 提高透明度：保障"可持续发展"导向型 IIAs 运行的新环境

越来越多的 IIAs 纳入了各种类型的透明度规定。透明度义务主要约束对象是缔约国，但这些义务也可能对投资者和其他利益攸关方产生深刻影响。现有 IIAs 为缔约国履行透明度义务提供各种了方式，如协商和交换信息、公开提供信息、答复信息请求和通知信息。

国际投资条约中的透明度条款的设计范围不同，对缔约国、争议当事方和国际投资条约仲裁员具有不同程度的约束力。大致而言，现代国际投资条约下的透明度义务包括信息透明度以及裁决透明度两个方面，其分别代表着不同程度的约束力。

所谓信息透明度是指国家须公布或向外国投资者提供可能影响投资者的法律权利和义务以及国家商业环境的有关法律、法规、规章和政策。IIAs 中关于信息透明度的规定通常表示最低限度的透明度义务。它们反映了外国投资者对东道国法律、规章、政策以及声明中透明度的关心。根据世贸组织的一些协定，成员国政府必须通知其他成员任何可能影响贸易的新规则或改变的规则，并设立专门机构，以答复关于新措施或现有措施的请求。

裁决透明度要求公布与投资仲裁相关的文件，给予公众了解案件仲裁程序以及参与听证会的权利。其中，"与投资仲裁相关的文件"包括但不限于争议当事方的诉状和提交书、仲裁员的程序决定和裁决、非争议当事方的提交书、专家证人陈述以及仲裁听证的记录。

2. 第三方参与：保障"可持续发展"导向型 IIAs 运行的新参数

第三方参与主要指的是非争议第三方即法庭之友参与投资仲裁的权利，赋予其此类权利是存在合理性的，因为法庭之友能够向法院或法庭提供与争端有关的特别观点或专门知识。虽然在许多国际法院案例中，非争议当事方往往是非政府组织和具有法庭之友身份的民间社会团体，但在某些案例中，政府间组织甚至主权国家也可成为非争议当事方。

非争议第三方参与投资仲裁权通常包括三个方面的请求：获得仲裁文件、出席听证会的许可以及提出法律论点的许可。UNCITRAL（联合国国际贸易法委员会）于 2006 年修订了仲裁规则，其中纳入了若干程序创新。修订案对 ICSID 仲裁透明度的三个主要方面做了改进，包括接纳友好人士简报。修正案增加了"非争议第三方提交材料"的全新小节，根据这一小节，国际投资争端解决中心明确授权仲裁法庭酌情接受非争议方的"个人或实体"提交的意见，而争议方，即投资者和东道国指出，不能共同或个别否决法庭接受友好意见的决定。法庭应确保非争议第三方的介入不会扰乱诉讼程序，也不会使任何一方负担过重，并确保双方都有机会就非争议第三方的请求案提出意见。这些修正表明，法庭之友参与 ICSID 仲裁的情况有所改善。

3. 上诉机构：保障"可持续发展"导向型 IIAs 运行的新手段

与诉讼相比，为了效率起见，仲裁被认为是一种单一的争端解决方式，即"正确的目标就是最终的目标"。然而，越来越多的人呼吁不要以公正的裁决为代价追求效率，因此在国际投资仲裁庭中设立一个上诉机制成为 ISDS 改革的重点。

许多国家对设立 ISDS 的上诉机制做出了积极回应。欧盟是试图在 ISDS 中建立上诉机制的先驱。在 CETA 投资章节中，对建立上诉机制进行了约定。首先，任何争议当事方都可以单方面启动上诉机制，不要求争议双方达成协议。其次，上诉法庭可审查 ICSID 仲裁庭裁决的程序问题和实质问题，例如法律的适用和解释以及案件事实和国内法查明等。它还有权维持、修改或撤销仲裁庭的裁决。

（二）"可持续发展"导向型国际投资条约中规制合作的正当性危机

国际投资争端解决机制作为 IIAs 中的规制合作保障机制，新世纪以来深陷正当性危机。ISDS 机制运行过程中东道国与投资者利益的失衡以及事后争端解决的滞后性是导致其陷入危机的两大主要原因。

1. 规制合作保障机制无法有效实现利益平衡

投资争端解决之所以陷入两难境地，主要是因为以国内诉讼，以仲裁为中心的 ISDS 机制存在着难以解决的内在缺陷。无论是国内诉讼，抑或国际仲裁，其主要是以事后救济为主，这意味着国际投资争端解决缺乏事前预防和事中控制措施。换言之，在争端发生后，事后救济制度也无法有效瓦解各缔约方之间的利益冲突。

ISDS 机制弱化了国家权力，保证了国际仲裁的独立性和公正性，有利于保障外国投资者的合法权益，但是该机制也限制了东道国规制权的使用，在一定程度上压缩了东道国对国际投资活动监管的自主空间，而这也引发了东道国的不满与愤懑，激化了其与投资者的利益矛盾。毋庸置疑，以仲裁为中心的 ISDS 机制在当前复杂多变的国际社会中表现出明显的不适应性，因此对其创新与改革势在必行。目前，美国等发达国家均采取不同的措施与手段，积极探索以仲裁为中心的国际投资争端解决体系的改革路径，但是即便如此，投资者与东道国投资争端数量却并未减少。单纯地变革 ISDS 机制并不能从根本上化解投资者与东道国的利益冲突。

从现行的法律体系和遵循的国际投资条约来看，投资者与东道国的利益对抗性主要体现在两个方面。

其一，公私利益的对抗。在解决两者间投资争端时，国际仲裁机构往往会面临着公私利益平衡问题。如中国私人投资者与非洲主权国家的国际投资争端纠纷案件中，这类纠纷的解决难免涉及非洲国家的主权问题，而这则无疑将国际投资争端问题转移至政治层面。对此，中国投资者希望通过国际仲裁机构来保障自身的私人利益，但是这种利益却是以非洲东道国公共利益博弈抗衡为前提的。

由于投资仲裁机构仍然保留着商事仲裁机构的特征，这也导致其无法就国际投资争端双方的特殊性作出理性公正裁决，无法有效实现公私利益平衡。国际投资条约为投资者提供了请求权的权利，这实际上表明了：在东道国违约的情况下，在国际仲裁中其处于被告地位。纵观国际投资争端纠纷解决实践，目前尚未存在国际仲裁庭公平客观解决外国投资者与东道国之间的公私利益问题，未能实现两者利益的平衡。

其二，适用法律的对抗。两者间的国际投资争端主要是源自资本的跨国流动，其主要是涉及国际法问题。然而，由于外国投资者是在东道国管辖范围内开展商业投资活动，因此其不可避免地会涉及国内法问题。当前，仲裁庭在解决国际投资纠纷时，主要以投资者母国与东道国共同签订的国际投资协定作为依据，这意味着其在处理争端时需要对部分投资条约予以适用，而这则赋予了仲裁庭对双方签订国际投资条约解释的权利。在国际投资争端纠纷解决中，仲裁庭解释权实际上表明了缔约国的权利让渡，即当仲裁庭作出裁决后，即便该决定与其预期签订投资协定的初衷相背离，但是东道国也只能够强制性地接受。

ADR（参与美国存托凭证发行与交易的中介机构包括存券银行、托管银行和中央存托公司）能够在一定程度上规避国际投资争端纠纷中的对抗性因素，它主张投资者与东道国协调沟通，彼此交流，以达成共识，从而搁置争议。但是值得说明的是，这种争议的终止或搁置是以某一方或双方利益妥协为基础。也正是如此，面对因利益而引发的国际争端，ADR 将无法发挥出其原有的功能。从实质上而言，ADR 并没有瓦解投资者与东道国之间的利益冲突，未能克服与消解两者公私利益的对抗性，因此其更适用于关系修复型纠纷。即便基于调解机制而成功解决的国际投资争端案件数量大幅增长，但是在 ADR 成熟的美国，其仍然更倾向于通过国际仲裁和诉讼等方式维权或解决纠纷，而并非调解。

2. 规制合作保障机制预防功能缺失

与仲裁、调解等事后救济机制相比，投资争议预防机制更能够克服与消除投资者与东道国两者间的利益对抗性，表现出更显著的积极效应。争端纠纷的发生，意味着投资者与东道国的关系已经破裂，两者的利益冲突已然形成，其所造成的损失也难以追回。事后救济机制并不利于国际合作，更不利于体现可持续发展原则。因此对比之下，投资争端预防机制，则能够及时发现两者间的风险因素，更好地挖掘出可能引发双方利益冲突的根本原因，从而采取有效的应对措施，以避免纠纷的发生。除此之外，投资争端预防机制也能够有效降低因国际仲裁产生的成本，以及国际争端可能带来的政治成本。

所谓争议预防政策（Dispute Prevention Policies，以下简称 DPPs）主要是以解决国际投资争议为根本目标，以相关的理论为指导，采取一系列可行科学的措施，预防与应对投资者与东道国之间可能产生的利益冲突和国际争端纠纷，同时引导双方遵照履行国际投资条约及其相关义务，以有效避免争端的产生，保证双方合作的有序推进。

对于投资者来说，投资争端预防机制能够帮助其更科学地预测跨国投资活动中可能存在的风险，使其能够提前制定与设计出切实可行的风险防控措施，从而将遏制争端苗头的萌芽。由此一来，投资者则能够按照既定的计划与方案，有序推进投资项目，实现自身的战略目标和商业宏图，与此同时，投资争端的预防与解决，也能够降低投资者在解决纠纷时所耗费的成本，由此扩大其盈利空间，保障其经济效益。对于东道国而言，投资争端预防机制有利于为其创造良好的投资环境，有利于扩增其就业岗位，引进国外优越资源。从某种层面而言，投资争端预防机制的实施过程，实际上就是东道国根据自身发展需求和投资者利益诉求不断优化自身投资环境、提高外资管理水平的过程。因此，投资争端预防机制有利于改善东道国的投资环境，有利于提高东道国对外来资本的吸引力，从而促进东道国有序持续发展。另外，现行的国际投资条约倾向于保护外国投资者，因此当国际投资争端提交至仲裁庭时，东道国很可能面临败诉的风险，由此承担一定的赔偿责任。如此一来，东道国不仅将承受经济损失，还将面临他国对本国投资政策的质疑。对于投资母国而言，投资争端预防机制是东道国与母国彼此沟通、相互协商谈判的产物，该机制在制定的过程中，母国潜移默化地增进了对东道国投资政策和立法体系的了解与认识，而这则有利于其实施更完善的母国措施，以降低本国投资企业的投资风险，同时促进海外投资。另外，在投资争端预防机制的支持下，母国与东道国也能够达成一致，共同推进投资项目的监管工作，以确保资本有序流动和运行安全。

长期以来，国内外对于国际投资争端的关注焦点主要侧重于事后的法律救济，而对纠纷预防和友好解决机制相对缺乏重视。ADR 和争端预防机制既符合中国传统的"和"文化，也符合国际投资争议解决制度的改革需要。但是，目前两类机制尚未得到足够重视，在机制建设上相对滞后，在实践中运用零散无序，无法系统化地为投资者解决与东道国投资争议提供保障。

三、国际规制合作理论下投资协定的"可持续发展"再思考

OECD 的文件曾经列出成功建立国际规制合作的三个要求，包括规制程序的科学性、合作领域的全球性以及议题选择的可合作性。但是，建立有效的规制合作单具备这三个成功要素还远远不够，统一的规制合作体系、统筹化的规制合作模式以及稳定的规制执行与保障机制更为重要。在国际投资条约中，东道国与母国的规制合作应当建立在灵活且充分的信息交流机制以及公正且高效的规制合作保障机制的基础上。

（一）功能复合：国际投资条约中的规制合作执行机制构建

国际投资条约中的规制合作机制核心在于，建立东道国与母国之间的相互信任，提高规制的可信度。合作方之间的互信是国际合作的基础，而这种互信有赖于规制本身的可信度。建立灵活且充分的信息交流机制有利于合作双方政策与规则的披露，提高双方合作的透明度，建立互信基础；同时还能够发挥争议预防的功能，提升规制合作保障的效率。IIAs 中的信息交流机制应当包括信息收集与处理机构和信息沟通系统。

1. 信息收集与处理机构：实现投资"可持续发展"的前提

"可持续发展"导向 IIAs 中东道国与母国规制合作的主要目的在于通过规制协调和规制统一，促进符合"可持续"要求的资本在缔约国之间的自由流动，并通过投资促进东道国与母国社会的"可持续发展"。IIAs 的缔结并不意味着其进入规则静止状态，相反其在执行过程中应当是一个不断进化的过程。缔约国应当就协定在执行过程中所出现的问

题进行讨论和磋商，对协定进行解释和修改，以促成协定的不断演进。IIAs 的演进往往起因于东道国与母国相关法律与政策的变更，因此在母国与东道国的规制合作过程中，相关信息的获取与整合尤为重要。此外，国际市场结构的变化以及经贸投资议题的不断更新，对 IIAs 的机制建设提出灵活度方面的要求，信息收集以处理机构的信息来源覆盖缔约国乃至全球经贸投资领域，设置独立的机构能够确保信息收集处理工作的长效运行，对复杂多变的国际局势进行及时反馈，为完善以及革新东道国与母国的规制合作提供信息支持。

在 IIAs 的执行过程中，信息收集与处理机构亦作为规制合作评估机构以及争端预防机构运行。在国际实践中，执行规制合作的难度远超其达成过程。东道国与母国在规制合作中做出诸多承诺，这些承诺以条款的形式被载入 IIAs 中。IIAs 条款的运行状况与效果对缔约方的经贸合作关系有着重大影响。低迷的运行状态与差强人意的执行效果将会削弱 IIAs 的可信度，引发投资争端，甚至带来东道国与母国之间的冲突。在 IIAs 中建立东道国与母国规制合作评估机制，在议定时期内由信息收集与处理机构针对其在 IIAs 运行过程中收到的反馈信息对规制合作的效果进行评估，将为 IIAs 的修缮起到促进作用。

从投资者的角度来看，跨国投资具有"时间长""风险高"的特征，在此过程中投资者对相关信息的获取需求从准入前一直延续到资本退出后。随着人权的发展，公众信息获取权利的实现不仅仅意味着国家以及国际组织不得阻碍公众获取已经公开的信息，还进一步要求国家及国际组织应当积极创造条件拓宽公众获取信息的渠道。基于此，为投资者提供便利的法律及政策信息获取途径是 IIAs 保障投资者人权的有效手段。目前，国际社会正在大力推动投资便利化议题展开，IIAs 框架下东道国与母国规制合作应当定期就双方的投资政策及法律信息进行解读，帮助缔约方以及投资者快速、全面地了解资本输出国与输入国的相关政策、法令以及东道国政府对待外国投资的态度，为投资者提供最新的投资信息。此外，机构可以小组会议的形式对缔约方之间投资争端典型案例进行探讨，并以指导性案例的形式发布，为投资者提供参考。

2. 信息交流系统：国际投资条约中的规制合作执行机构

东道国与母国的规制合作建立在双方充分的信息沟通和交流基础上，在规制合作达成后，信息互通的价值在投资争端预防方面得到极大的发挥。国际投资争端产生的诱因既有东道国因素也有母国因素，因此在预防投资争端产生的过程中母国和东道国都承担着不可替代的作用。

国家间沟通以解决投资争端的途径由来已久，早期表现为投资争端发生后母国给予投资者的外交保护行为。随着国际社会实践的变化，外交保护无法适应国家间合作的国际治理模式，因此国际投资争端解决开始去政治化并逐步走向法律化的过程。以仲裁为中心的 ISDS 模式逐渐成为解决国际投资争端的主要途径。过度的外交保护的确会带来一系列的弊端，而建立一种新型的母国、投资者、东道国间的交流机制，以阻却争端的发生却是可取的。不管是投资者、资本输出国或资本输入国，都不希望投资争端发生并将其诉诸国际仲裁，而更渴望可以通过迅速、便捷的方式解决其申诉和消除对其不利的因素。通过事前商定的程序，利用外交渠道解决母国、投资者和东道国之间潜在争端，将有利于促成三方之间的合作并削弱对抗心态。

在 IIAs 框架内，建立东道国与母国规制合作的信息咨询与交流平台，于东道国、母国以及投资者三方而言都存在利好。在资本进入东道国市场之前，投资者可以借助交流系统，就投资的相关问题展开进一步咨询，在资本投入东道国市场前消除可能存在的投资隐患。投资者与母国、东道国相关机构的交流应当贯穿投资行为的始终。在资本进入东道国市场后，投资者不仅应当遵守东道国法律、接受东道国相关机构的监管，还应当主动向母国进行报备，以便母国能够全面了解本国资本在东道国的运行状态，从而对东道国的整体投资环境做出准确评估。当争端产生时，投资者亦可以通过系统将争议的焦点与不满传递给东道国和母国的相关机构，利用系统与东道国以及母国相关代表进行对话，通过三方协商制订最切合三方利益的争端解决方案，为争端的协商友好解决提供机会，防止投资争端的进一步发酵。

信息交流系统的另一重功能在于加强东道国与母国之间的沟通，这种沟通不仅仅局限在双方政府之间，还包括政府内部中央与地方之间的沟通。加强投资者母国和东道国相关政府部门的沟通与对话，使双方在合作领域达成一致共识，共同维护与遵守所签订的国际投资条约，这是预防与规避投资争议的关键所在。也就是说，合作双方有必要加强沟通与交流，以此在预防投资争端层面达成共识，同时确保双方在投资政策和国际投资规则方面的有效衔接，以减少因制度缺陷而引发的投资纠纷。在国际层面做好沟通与协调工作并达成预防投资争议的战略共识，实现国内政策与国际规则之间的有效对接，有助于减少因制度瑕疵可能带来的矛盾冲突和投资者损失，构建起以合作共赢为核心的新型国际关系。

（二）多元共生：国际投资条约中的规制合作保障机制改革

当下，改革国际投资争端解决机制已经成为国际经济治理领域的热点议题，有学者认为，投资争端解决机制的改革一旦失败，国际投资法制或将没落。将 ADR 纳入国际投资争端解决中已经成为国际投资争端解决机制改革的趋势，然而 ADR 并不是独立的基本改革模式，一般都是与其他模式结合使用。为了对陷入公正性危机的 ISDS 机制进行改革以匹配不断升级的 IIAs 实体条款，各方提出了多元化的改革提案。

1. 将 ADR 作为争端解决前置程序：消解不可持续因素

与以诉讼和仲裁为代表的对抗性争议解决机制不同，ADR 能在最大限度上避免纠纷解决过程中对抗性因素的出现。以仲裁为中心的 ISDS 机制延续了诉讼所代表的违约—损害—赔偿的争端解决模式，通过提供一个中立的平台，为利益受损方确定利益受损程度、就损害原因进行归责后，裁决违约方对受损利益方进行救济。而 ADR 解决纠纷的目的在于通过当事方之间的观点交流，促成各方的利益妥协以搁置争议，最终形成各方相对满意的友好解决方案。然而，相较于各方在诉讼和仲裁中以及时取得赔偿为诉求，在采用 ADR 解决投资纠纷的过程中，各方始终以维护彼此的友好关系为出发点。处于冲突中的各方旨在通过交流，形成合作理念，以重新定义冲突及其所处关系。基于双方和议制订的投资纠纷解决方案，能够更好地符合双方意愿，相较于法院及仲裁庭的裁判更稳定也更持久，在执行过程中也更有保障。基于 ADR 在争端解决中的优势，近年来，越来越多的投资纠纷通过 ADR 的方式得以解决。

ADR 机制反映的是从对抗转向对话协商、从单一价值走向多元文化、从严格程序走向灵活多变的时代理念，可以为争议的解决敞开更加多样化、多时机的大门，有效增加了友好解决争议的可能性。一方面，ADR 机制包含了许多具体措施，内容丰富、形式多样且尊重自主选择，当事人可以同时采用一种或多种 ADR 措施解决争议，也可以在一项 ADR 措施处理失败后再改用另一方式。另一方面，ADR 机制自由灵活、适用范围广泛，当事人可随时选择开始或结束对话协商，在争议发展的各个阶段都可选择介入 ADR 措施以缓和冲突。可以说，ADR 机制几乎没有适用条件和适用时间的限制，为当事人友好解决争议增加了更多选择空间与可能时机，也因此受到外国投资者的青睐。

相较于诉诸传统诉讼救济，选择 ADR 具有诸多优势。ADR 的程序设置决定了其具有快速、节约成本以及相对缓和的解决氛围之优点。ADR 主要以争端当事方的观点交流和相互妥协以解决争议根源，并制订友好解决方案。同时，在解决纠纷时，ADR 寻求维护双方之间的良好关系的途径。冲突中的双方在相互进行观点交流的过程中，形成合作理念以重新定义冲突及其关系。通过此种方式解决土地纠纷的结果基本达到了双方的预期，因而，更具有稳定性和持久性，也更具有执行力。ADR 近几十年的迅速发展得益于其自身优点，不管是国内法还是国际法，各国都接受并发展了 ADR 在争端解决中的适用，发达国家出于效率至上主义对其十分推崇，发展中国家也将其与法律文化相融合，纳入国内法和国际法中。

以调解在非洲国际的适用为例，其作为争端解决机制在传统非洲社会的习惯法中早已得到普遍认同。在埃及、尼日利亚等大国，习惯法中"调解优先于诉讼"的理念在其现代司法体系中得到继承。加纳、中非等国的国内法中将调节作为纠纷解决的前置程序予以规定。在一些东非国家的国内法中，在选择纠纷解决方式时，推荐使用 ADR 的谈判、调解方式来解决纠纷。此外，调解在涉及社团（community）和个人的土地纠纷时运作良好，在肯尼亚，调解已经作为 ADR 常用的一种形式被纳入法治体系中。从国际法的角度来看，埃及国际商事仲裁中心受理的调解案件多于仲裁案件。

在晚近的 IIAs 中，国家协商条款的作用也得到越来越多的重视。国家间协商通常用于对抗场合，作为国家干预解决国家间或投资者和东道国争端的一种形式。IIAs 普遍载有关于通过协商、其他外交手段解决有关缔约国之间国际投资条约的解释和适用争端的规定。这种规定往往要求争议国在诉诸其他途径之前，通过友好协商设法解决争端。

在一些国家 IIAs 中，国家间协商可能是启动或继续执行协定中某些类型投资争端的一个默认先决条件，如与税务或金融（审慎）措施有关的争端。根据相关规定，如果投资者认为东道国的税务或金融措施构成征收，则其必须将这一争端提交缔约国的主管当局。缔约双方机构在投资者将争端提交至指定争端解决机构前的一段时间内决定该措施是否在构成征收问题上有专属管辖权。在第一种情况下，国家间协商是 IIAs 的明确要求，而在第二种情况下，其并非其明确要求。然而，为了达成一致，协商是不可避免的。从这个意义上说，国家间协商可以被认为是一种默示的要求。

将 ADR 作为国际投资争端解决的前置程序，鼓励争端当事方采取友好协商、谈判、调解、和解等方式解决争端，能够有效避免造成司法成本的浪费。值得注意的是，ADR 所体现的核心是双方愿意协商的共同意愿，基于当事人意思的自治原则，应当允许双方在冲突未恶化成争议时就尝试进行磋商谈判，并且即使在法律手段介入之后，也不排除其重新达成和解的意愿，所以可能出现 ADR 与 ISDS 同时发挥作用的情形，即三者之间存在一定程度的重合。

2.ISDS 机制的多样化改革：创造更多利益平衡空间

传统的投资仲裁机制在长期实践过程中暴露出无法实现 IIAs 中独立、公正等实体实体性目标以及透明度、一致性、效率等程序性目标的弱点。因此，一场关于国际投资争端解决多元机制的探讨在国家、国际组织以及相关领域专家和学者中展开。一部分人认为就目前而言 ISDS 机制仍然是解决投资争端最好的途径，只须对其进行适当修正即可；另一部分人则认为现行的 ISDS 机制存在重大缺陷，应当建立多边投资法院加以取代；更有甚者提出 ISDS 存在的缺陷已经呈现无法弥补和修复放入态势，故主张放弃通过国际法途径寻求救济，将争端解决的权利拉回到国内层面，通过国内法体系解决国际投资争端。目前国际社会层出不穷的 ISDS 改革方案可以大致分为四种类型，需要指出的是这些类型虽在一定程度上囊括了各国的改革提议，但并不能和现实完全一致。

第一，投资仲裁完善方案。主张此改革方案的国家坚信 ISDS 机制能够解决当今国际投资中所产生的投资争端，国际投资仲裁的公正性以及合法性毋庸置疑，且仲裁裁决的终局性应当被尊重，但适当的修正也是有必要的，比如采取措施提高仲裁的透明度、对国际投资条约进行适当的澄清等。在此种模式下，缔约国可以通过对 IIAs 条款的修订和解释，实现制衡仲裁庭的目的，从而促进 IIAs 实体性目标的顺利实现。其认为，国际投资仲裁相较于东道国国内救济而言，更具有独立性，因此不应当放弃国际直接请求权。目前 ISDS 产生的正当性危机的原因在于，在现行体系下投资者的单方仲裁发起权，以及仲裁庭自身存在的商业属性使其有可能倾向投资者的利益保护。然而，这种倾向是否真实存在，尚无确切的证据可以证明。然而需要注意的是，一旦仲裁庭基于法律错误而发生公正性偏差，现行的裁决撤销机制并不足以承担纠错的功能。提倡投资仲裁完善模式的国家一直致力于通过设置一些提高透明度的规则对国际仲裁机制进行改革，比如 ICSID 规则修正案中的透明度规则改革、UNCITRAL 所提出的提高投资仲裁透明度的规则等。国际投资仲裁的透明度也正因为这些规则的实施而不断改善,但 ISDS 机制所面临的问题却无法得到根本性解决。投资仲裁完善模式可以通过约束仲裁员的行为提高仲裁员在仲裁过程中的独立性和公正性,但其无法解决 ISDS 机制所暴露出的独立性与公正性问题。仲裁成本高昂以及仲裁时间冗长的问题也无法通过完善现有的制度得以解决。

第二,设置投资仲裁上诉机构方案。此方案主张在现有 ISDS 机制中设置投资仲裁上诉机构,受理针对投资仲裁裁决中出现的法律错误以及严重的事实错误所提出的上诉。这一方案的理想模式是建立类似于世界贸易组织中 DSB(WTO 争端解决实体)的专家组加上诉机构机制,在完善投资仲裁机制的基础上建立常设上诉机构,以此增强仲裁的公正性和独立性,同时能够在一定程度上保障投资仲裁裁决的一致性。ICSID 在其修订过程中曾提出建立上诉便利机制的建议,并提倡该上诉机构不仅受理针对 ICSID 裁决所提出的上诉,同时也受理针对其他国际投资仲裁机构裁决的上诉。但该提议因得不到缔约方支持而流产。从客观上来看,建立投资仲裁上诉机构的确能够提高仲裁裁决的公正性,但是并不能节约仲裁的经济成本与时间成本。相反,采取此方案所面临的上诉程序滥用风险须引起重视。

第三,多边常设投资法院方案。设立投资法院是欧盟在 CETA 谈判过程中提出的对 ISDS 机制的改革方案,该方案主张废除 ISDS 机制,将国际投资争端交由常设投资法庭解决。常设投资法庭实行两审终审制,即在常设法庭之上建立上诉机构,审理针对法庭裁判结果所提出的上诉。建立常设投资法庭的初衷是为了从根本上解决仲裁中出现的独立性和公正性质疑。事实上欧盟已经将此方案适用于同加拿大、新加坡等国缔结的 IIAs 中,并得到了相关国家的积极响应。通过审慎的设计以及各国的积极参与,多边常设投资法院不失为一种全面实现独立、问责、公正、透明度、一致性、仲裁员的独立性和公正性、效率等各项政策目标的比较理想的模式。

第四,东道国国内救济以及国家间争端解决相结合的方案。该方案由南非最先提出,并在国际投资实践中开始施行。此种方案主张彻底抛弃投资者在国际投资争端解决中的直接请求权,将国际投资争端的解决拉回国内法层面,要求投资者在面对国家投资争端时应当穷尽当地救济后才能够通过东道国与母国之间的国家间争端解决机制进行救济。此方案中的"当地救济"既包括东道国的行政程序也包括司法程序,从某种程度上来说在此种模式下,投资者权利救济将极大受制于东道国法制健全程度、司法独立和公正程度。

除上述四种方案外,各国的国际投资争端解决机制还通过对不同模块的各式组合呈现多样化态势。比如将用尽当地救济作为前置要求,再赋予投资者诉诸国际仲裁的权利等。用尽当地救济虽会因为东道国行政和司法程序的不公正导致出现负面影响,但其亦是尊重东道国国家主权的体现,在此基础上给予投资者诉诸国际裁判的权利,也能够达到保护其利益的效果。

第四节 "一带一路"投资与条约法

一、条约法概述

（一）条约名称和种类

条约是指国际法主体之间按照国际法所缔结的确定其相互间权利和义务关系的书面协议。据此，条约有以下特征：①条约是国际法主体间缔结的协议，主要是在国家与国家之间、国家与国际组织之间、国际组织之间缔结。国家与跨国公司之间缔结的协定一般不被认为是国际协定，在国际投资法上被称为"国家合同"，有别于一般民事合同。②条约应以国际法为准。违反一般国际强制规范的条约自始无效，如历史上的一些不平等条约。违反缔约国自由同意原则的如通过诈欺、贿赂、强迫签订的条约应无效。③条约为缔约国创设权利与义务。没有法律约束力的政治或道义的承诺、宣言或声明不构成条约。④条约通常是书面形式的协议。口头国际协议偶尔出现，一般称为"君子协定"（gentleman agreement），条约（treaty）一词可以包括狭义和广义的内容。狭义的条约是国际法主体之间就重大事项协定的书面文书，一般要经国内立法机构确认。广义的条约可以包括以下各种类型：①公约（convention），该词一般用于规定重大国际问题的多边条约，如《维也纳条约法公约》（*Vienna Conventionon the Law of Treaties*），有时使用带有一定宗教道义约束力的词盟约（covenant）来规定特定的公约，如有关人权的《公民政治权利公约》（*International Covenanton on Civiland Political Rights*），如果是重要国际组织制定的公约性文件，有时用宪章（charter），如《联合国宪章》（*Charter of the United Nations*），②协定（agreement），该词一般用于规定专门领域事项的双边或多边条约，如WTO多边协定下的《与贸易有关的投资措施协议》（*Agreement on Trade-Related Investment Measures*，简称TRIMs），双边投资保护和促进协定。③协定书（protocol），该词一般用于规定某些具体事项的单独条约，如中国加入世界贸易组织的《中华人民共和国加入议定书》（*Protocolon the Accession of the People，Republic of China*），该词也可用于主条约的附属条约用来细化、补充双边或多边条约，如边界走向议定书。④宣言（declaration），该词可以用作规定具体权利和义务的条约。

（二）条约缔结程序

《维也纳条约法公约》规定了条约缔结程序有关的问题。条约缔结一般有以下主要程序问题。

1. 谈判（Negotiation）

条约首先要由具备缔约权能人员就条约的约文进行谈判。每个主权国家都有缔结条约之能力，一国具体由哪个部门负责对外缔结条约由该国国内法确定。国家的缔约行为通过其缔约代表来实施，国家的缔约代表通常须通过持有"全权证书"（fullpowers）来表明其缔约权限。全权证书指一国或国际组织主管当局或主管机构所颁发，指派一人或数人代表该国或国际组织谈判议定或认证条文，表示该国或国际组织同意受其约束，或完成缔结条约的任何其他行为的文件。担任特定国家职务的人（如国家元首、政府首脑、外交部长）不需要出示全权证书。

谈判过程就是约文的议定（adoption）过程。双边条约通常在提议缔约的一方提交的草案基础上形成新的草案，多边条约谈判通常由起草委员会提供草案。

根据我国宪法规定，中华人民共和国国务院即中央人民政府有权同外国缔结条约和协定。

2. 签约（Signature）

签约之前要对文本进行认证（authentication），经认证后的文本不得改动。签约（正式签署）通常是指缔约代表正式代表其国家在条约文本上签署姓名，表示同意受条约约束的意向。

草签（如仅写姓）为非正式的签署，暂签是待授权事后追溯的签字。

双边条约的签署为体现国家主权平等通常采取"轮署制"，即条约文本的每个执存方签于首位。

3. 批准（Ratification）

重要条约须经批准程序。批准是指缔约国的权力机关对其代表所签署的条约的认可并同意受条约约束的行为。除批准外，国家还可以采用核准、接受或赞同等方式同意承受条约的拘束，核准通常由行政部门做出。多边条约采取交存批准书方式。有时，一国将其签署但未批准的生效多边条约视为国际惯例来参照执行。

根据我国宪法，中华人民共和国全国人民代表大会常务委员会决定同外国缔结的条约和重要协定的批准和废除；中华人民共和国主席根据全国人民代表大会常务委员会的决定，批准和废除同外国缔结的条约和重要协定。条约的核准由国务院决定。

4. 保留（Reservation）

条约的保留指一国所做出的单方面声明，排除或更改条约中某些规定对其的法律效果。一些多边条约可能适用保留制度。

缔约方只能在允许保留的范围内提出保留。有些条约禁止保留，有些仅准许特定范围的保留，有些仅笼统规定不得提出与条约宗旨不符合的保留。

5. 加入（Accession）

加入是指未签署条约的国家同意受已签署或已生效的开放性的多边条约的拘束的国际法律行为，适用于开放性的多边条约。

6. 登记（Registration）

条约登记最初是防止秘密外交。按条约法规定，条约应于生效后送请联合国秘书处登记或存案及记录，并公布之。

中华人民共和国缔结的条约和协定由外交部向联合国秘书处登记。

（三）条约解释规则

条约解释（interpretation）是指条约当事方或其授权的解决机关按一定规则对条约内容做出明确说明。

（四）条约效力与适用

条约的生效（enterintoforce）是指条约对各当事方产生法律效力，从而产生权利义务关系。条约生效之日为条约生效的日期，通常有约定。多边条约生效一般要达到一定数量的签署国批准。

条约可规定有效期，也可不规定有效期。一般造法性条约不规定有效期。

条约适用可分为时间范围和空间范围。条约适用时间范围的主要问题是关于溯及力，一般无溯及力。条约适用空间范围指条约适用的领域范围，一般适用于当事方的全部领域。

根据条约相对效力原则，条约仅对缔约方适用，不拘束非条约当事方。条约非经第三国同意，不为该国创设义务或权利。最惠国待遇条款（Most Favoured Nation, MFN）可以给第三方创设权利。第三方会遵守别国的边界条约。

二、"一带一路"投资中的条约问题

目前"一带一路"倡议下有关投资保护和争端解决的国际条约规则不够明显，仍然是以外交倡议为主。如果要有效应对"一带一路"倡议下面对的投资风险和挑战，一个重要环节就是要立足"一带一路"沿线各国现实情况，逐步将相关投资政策问题条约化，利用国际条约的正式性、稳定性和可预测性来克服政治和外交决策中的不确定性，从而使"一带一路"投资合作走上法治化轨道，在相对稳定的国际投资条约框架下实现共同发展和互利共赢。

（一）中国与"一带一路"国家签订的双边投资协定分析

双边投资协定（Bilateral Investment Treaty, BIT）主要功能是投资保护和促进，在国际法上属双边国际条约，通过确定缔约双方的国际法权利和义务来保护和促进国际投资。在"一带一路"沿线国家中，目前，中国与其中 56 个国家签署了双边投资协定，不过有一些尚未生效，有一些有了新版 BIT，也还没有生效。

中国与东盟签署的《中国－东盟投资框架协定》为"1+N"的双边投资协定模式。而中国与"一带一路"中《亚太贸易协定》（*Asian Pacific Trade Agreement*，APTA）的成员国（即印度、孟加拉和斯里兰卡）还签署了《有关 APTA 成员国间促进、保护和投资的自由化框架协议》，但还未生效。

就投资保护在中国与"一带一路"国家双边投资协定中的体现看，有以下几个特点。

一是投资范围及投资待遇问题。东盟是中国目前在"一带一路"沿线国家投资往来最多的区域，并签署有《中国－东盟投资框架协议》，各方面规定较为完整。在投资范围方面进行了非常广义的界定，凡是符合东道国法律的各种资产都属于协定规定的投资。投资主体中，自然人不仅包括缔约方国民，也包括具有永久居住权的外国人。投资待遇规定有最惠国待遇、国民待遇和公平公正待遇，其中最惠国待遇不仅适用于准入后，还适用于准入前。公平公正待遇是与国民待遇并行的独立规定，这区别于与中国签订的双边投资协定。

中国与中亚、中东欧、南亚、西亚及北非等其他"一带一路"国家签订的双边投资协定在投资范围以及投资者待遇方面基本一致，大多规定了投资准入必须符合东道国法律，适用公平公正待遇、最惠国待遇和国民待遇。而中国与乌兹别克斯坦的双边投资协定则明确规定了准入前最惠国待遇，这是中国在中亚投资的一个重要突破。另外须注意此区域内各国国内投资法的发展。

二是征收及补偿。在征收方面，中国与"一带一路"国家签订的双边投资协定差别不大，存在差异的地方主要是在补偿标准、拖延支付补偿和对间接征收的限制这三个方面。《中国－东盟的投资框架协定》在该等方面规定得更为具体，例如对拖延支付赔偿的须支付利息，赔偿标准应以公平市场价值计算，还规定了损失补偿可享有最惠国待遇和国民待遇，并适用二者更为有利于保护投资者的规定。中国与埃及的双边投资保护协定也规定了延迟补偿应支付利息，但对于中国签订的大部分投资协定，并没有将征收及损失补偿细化至此程度。另外，对于间接征收的问题，中国与大部分"一带一路"国家签订的投资协定均未涉及，目前仅有中国与乌兹别克斯坦双边投资协定中明确规定，原则上禁止采用包括间接征收方式在内的一切国有化或征收行为，不过对于何为间接征收方式并没有进行解释或阐明。

三是争端解决。在中国与"一带一路"国家的投资协定中，一般将争端解决分为两种类型，一种是缔约方之间的争端解决，对该类争端解决往往要求尽量通过外交途径化解，在六个月内仍不能化解的，可以提交专设仲裁庭裁决，对此类问题，各国的 BIT 规定的基本一致。另一种则是投资者与缔约东道国之间的争端解决，对此类争端解决不同的投资协定规定的适用范围有所不同，部分 BIT 将此类争端解决的适用范围仅限定为对征收补偿的异议。另有一些投资协定也限定了可裁事项，例如中国与乌兹别克斯坦的双边投资协定。中国与东盟的投资框架协定中，则将缔约方违反国民待遇、最惠国待遇、投资待遇、征收、损失补偿、转移和利润汇回，以及通过某一投资的管理、经营、运营、销售或其他处置等行为给投资者造成损失或损害的投资争端都囊括在内。关于争端解决中投资者选择仲裁庭的权利也存在差别，有些投资协定依然要求投资者将请求提交专设仲裁庭裁决，只是在规则适用上可以参考斯德哥尔摩商会仲裁院（SCC）等国际社会普遍认可的规定。对于允许提交国际仲裁庭的国家，其对于是否需要先用尽当地救济的态度也有所差别，例如，在中国与印度、乌兹别克斯坦的双边投资协定中，明确规定东道国可以要求投资者在提交国际仲裁之前，用尽缔结另一方法律和法规所规定的国内行政复议程序。而我国与东盟的投资协议则无此类用尽当地救济原则，且还规定了即使投资者已将争端提交缔约方国内法院，如果投资者在最终裁决做出前，从国内法院撤回申请，投资者仍可提交国际争端解决机构。

就投资促进在中国与"一带一路"国家双边投资协定中的体现看，有以下特点。

一是市场准入。中国现有的双边投资协定中均没有对外资开放准入前的国民待遇。在中国与"一带一路"沿线国家签订的双边投资协定中，大部分适用的是最惠国待遇原则。《中国－东盟投资框架协定》起草时曾经力图完全开放外资的市场准入，但最终没有成功。与东盟相类似，"一带一路"涉及多个国家，各国的外资准入政策又相差较大的情况下，实行准入前国民待遇目前似乎还不太现实。在这个问题上，我们要注意中美双边投资协定如果实行了准入前国民待遇是否会直接适用于"一带一路"沿线国以及所产生的风险，可以效仿中国－东盟的模式，不将与非区域内国家的双边投资协定引入区域框架协定。

二是外资待遇。"一带一路"沿线国家和经济体与中国签订的双边投资协定，有的规定了准入后国民待遇，没有国民待遇的也基本上可以通过最惠国待遇引入国民待遇。所以在准入后外资待遇这一领域，中国与"一带一路"沿线国之间基本上可以实现国民待遇。

三是透明度原则及其他。中国与"一带一路"沿线国家签订的双边投资协定中很少有关透明度的规定。

就中国与"一带一路"国家双边投资协定存在的问题看，主要有以下几个方面：第一，现存双边投资协定有很多不利于保护和促进投资的内容；第二，双边投资协定与区域性投资协定的重叠与差异引发投资者"搭便车"和"挑选条约"。此问题主要针对东盟国家。

（二）中国与"一带一路"国家签订的自由贸易协定评析

自北美自由贸易区（NAFTA）开始，贸易－投资一体化自由贸易协定（FTA 的一种模式）成为一种新的趋势。推进中国与已缔结投资协定的"一带一路"国家建立贸易－投资一体化 FTA，可以形成投资和贸易相互促进、相互补充的关系。中国与"一带一路"沿线 11 个国家实施了自贸协定（FTA），包括中国和东盟自贸协定、中国和巴基斯坦自贸协定、中国和新加坡自贸协定等。

第七章 "一带一路"投资的国际贸易与投资法

第一节 "一带一路"投资的国际贸易法问题

一、国际贸易法概述

（一）国际贸易法的概念和调整对象

1. 国际贸易法与国际贸易关系

国际贸易法是调整跨境国际贸易关系的法律规范的总和。跨境有跨越国境和关境。在单独关税区的场合，跨越了关境的贸易也是国际贸易，也由国际贸易法调整。国际贸易关系有国际贸易交易关系和国际贸易规制关系。

与国际贸易法调整对象适应，国际贸易法分为私法部分和公法部分。国际贸易法的公法就是调整国际贸易规制关系的法律；国际贸易法的私法就是调整国际贸易交易关系的法律。

2. 国际贸易规制关系

国际贸易规制关系是指一方或多方为政府或国际组织主体的国际贸易关系。它有三种情况。

第一，政府对私人的关系，即政府对国际贸易中私人贸易行为实行监督和管制而形成的关系。比如贸易通关、征收关税和防止走私、检验检疫、边境保护等。在这种关系中，政府一方是监管方，私人一方是被监管方，但双方之间的关系是不平等的。政府一方具有主导权，但必须依法监管，私人一方必须服从政府对国际贸易的合法监管。在单独关税区的场合，政府可以是单独关税区当局，同样行使政府对国际贸易的监管职能。

第二，政府与国际组织的关系，即政府作为国际组织成员履行享受权利和承担义务而形成的关系。这里的国际组织主要是指国际经济组织，其中世界贸易组织在国际贸易规制方面居于核心地位，其他还有世界海关组织等。国际经济组织并不拥有主权，国家仍然是国际组织中的决定因素。但作为国际经济组织的成员，国家在其中享受权利和承担义务的同时，国际贸易的国际规则得以形成。而国家在遵守这样的规则方面也承担国际法义务。

单独关税区的政府也可以作为国际经济组织的成员形成这样国际贸易规制关系中的主体。在区域性经济组织的场合也存在着强弱不一的国际贸易规制关系，比如东南亚国家联盟、欧亚经济联盟等。但欧盟作为区域经济组织具有超国家组织的特点，对成员国的国际贸易拥有专属规制权力。

第三，政府与政府之间的关系，即政府之间缔结国际贸易协定而形成的关系。这样的关系建立在主权平等基础之上，但是由于国际贸易协定产生的国际条约义务必须履行，才能确保缔约方的权益得以实现，因而对国际贸易构成了规制。从缔约方数量看有多边贸易协定和双边贸易协定，从规制内容看有自由贸易协定和其他贸易协定。单独关税区在一定条件下也可能成为国际贸易协定的缔约方。

3. 国际贸易交易关系

国际贸易交易关系是指各方为国际贸易交易平等主体的国际贸易关系。国际贸易本质上是一种交易行为，因此国际贸易交易关系是私法关系，交易各方的地位是平等的，遵循私法自治、契约自由的原则。国际贸易合同是国际贸易交易关系形成的根据和出发点，交易各方在国际贸易交易关系中享受合同权利和承担合同义务，使得国际贸易合同得到履行，实现国际贸易交易的目的。

根据国际贸易交易内容的不同，国际贸易交易关系可以进一步分为国际货物买卖关系、与国际货物买卖有关的国际货物运输关系、国际货物运输保险关系以及国际贸易支付关系。其中国际货物买卖是国际货物交易的核心和出发点。此外，还有新近出现和发展起来的国际技术转让交易关系、国际服务贸易关系以及国际电子商务关系等。

（二）国际贸易法律体系

1. 国际贸易公法

国际贸易公法主要是世界贸易组织法和各国政府关于国际贸易规制的法律规则。世界贸易组织法是从关税与贸易总协定（GATT）规则发展演变而来的。1947年，关税与贸易总协定作为准备成立的国际贸易组织（International Trade Organization, ITO）生效的过渡临时协定而成立，但由于国际贸易组织建立失败，于是成为近半个世纪主导多边国际贸易体制的规则。关税与贸易总协定成为世界贸易组织货物贸易规则的一部分。世界贸易组织还在货物贸易的其他方面、服务贸易以及知识产权保护方面建立起相关规则，形成了一个庞大的法律规则体系，并建立争端解决机制保障这些规则得到执行。

由于世界贸易组织法的存在和约束力，成员方有义务遵守世界贸易组织规则，因而成员方实行国际贸易规制必须符合世界贸易组织规则，成为世界贸易组织规则的国内实施环节，构成国际贸易公法的国内法主要部分。在世界贸易组织规则没有涵盖的部分，成员方才可以完全自主对国际贸易实行规制。国际贸易公法主要是对外贸易法、海关法、外汇管制法、出入境检验检疫法等。

2. 国际贸易私法

国际贸易私法以国际贸易合同法为基础。国际贸易合同法遵循合同法的一般原则，即契约自由原则、合同必须遵守原则、诚信原则。国际贸易合同是一种跨境合同，合同双方地处不同国家或单独关税区，因此合同有关事项不是依靠一国合同法能够加以规范的，而需要解决不同国家和地区合同法的差异和适用问题。由此就有必要对各国合同法则进行协调，形成了国际贸易合同的统一规则。联合国国际贸易法委员会作为政府间国际机构主导制定了国际贸易条约，而国际商会、国际统一私法协会等作为非政府组织主导编撰国际贸易惯例。它们都是国际贸易统一法的法律规则，私法自治的原则成为直接适用于国际贸易合同的国际法规则，而各国合同法通过国际私法的冲突法规则也得到适用。

由于国际贸易的跨境性质，国际贸易交易从国际货物买卖开始，还往往要经过国际贸易运输、国际贸易运输保险和国际贸易支付等环节才能最后完成。因而国际贸易的法律规则就不只是国际货物买卖法，还包括国际货物运输法、国际货物运输保险法和国际贸易支付法。它们构成一个国际贸易交易的四位一体法律体系，相互依赖，也有相对独立性。

（三）世界贸易组织（WTO）法

1. 世界贸易组织（WTO）法律体系

世界贸易组织（WTO）规则是一个法律体系，《建立世界贸易组织协定》（*Agreement Establishing the World Trade Organization*），也称《马拉喀什协定》（*Marrakesh Agreement*）为该法律体系的核心。《建立世界贸易组织协定》对世界贸易组织的宗旨、范围、职能、机构、决策、创始成员资格、加入和退出等做出了规定，相当于世界贸易组织法律体系中的宪法性法律。而世界贸易组织规则的其他部分则分别规定在各个附件里。

2. 世界贸易组织机构体系

世界贸易组织主要由四个机构组成：部长会议、总理事会、秘书处、争端解决机构（Dispute Settlement Body, DSB）。

部长会议由世界贸易组织成员主管外交和对外贸易的内阁部长组成，是世界贸易组织最高决策机构，至少要在每两年之内召开一次。总理事会由全体成员组成，视情况需要随时开会。总理事会下设货物贸易理事会、服务贸易理事会和知识产权理事会，分别行使关于货物贸易、服务贸易和知识产权的相关职能。它们均由所有成员组成。

秘书处设在日内瓦世界贸易组织总部，由部长会议任命世界贸易组织总干事作为秘书处首长，负责世界贸易组织各项行政和秘书工作，并协调各成员主持WTO正式或非正式协商和谈判。

3. 世界贸易组织决策机制

世界贸易组织的决策机制有协商一致规则（Principe of Consultation and

Consensus）、简单多数规则、三分之二通过规则、四分之三通过规则。协商一致规则最早来自关贸总协定，现为世界贸易组织所继承。只要出席成员方没有提出正式反对即视为同意，沉默、弃权和一般评论都不构成反对。《建立世界贸易组织协定》规定了适用以上各种表决的具体事项。争端解决机构实行反向一致表决，即只要有一票同意即告通过。

4. 世界贸易组织争端解决机制

争端解决机构是为了解决世界贸易组织成员间的争端，实际上行使着世界贸易组织的司法职能。争端解决机构由各成员驻世界贸易组织代表组成，负责执行《关于争端解决规则与程序的谅解》以及世界贸易组织各项协定关于争端解决规定的执行。世界贸易组织成员争端当事方向争端解决机构提出磋商请求，在磋商不能达成协议的场合，经争端解决机构反向一致决定成立专家组（Panel）对案件进行具体审理。由三人组成的专家组构成实际上的合议庭，最终提出结论性报告。世界贸易组织成员争端当事方可以就专家组报告提出上诉，由上诉机构做出最终判断，提出上诉机构报告。上诉机构为常设机构，由七名上诉机构成员组成，也被称为"世界贸易组织大法官"。专家组报告及上诉机构的报告（在上诉的场合）由争端解决机构按照反向一致表决通过，一旦通过，成为争端解决机构建议或裁决，争端各方必须无条件接受。争端解决机构负责和监督建议或裁决的执行。在建议或裁决没有得到履行的场合，争端解决机构可以根据争端当事方请求授权报复，中止减让，并可以授权跨部门的交叉报复。

5. 世界贸易组织主要原则和规则制度

第一，世界贸易组织实行非歧视原则，全面实行最惠国待遇和国民待遇。最惠国待遇是指在货物贸易的关税、费用等方面、服务贸易和知识产权等各方面，一成员给予其他任何一成员的优惠和好处，都必须立即无条件地给予所有成员。而国民待遇是指在货物贸易征收国内税费和实施国内法规时，或者在服务贸易和知识产权等各方面，一成员对其他任何一成员的进口产品、服务或知识产权等方面和本成员产品、服务或知识产权等方面要一视同仁，不得歧视。世界贸易组织实行市场准入原则，即通过谈判不断降低关税和非关税壁垒，逐步开放货物贸易和服务贸易市场，实行贸易自由化。第二，世界贸易组织实行透明度原则，要求成员必须将影响贸易政策和措施公开透明化，并接受贸易政策审议机构的定期审议。第三，世界贸易组织实行公平贸易原则，规定了贸易救济法律制度，不允许成员采取倾销或不公正补贴等不正当贸易手段扰乱市场，允许采取反倾销和反补贴纠正这类行为及其造成的后果，允许采用保障措施保护国内产业免受严重损害。第四，世界贸易组织实行对发展中国家和最不发达国家的优惠待遇原则。

（四）国际贸易交易法

1. 国际货物买卖法

国际货物买卖法是国际贸易交易法体系的本体和出发点。联合国国际贸易法委员会于 1980 年通过的《联合国国际贸易销售合同公约》（*the United Nations Convention on Contracts for the International Sale of Goods*，CISG），于 1988 年正式生效，是国际货物买卖统一法的核心内容。国际统一私法协会于 1994 年制定的《国际商事合同通则》（*Principles of International Commercial Contracts*，PICC），并没有作为正式条约获得各国批准，但作为示范法和国际贸易惯例规则，可以广泛运用于各种国际商事合同中。

2. 国际货物运输法

国际货物运输法是国际贸易运输环节的法律规则体系，根据运输方式不同，可以进一步分为国际海上货物运输法、国际铁路货物运输法、国际航空货物运输法、国际公路货物运输法以及综合各种运输方式的国际多式联运法。在这个领域成文法很发达，有很多国际条约，也有一些国际示范法。

国际海上货物运输法分为提单合同和租船合同两类法律规则。提单是由承运人签发的关于承运人和托运人之间处理海上货物运输中双方权利和义务的依据。它是国际海上货物运输合同的凭证，主要用于集装箱货物的海上运输。租船合同是船舶所有人与承租人之间订立的合同，主要用于海上大宗货物运输，可分为航次租船合同、定期租船合同和光船租船合同。

国际铁路货物运输法主要用于欧亚大陆的国际铁路货物运输，主要有两个国际铁路货物运输条约。其一是 1890 年由欧洲国家制定，1980 年修改的《国际铁路货物运送公约》（*Convention Concerning International Carriage of Goodsby Rail*），简称《国际货约》。其二是 1951 年由苏联等东欧国家缔结的《国际铁路货物联运协定》（*Agreement Concerning International Carriage of Goodsby Rail*），简称《国际货协》，中国于 1953 年加入该协定。国际航空货物运输法基本上都是由一些国际航空货物运输公约组成。基本的公约是 1929 年的《统一国际航空运输某些规则的公约》，也称《华沙公约》，后来的各项议定书都是对《华沙公约》的补充或修改，因此被称为"华沙体系"。《华沙公约》和 1955 年的《海牙议定书》得到了世界大多数国家的认可。1999 年在加拿大蒙特利尔通过了与《华沙公约》同名的《统一国际航空运输某些规则的公约》，简称《蒙特利尔公约》，对《华沙公约》内容做了很多现代化的修改。其他的关于国际公路货物运输法律规则还有 1956 年的《国际公路货物运输合同公约》；关于国际货物运输多式联运有 1980 年《联合国国际货物多式联运公约》。

3. 国际货物运输保险法

国际货物运输保险法渊源于海上货物运输保险法。它最早是英国的惯例规则，后因 20 世纪初英国制定了《1906 年海上保险法》（*Marine Insurance Act 1906*）而成文化，是很多国家的海上货物运输保险法以及保险法制定的蓝本。英国模式的海上货物运输保险合同也成为很多国家的标准合同格式，而准据法条款有很多也指向英国保险法。

4. 国际贸易支付法

国际贸易支付法有两个部分：其一是规范作为国际贸易支付工具的国际票据法规则；其二是关于汇付、托收、信用证以及国际保理等支付方式的规则。

票据有本票、汇票和支票。各国票据法有很大的差异，大体分为法国体系、德国体系和英国体系。中国、英国、德国、奥地利等制定有专门的票据法，而法国、比利时和日本将票据法列入商法典的一部分。

国际贸易支付方式中，按照一般的合同法或银行规则结算的有付现、交货付款、交单付款、记账付款等。按照国际条约或国际惯例的支付方式有托收、信用证和国际保理。国际贸易支付中的托收是指出口人将金融单据（票据）等委托银行向进口商收取货款的行为。托收是基于当事人的商业信用采取的国际贸易支付方式，银行和债权人之间形成委托代理关系，但银行并不担保从债务人处收取款项。

信用证是银行用以保证买方或进口方有支付能力的凭证，是银行有条件保证付款的证书。买方先在取得信用的开户银行开立信用证，通知异地卖方开户银行将所开具的信用证通知卖方，卖方按照合同和信用证规定的条件发货，银行代买方付款。国际货物贸易中最常见的信用证是凭附带货运单据的汇票或仅凭货运单据付款的信用证，即跟单信用证（Documentary Credit）。在这里，买卖双方开户银行都对该交易担保，解决了买卖双方不信任造成的支付风险问题，是目前国际贸易中最主要、最常见的支付方式。

二、"一带一路"投资的国际贸易法问题

（一）"一带一路"投资的贸易环节的核心是通关便利化

1. 贸易畅通与"一带一路"投资

贸易畅通，"一带一路"建设"五通"之一，就是要拆除贸易壁垒，推动贸易便利化，做大贸易规模，努力促进贸易均衡、协调、绿色可持续发展。只有贸易畅通了，"一带一路"投资才能正常进行。"一带一路"投资，首先就是基础设施建设投资。交通基础设施包括铁路、公路、机场、港口建设。能源基础设施包括油气资源的勘探和开发，以及配套的工程交通建设。电力基础设施包括火力发电厂建设、水电站建设、核电站建设，以及太阳能和风能等新能源设施的建设和开发。电信基础设施建设包括基站的设置、光纤电缆的铺设和宽带网络建设等。水利基础设施包括水利工程建设、航运及灌溉设施的建设等。很多"一带一路"沿线国家，特别是中亚、东南亚、非洲很多国家在基础设施建设方面非常落后，需要大量投资到这方面，而它们缺乏资金、技术和建设工程器械设备。资金可以通过亚投行、丝路基金等立项获得，但建设设备却需要项目承包商从其他国家搬运进来，是否能够便利通关就成为基础设施建设能否顺利展开的关键环节。

2. "一带一路"投资与暂准进口（ATA）单证册制度

建筑工程承包中的工程机械设备进出口与普通货物进出口不同，它并非在进口国内使用消费掉的商品，而是在工程使用后还要运出境返回本国，或者开赴其他国家的建筑工程现场。因此这样的工程机械设备在海关法上属于暂准进口货物，可以按照本国立法或国际条约的规定，准许暂时免纳关税及其他税费进口，并保证限期内复运出口的特定货物。

为了实现临时进口货物的便利通关，该公约缔约国建立了 ATA 单证册制度。临时进口人凭借由其本国授权机构签发的 ATA 单证册在进口国通关，其暂准进口的货物以"原样返回"为条件，可以免于缴纳关税及其他税款，自由进出该国国境。就像自然人出入境需要护照一样，ATA 单证册成为建筑工程机械设备的出入境护照，保证各种工程顺利进行。ATA 单证册制度最初是由发达国家倡导的，后来很多发展中国家和新兴经济体也加入其中，但仍然有很多国家，特别是"一带一路"沿线国家没有加入该公约，或者只是部分加入该公约。特别是中亚地区五国，高加索地区三国，包括印度尼西亚、菲律宾、越南在内的很多东南亚国家，东非所有国家以及很多中东国家都没有实行 ATA 单证册制度。恰恰这些地带是"一带一路"基础设施建设投资重点开展的区域，因此 ATA 单证册制度不能普遍实施形成贸易畅通的障碍，对"一带一路"投资不利。

3. "一带一路"投资与《联合国国际公路运输公约》（TIR 公约）

1975 年《联合国国际公路运输公约》也称为《TIR 公约》，是关于国际公路货物运输通关便利化的国际公约，对于"一带一路"建设中的贸易畅通和基础设施建设工程器械设备出入境具有很大意义。该公约缔约国覆盖五大洲，其中有很多都是"一带一路"沿线国家。欧盟、俄罗斯、哈萨克斯坦、塔吉克斯坦、吉尔吉斯斯坦、巴基斯坦、蒙古、阿富汗等都是公约缔约方，欧洲经济委员会是 TIR 的管理机构，而阿根廷、巴西、越南、印度和部分东非国家也表示要申请加入。中国于 2017 年 1 月 5 日正式成为《TIR 公约》的第 70 个缔约方。该公约带来的简化海关手续会大大提高丝绸之路经济带公路运输速度，特别是对于集装箱运输的《TIR 公约》缔约方公路承运人而言，选择欧亚公路大陆桥的方式进行集装箱运输所需时间为一星期左右。

该公约是国际公路货运海关通关的全球标准，其具体内容是：有管控的车辆和集装箱、国际担保链、TIR 通关证、海关监管的相互承认、海关和国际公路运输联盟（IRU）管控下的使用、电子预申报（TIR-EPD）。其主要目标是尽最大可能便利国际贸易中海关加封货物的流动和提供必要的海关控管与保障。这里的 TIR 通关证是由国际道路运输联盟发放的 TIR 通关证，海关可以在几分钟内放行。TIR 通关证既是海关通关文件，也是关税担保的证明文件。在 TIR 单证运输中一旦出现违规事件，海关无法从货物承运人处取得税费时，可以通过发证国的运输（担保）协会获得赔偿。持有 TIR 通关证，可以由发运地至目的地，在海关封志下途中不受检查，不支付税收，也可不付押金。

（二）"一带一路"投资与国际铁路运输法律规则

1. 国际铁路运输规则的联通与"一带一路"投资

国际铁路运输主要存在于欧亚大陆，其运输法律规则主要有两个。其一是前述的《国际货约》。公约管理机构是国际铁路货物运输政府间组织。该公约缔约国主要是西欧国家。冷战结束后进一步扩大到东欧国家和伊朗、伊拉克、叙利亚、阿尔及利亚、摩洛哥、突尼斯。其二是《国际货协》。协定管理机构是铁路合作组织。其成员主要是苏联（包括俄罗斯等各个继承国家）、东欧国家和蒙古、朝鲜、越南等国。中国于1953年加入该协定。在冷战时期，两个法律规则系统各自独立，并无特别的交集。冷战结束后，东西方铁路运输打通了。但是如果铁路运输货物要跨两个规则区域运输，就必须在交界处的边境车站重新办理发运手续，重新制作另一运输法律规则体系的货运单据，不但花费很多时间，而且为铁路通关带来很多不便。于是如何衔接两套规则便成为一个亟须解决的重要问题。

亚欧间的国际铁路运输与"一带一路"投资密切相关。首先是铁路沿线建有大量的"一带一路"产业园，是中国企业直接投资的重要模式。

原本属于《国际货协》成员的东欧诸国冷战后相继加入了西欧国家主导的《国际货约》，成为可同时适用两种铁路货运法律规则的国家，为两套规则对接创造了条件。两个国际铁路运输规则的管理机构——国际铁路货物运输政府间组织和铁路合作组织间就两套规则的对接问题成立了联合工作组，制定了《国际货协／国际货约统一运单》。中国是国际货协的缔约国，中国发往东欧及其以东国家的货物采取国际货协的运单，而发往东欧国家以西的货物则可以采用统一运单。亚欧大陆桥铁路直通运输单据统一成为现实，为进一步发展亚欧铁路直通（过境）运输奠定了良好的基础，为"一带一路"产业园物流和基础设施建设的器械设备运输创造了良好的国际通关条件。

2. "一带一路"投资与中欧、中亚国际班列

欧亚大陆桥早在沙俄时期就有西伯利亚铁路相连，但这一大陆桥真正具有当代国际铁路货物运输意义上的开通还是在最近这些年。

中欧班列以"渝新欧"班列为首，从中国出发，分别经新疆阿拉山口、内蒙古二连浩特、黑龙江满洲里口岸出境，经哈萨克斯坦、蒙古、俄罗斯以及直接经俄罗斯到达欧洲，现已开出数千列。中国出发的城市已有几十个，主要有郑州、广州、义乌、成都、苏州、哈尔滨等。抵达的欧洲城市也是数十个。中欧班列运输量极大，不但实现了中欧间贸易畅通，更重要的是它串联了沿途的"一带一路"产业园的物流，成为带动"一带一路"投资的大动脉。

中亚班列起点在中国，终点在中亚各国。国内主要开行城市有昆明、乌鲁木齐、济南、新乡等多个城市。中亚班列不但起到沟通丝绸之路经济带中亚各国的"一带一路"产业园物流，促进"一带一路"投资的作用，而且还直接对"一带一路"基础设施建设重点区域

中亚地区的建筑工程器械设备的运送具有重大意义。而且，中亚班列比起中欧班列来返程货物满载率比较高，构成了良性的双向物流模式。

中欧、中亚班列的顺利开通离不开海关国际合作。如果按照传统的海关监管程序，这样跨越多国的国际铁路货物运输凡是过境一国海关，就必须进行海关申报和开箱查验，办理相关手续，封关放行。这样重复的海关监管花费大量时间和费用，将使得欧亚大陆桥的便捷性化为乌有。于是在中国海关的牵头下，"一带一路"沿线国际班列相关国家海关都就国际班列的通关手续和检验手续进行了充分沟通协商，最后达成了可行的协议，那就是一次申报、一次查验、一次放行原则。在运输环节实行彻底的通关一体化，即实行属地原则，装运地海关和检验部门实行一次性查验，各由经过地海关认可，沿途的海关只是配合运输。最后的通关手续是在目的地进行，运单、报关单、装箱单都到目的地海关和商检部门办理。中国海关还牵头与沿线国家建立海关联系沟通机制，定期通报重点工作，协调解决国际班列入境出现的相关问题。

第二节 "一带一路"投资与国际投资法问题

一、国际投资法概述

（一）国际投资、跨国公司与国际投资法

1. 国际投资

国际投资（international investment）是指资本从一个国家或地区投向另一个国家或地区的经济活动。狭义的国际投资指直接投资和证券投资，而广义的国际投资还包括借贷投资（国际间接投资）和国际援助下的公共投资。但是国际投资法意义上的国际投资一般是指狭义的国际投资，即非政府性直接投资。狭义的国际投资虽然以私人投资为主，但也不排除国有企业的跨境投资，或者私人和国有企业的混合跨境投资。从国际投资流向看，一个国家流向他国的投资是海外投资，而一国接受他国投资就是引进外资。国际投资由各种公司进行，而跨国公司是国际投资的主要力量。

2. 跨国公司（multinational corporation）

跨国公司是指通过直接投资设立可支配的国外分支机构和子公司，主要凭借先进的技术和管理经验按"全球战略"在世界范围内从事国际研发、生产、销售或其他经营活动以获取更高利润为目的的跨国性企业。跨国公司具有全球布局的跨国性、经营管理的集中性和公司内部的关联性（通过控股、合同来达到控制）的特征。

跨国公司作为企业集团是由地处不同国家或地区的一系列企业构成。这些企业有一个

总部,为跨国公司的母公司。而布局于境内外的成员企业则是子公司、分公司或附属企业。母公司是指通过拥有一定股权份额在母国以外控制其他公司的公司;子公司是母公司的对称,是指全部股份或达到控股程度的股份被另一个公司控制,或者依照协议被另一个公司实际控制的公司,母公司有权指派或撤换子公司的多数管理、经营或监督人员。附属企业是指投资者拥有 10% 以上,但不超过 50% 股权的东道国联合企业;分公司指投资者在东道国完全拥有的非法人企业,主要形式有常设机构或办事机构、合伙企业。

跨国公司通常由一个母公司或总公司和若干个子公司、分公司构成。前者是总部设在母国(或本国)的投资者,后者是机构设在东道国的外商投资企业。虽然子公司与分公司均为跨国公司在东道国设立的实体,但两者法律地位不同。前者根据东道法律设立,因而具有东道国国籍,在法律地位上独立于母公司;后者是总公司设在东道国的分支机构,不具有独立法人地位,总公司须对其行为承担责任后果。因此设立子公司实现了从跨国公司母公司的责任剥离,而采取分公司形式的跨国公司母公司则要承担无限责任。为了减少法律责任风险,有利于跨国公司治理,跨国公司在国外以设立子公司的模式为主。将境外设置的分公司变成子公司的过程被称为跨国公司的本土化,子公司因此成为法律上独立于母公司的投资东道国当地法人。

合资公司(Joint-Ventured Corporation)也是跨国公司的一种形式。它是指由东道国投资者和外国投资者共同出资、共同经营、共负盈亏、共担风险的公司。合资企业有两种:作为独立法人团体建立混合公司的合股经营方式,以及通过合同建立合资关系的非合同经营方式。后者包括合伙资产、联合管理和根据共同协商同意分配利润和分担风险方式。非法人形式的企业组织形态主要有合伙和不具备法人资格的个人独资企业。

跨国公司是跨国资本很好的盈利模式,在自由贸易和投资自由化国际环境下能够充分利用比较优势,将资本布局全球,最大限度地利用资源和降低成本,实现利益最大化。跨国公司也为投资东道国带来资金、技术和就业,促进经济发展和社会进步。但是跨国公司在其利益至上动机驱动下也可能给东道国带来环境污染、劳工保护、产品责任和国际避税等负面影响,也对投资东道国的法律监管和税收管理带来挑战。在跨国公司子公司出现法律责任的场合是否可以追究母公司的责任问题上,"刺破公司的面纱"(Piercing the Corporateveil)的理论适合于跨国公司与子公司之间的法律责任追究。

3. 国际投资法及其法律体系

国际投资法是调整商业性跨境直接投资关系以及关于外国投资保护的国内法规范和国际法规范的总和。其特征有:第一,商业性,即以盈利为目的。国际投资法的投资者是外国的自然人或法人,包括国有企业,而非政府机关或捐赠筹资的慈善组织。第二,直接性,是直接投资。国际投资法上投资者对投资企业拥有一定数量的股权和较大的控制力,直接参与经营管理,其投资内容包括股份资本、技术、设备、专利权等,其形式有外资独资经营、合资合营经营、合作开发、合作经营等;第三,跨境性,投资者和投资都来自境外,一般来自外国，在单独关税区的场合；则是来自关境外的跨境投资。

国际投资法的调整对象有三个方面：第一，投资者与东道国的法律关系，主要通过国际投资条约来调整；第二，东道国与外国投资者及其设立企业的行政管理关系或资本输出国与海外投资者之间特定的法律关系，主要通过东道国的外国投资法以及国际投资条约中的相关规则来规范；第三，是外国投资者与当地投资者和其他经济组织之间的商事交易关系，主要通过东道国的国内法规加以调整。

因此，国际投资法的法律渊源有国际法和国内法两个方面。国际法方面的成文法有国际投资条约，即调整国家间有关国际投资的权利义务关系的书面协议，其形式上有双边和多边条约，内容上有以下几种类型：第一类是关于鼓励、促进和保护投资的协定（简称投资保护协定）。这类条约的主要形式是东道国和投资国签订的双边投资保护协定，已为各国普遍采用；次要形式是区域性投资保护协定。第二类是关于投资保险或担保的条约。这类条约既有双边投资保险协议，又有多边投资担保公约，最重要的是 1985 年的《多边投资担保机构公约》（简称汉城公约）。第三类是有关投资税收中的避免双重征税协议，其主要形式是东道国与投资国间订立的双边税收协定，一般把这部分内容归到国际税法部分。第四类是关于解决国际投资争端的全球性国际条约，由各国间以公约形式缔结。第五类是关于调整各国投资措施的多边协定，由各国以《关贸总协定》以及《建立世界贸易组织协定》附件协议形式订立，主要指是 1994 年的世界贸易组织协定体系下的《服务贸易总协定》与《与贸易有关的投资措施协定》。

国际投资法的国际法部分的不成文法是国际投资习惯，指国际直接投资活动长期实践过程中逐步形成的一系列为国家（东道国与投资国）和投资者所普遍承认并遵守和采纳的习惯做法、规则、先例和原则的总和。国际投资习惯是在长期国际直接投资的实践中逐步形成，它在实践中起着规范各方投资行为的作用。国际投资习惯是投资者从长期经营企业的经验中提炼出来的，其适用有助于保护投资各方当事人的权益。

国际组织的规范性文件在一定场合下也可以成为国际投资法的软法规范。其中联合国大会的规范性决议最有影响。它们确立了国际经济新秩序的基本原则，并特别规定了国家对本国自然资源的永久主权、规制本国境内的外国投资及实行国有化征收等有关国际投资的重要准则。有关国际经济组织与商业团体或专门团体根据国际投资领域的实践与做法，制定一些规范性文件或公布有关资料，包括各种准则守则、国际标准等。其内容涉及有关跨国公司与外商投资的合同谈判、技术引进、资金融通、企业财务等各方面的重要内容。

（二）国际投资的国内法

1. 外资法的类型

国际投资的国内法以投资东道国法律为主，作为规制外资的法律，一般称为外资法。也有规制向海外投资的法律，一般称为海外投资法。

根据外资法立法取向的不同，我们可以将外资法分为禁止限制型、鼓励优惠型和内外无差别型等几种类型。但就东道国法律而言，一般没有任何一个国家的法律只涉及一种类型，它们在不同的发展阶段，往往偏向或偏重于某一类型，更多反映出立法取向的综合性，即一国的外资法既含有禁止限制型的，又含有鼓励优惠型和内外无差别型。禁止限制型外资法主要指禁止或限制外商在特定领域投资的法律制度，这些领域一般涉及国计民生或国家重要的稀缺资源的领域。鼓励优惠型外资法主要指一国为了吸引外资而在税收、生产条件（如信贷优惠、建立经济特区）和土地使用等方面给予外商以特别优惠的政策或采取有关鼓励措施等而制定的有关法律或形成的法律体系，为很多发展中国家外资法所采用。内外无差别型的外资法主要是指一国对国内国外投资适用统一投资企业法或投资法，投资待遇不论对本国企业或个人还是外国企业或个人都一视同仁，实行国民待遇原则。采取这种立法模式的主要是发达国家或地区。

2. 外资准入

外资准入简单地说就是某国允许不允许外商进行投资，如允许什么样的投资，外商可以向哪些部门投资，及这些投资应符合什么条件等。外资待遇主要指外商在东道国与东道国国民或其他外国人所享有的权利和承担的义务及相应的条件，一般它可从国民待遇、最惠国待遇、差别待遇等方面来考察。外资享有权益，并承担义务。外资的权益主要指外资在东道国所享有的权利和可能获得的收益。它一般根据东道国的法律规定和相关政策而享有。通常情况下，经合法成立的外资企业或经批准的投资，投资人一般享有如下权益：正常经营权、雇用和管理职员权、税后利润自由汇出权、投资资本汇出权、外籍职工工资收益汇出权、税收和其他方面的优惠权及国有化或征收赔偿权等。外资的义务主要指外资在东道国所应当为或不应当为一定行为的尺度。它主要包括：环境保护的可持续发展义务、遵守东道国法律法规和社会公序良俗的义务、合法经营的义务、劳工保护及雇用一定东道国员工的义务等。外资的这些义务对东道国经济发展、技术提升和管理水平提高等能起到积极推动作用。

外资准入主要是外资准入条件的规定，准入监管主要是通过审批或审查来完成。各国一般在外资法中都会对此做出相应的规定。准入监管的主要方面是规定投资范围和投资比例。投资范围指允许外商投资的行业或领域。东道国为确保外资有利于本国经济的发展，需要对外商投资范围加以规定，一方面对那些关系到国家安全和重大利益及国计民生的行业和部门，不能让外资染指或控制，如国防、电信服务业、重要的稀缺资源等，需要由本国政府或国民来运营和控制；另一方面须将外资引入到自己亟须发展的行业或部门，引导外资与本国经济发展目标相一致。各国关于投资范围的规定将投资范围分为鼓励类、限制类和禁止类。

外资的审批有三种类型：一是自由开放型，它无须审批，对待外国投资没有专门的法律和管理机构，只须按国民待遇原则即可，外商在这些国家投资开办企业的程序同国内企业的开办相同，完全适用公司法。这类国家主要是发达国家，比如美国。二是一般许可制，即外资立法详细规定设立外资企业的标准与审批程序，外商在所有法定手续都得到履行的情况下，只要符合法定条件即可自动获得批准，不需要政府机构对具体的外资项目再逐个进行专门审批，故又称一般审批制。多数发达国家与新兴国家（如韩国、阿根廷）采取该制度。三是严格审批制，即有关国家有专门的外资立法并通过特殊政府机构或其授权机关对申请设立的外商投资企业进行逐个审批，对所有外资项目的立项申请、可行性研究报告、投资者资信、投资协议、合同章程、工业产权和其他必要文件都要进行审查，全部审查合格后才批准开办企业，故这种制度又叫个别审批。少数发达国家与大部分发展中国家采用该制度。

外资的审查有国家安全审查和反垄断审查。国家安全审查是由投资东道国的国家安全审查机关为了防范国家安全风险，对于影响或可能影响国家安全、国家安全保障能力，涉及敏感投资主体、敏感并购对象、敏感行业、敏感地域的外商投资进行安全审查。一般涉及军事工业、涉密行业、若干高新技术行业等都有可能成为国家安全审查的对象。美国的国家安全审查制度最为严格，其国家安全审查机构为成立于 1988 年的美国外国投资委员会（Committee on Foreign Investment in the United States, CFIUS），主要审查是否向特定国家销售、转售军事技术，以及是否影响美国在国家安全领域的技术领先地位，以考虑是否通过该项外国投资项目。

反垄断审查是投资东道国政府机构依照其反垄断法对于外国投资并购是否构成垄断进行的审查。针对跨国并购的反垄断审查目的在于防止垄断压制东道国的幼稚工业，控制东道国市场，破坏东道国的原有竞争秩序，包括垄断的认定、禁止外资垄断性并购的实质标准以及豁免等内容。对外资的反垄断审查是解决外资准入的程序性问题，主要针对有可能形成垄断的大型跨国并购行为，属于反垄断的事前审查。而通过了准入阶段的反垄断审查进入到东道国的外资在经营活动中涉及的反垄断调查则是反垄断法适用的问题，属于反垄断法执法。有些国家这两者都是由一个机构实施，但另外一些国家则分别由不同机构实施。

3. 外资待遇

外资在投资东道国获得的待遇标准有最惠国待遇、国民待遇和公平公正待遇。最惠国待遇是指来自一国的外资在投资东道国所享受的待遇不得低于东道国给予任何第三方国家投资的待遇。最惠国待遇在国际投资法中已经成为普遍认可的待遇。

国民待遇又称平等待遇，意指东道国应给予外国自然人和法人在本国境内享有与本国自然人与法人同等的权利地位。国民待遇必须对等，不得损害对方国家的经济主权，并只应限于一定范围，如生产、销售、国内税、运输、转口过境，船舶在港口的待遇，船舶遇难施救，商标注册，申请发明权、专利权、著作权、民事诉讼权等。根据外资进入的不同阶段可以分为准入前国民待遇和准入后国民待遇。准入前国民待遇是指在外资进入阶段的国民待遇，即引资东道国就外资的进入给其不低于本国内资的待遇。实行准入前国民待遇与否取决于一国的外资政策，属于经济主权范围内的事项。对外资比较开放的国家实行准入前国民待遇，而对外资比较严格的国家则可以不实行。实行准入前国民待遇也可以有例外，即通过颁布限制外资进入或禁止外资进入行业的负面清单，将其核心关注的行业和领域列入其中，保留准入限制。未列入清单的则不实行限制。中国目前还没有普遍实行准入前国民待遇，但在自由贸易试验区先行试验，实行准入前国民待遇和负面清单管理模式。至于准入后国民待遇则是国际投资法中各国普遍实行的待遇。

公平公正待遇（fair and equitable treatment）是外资应该得到公平和公正的待遇，不得以任何方式受到不合理或歧视性的措施的损害。它是对于外资的最惠国待遇和国民待遇的补充，实际上是外资享受最低标准保护的托底待遇。但与最惠国待遇和国民待遇有着明确的标准衡量相比，公平公正待遇具有不可参照性，容易引起争论，因而并非为所有国家在任何情况下都普遍采用的外资待遇标准。一般在对外资比较开放的国家对外资实行公平公正待遇，但很多都是以国际投资协定的规定互惠实行。

其他还有差别待遇，是指一国给予外国不同于本国人的待遇，或给予不同国家的外国人不同的待遇。前者一般是指给予外国人或外国法人的权利在有些方面小于本国国民或法人，但也包括有些时候给予外国人或法人某些方面超过本国国民或法人的待遇，如某些税收的减免。后者是指基于地理、历史、民族等因素而给予某些国家的待遇比给予其他国家的更为优惠。国际法承认上述差别待遇，但禁止基于宗教种族等原因的歧视待遇。国内对有关外企的限制或鼓励的优惠政策即为差别待遇的表现。

4. 外资的国有化和征收

国有化（nationalization）和征收是指将私有行业收归国有的一项政策。对外资的国有化和征收是国家经济主权范围内的权限，但又关系到外国投资者的投资安全和利益，涉及资本输出国对海外投资的保护，因此是个十分敏感的法律问题。外资的国有化和征收是指投资东道国政府在必要时对外商投资项目收归国有或进行征收的过程。它是投资东道国政府对外资采取占有的强制性措施，国有化是一次性的强制占有，而征收则有各种方式的强制占有。有的国家政府在和外商共同投资项目的合同中明确规定：外国投资者在一定年限内，按一定比例分别将其股份逐步转让给输入国政府、企业或国民，使接受投资方所持的股份达到50%以上，甚至达到全部转让，也是征收的一种表现。

国有化和征收要有法律依据，并且给予补偿。其国际法依据是规定有关于国有化和征收的各种双边或区域性投资协定或自由贸易协定中的投资条款，国内法依据是该国的宪法及有关涉外投资法中有关国有化和征收的法律规范。

关于国有化和征收的补偿或赔偿标准，国际上通行两种规则：赫尔规则标准和适当补偿标准。赫尔规则为发达国家倡导，逐渐成为各国比较普遍采用的规则，即要求实行国有化和征收的东道国政府有义务以"充分、有效和及时"的方式补偿外国投资者的一切损失，并认为这是起码的国际最低标准。该规则以1938年美国国务卿赫尔首次提出而得名，现为各国采用国有化和征收补偿或赔偿标准的主流。适当补偿标准投资国双方在遵循联合国宪章、相互尊重主权完整、平等互利，既考虑到外国投资者的利益，又兼顾实行国有化国家的实际情况，按国际惯例，一般都参照资本输入国的国内法律的基础上，制定出在金额、支付时间、支付方式等方面相互都能接受的赔偿标准。其理论源于19世纪60年代形成的"卡尔沃主义"，更加流行于拉丁美洲国家，也为若干发展中国家采用。

5. 海外投资法

海外投资法是指资本输出国关于调整对外直接投资的法律规范，它包括海外投资鼓励及管理和投资保障两部分。海外投资鼓励主要有：第一，通过单方面制定税收减免法或同受资国签订双边协定的办法，减轻或消除海外投资者双重课税负担；第二，通过国家行政机关或经济、商业情报中心为海外投资者提供东道国的潜在或现实的情报资料，提供项目评估服务或资助；第三，政府通过金融机构对海外投资项目给予资金资助，主要表现为输出国一般通过设立特别的金融机构，对本国私人投资者的海外投资以出资或贷款的方式，或建立特别制度或基金，提供优惠金融服务给予资助；第四，对海外投资提供技术援助和技术培训、咨询或其他经济援助。为确保海外投资有利于本国发展，实现投资目标，输出国政府对海外投资有一些管制性措施。近年来随着中国企业"走出去"战略的推行，中国的海外投资法也在不断完善之中。

投资保障方面有海外投资保险制度（Over seas Investment Insurance System）。它亦称为"海外投资保证制度"，意为资本输出国政府保护和鼓励本国私人海外投资而对海外投资者在国外可能遇到的政治风险，提供保证或保险。投资者向本国投资保险机构申请保险后，若承保的政治风险发生致使投资者遭受损失则由国内保险机构补偿其损失的法律制度。它是国际投资保护的重要制度，也是资本输出国保护与鼓励本国私人海外投资的国内制度。这种制度起初主要是国内法律制度，后来通过双边协定来提供保障，但不论形式如何，它们均适用于私人海外投资。

（三）国际投资的国际法

1. 双边投资条约

双边投资条约（BIT）是指国与国之间就外国直接投资关系中的相互权利和义务等所达成的国际条约或协定。现代的双边投资条约都具有互惠性质，缔约双方权利和义务是对等的。双边投资条约可以是一部单独的国际投资专门协定，也可以投资专章或投资条款的形式存在于广义的自由贸易协定（FTA）中。双边投资条约根据其内容可以分为投资保护协定和投资保险协议两类。

投资保护协定是东道国与投资国之间订立的、旨在鼓励、保护和促进两国间私人直接活动的双边协定与条约之总称，两国通过协议的形式相互承担法律义务，给予缔约他方的国民在其境内的投资以必要的保护和安全保障。其主要内容有以下几点。第一，关于缔约各方允许和鼓励其国民在彼此境内投资及受保护的投资者和投资的规定，在这里需要界定受保护的投资和投资者。第二，关于投资待遇的规定，需要明确规定最惠国待遇、国民待遇，必要时规定公平公正待遇。第三，关于投资保护标准的规定，主要涉及对征收和国有化给予补偿的条件和形式的规定。双边投资保护协定中的投资保护标准主要针对国有化或征收问题。投资东道国为了吸引外资，原则上都在投资保护协定中做出一般情况下不会实行国有化或征用的承诺。同时又做出补充规定：在特殊情况下，根据社会公共利益需要，可以对外资依法律程序在一定的条件下按一定的方式实行征收和国有化，并给予相应或适当补偿。第四，关于投资的收益、资本抽回和自由兑换及转移的规定。由于有的国家存在外汇管制问题，这方面的约定必不可少。外国投资者通常要求东道国政府保证其投资原本、利润和其他合法收益可自由兑换为硬通货，并可自由地转出东道国境外，而东道国的规定往往带有一定的限制。第五，关于解决缔约一方政府与他方国民之间投资争端的方法和程序的规定。按照各国在投资保护协定中的约定和形成的国际惯例，对投资争议可采取协商和解、国际商事仲裁和司法诉讼等不同的方式处理，其中国际商事仲裁是最常见的解决方式。第六，关于权利主张代位规定。代位权是指投资者母国对其投资者在东道国因政治风险遭受的损失予以赔偿后输出国政府将取得投资者在东道国的有关权益和追偿权。

投资保险协议又称投资保证协议，是投资国与东道国之间签订的一种不涉及投资待遇，而主要规定在出现约定情形时投资国通过保险制度给予投资者一定赔偿并取得向东道国代位求偿权等内容的双边协定。

2.《华盛顿公约》

1965 年制定的《关于解决国家与他国国民之间投资争端公约》（*Convention on International Centre for Settlement of Investment Dispute*，ICSID 公约）也叫《华盛顿公约》，是为世界银行集团支持下成立的关于设立国际投资争端解决中心（ICSID）的国际公约。该中心成立于 1966 年，是解决缔约国与其他缔约国国民之间的投资争议和实施公约的常设机构，属于世界银行集团下属的一个机构。

《华盛顿公约》有实体规定和程序规定。实体规定主要有关于国际投资争端解决中心的法律地位和职能的规定，并明确了该公约只适用于国家与私人（即东道国与外国投资者）之间的投资争端。国际投资争端解决中心的争端解决机制属于投资仲裁性质，因此国际投资争端解决中心为投资仲裁机构。

公约规定的解决争端的程序为调解程序和仲裁程序两种，当事人可以提交其中的任何一种。调解程序是在当事人之间进行斡旋，使当事人就双方经过妥协均可接受的条件达成协议；仲裁程序是根据法律规定对争端作出具有约束力的仲裁解决。仲裁程序规定，仲裁庭的组成可由双方同意的独任仲裁员或三名仲裁员组成，后一情况双方可各指定一名，首席仲裁员由双方协商指定，仲裁员国籍不得与任何一方相同。裁决应以全体成员的多数票作出，并应采取书面形式，由赞成裁决的成员签署。

规定有仲裁裁决的撤销和执行程序。当事人有下列情况的，可向秘书长提出撤销的请求：①仲裁庭组成不当；②仲裁庭显然超越其权限范围；③仲裁庭成员有受贿行为；④仲裁有严重背离基本程序规则的情况；⑤裁决未陈述其所依据的理由的。没有被撤销情形的中心裁决相当于缔约国法院的最终判决，各国法院不得对它行使任何形式的审查。

3.《多边投资担保机构公约》

《多边投资担保机构公约》（MIGA）于 1985 年 10 月 11 日在世界银行年会上通过，1988 年 4 月 12 日正式生效。根据该公约建立了多边投资担保机构，属于世界银行集团的成员，但同时又是独立的国际组织。公约第三条明确规定促进资本流向发展中国家，对投资的非商业性风险予以担保。

根据 MIGA 的《投资担保指南》（*Investment Guarantee Guide*），MIGA 对下面几种类型的政治风险提供担保。①汇兑限制（Currency Transfer Restrictions）：当投资者不能将以东道国的货币形式存在的资本金、利息、本金、利润、特许权使用费等兑换成外汇汇出东道国时，MIGA 补偿投资者的损失。对货币汇兑的拖延亦视为风险内容。②没收（Expropriation）和类似措施：当东道国政府减少或取消投资者的所有权、控制权等权利时，MIGA 补偿投资者的损失。除了彻底的国有化和没收外，还承保"逐渐进行的没收"（Creeping Expropriation）。③违约（Breach of Contract）：在东道国政府违约时，MIGA 担保投资者的损失。但是前提是被担保人（投资者）必须用尽当地救济，即出现违约时，投资者必须首先按照被担保的合同中规定的争端解决方式解决争端，争取从东道国政府取得赔偿。在用尽当地救济之后，如果投资者仍有损失，则可以向 MIGA 申请补偿。④战争与民众动乱（War and Civil Disturbance）：MIGA 担保范围还包括东道国国内有政治意图的战争或者民众动乱（包括革命、起义、政变）而造成的损失。恐怖行为和破坏行为（Terrorism and Sabotage）而导致的损失也在 MIGA 的担保范围之内。公约规定了合格的投资、合格的投资者和东道国条件。担保的标准期限是 15 年，最短 3 年，最长可达 20 年。

二、"一带一路"投资的国际投资法问题

（一）"一带一路"投资的法律风险与对策

1. 国际投资风险与法律风险

国际投资风险是指国际投资在特定的环境和特定的时间内，由于各种不确定因素的存在，客观上导致国际投资项目的实际收益与预期值之间的差距或国际投资的经济损失。它首先是商业风险，即在海外投资中可能会遭受的财务风险、利率风险、市场、变现风险等经营上的风险。它们都是在商业交易中的某一方或双方的交易过程中所发生的风险。商业风险属于一般经营风险，并非法律问题。非商业风险是指除了商业风险以外的海外投资风险。它是指由投资所在东道国政府及相关组织在政治、社会、法律等不确定因素影响下的作为或不作为，给外国投资者造成的风险。由于这样的风险是在特定的投资环境下发生，

很难为投资经营者或交易者所能预防和控制,很多具有突发性。非商业风险中最常见的就是法律风险,而政治风险等非商业风险也往往以法律风险的形式表现出来。

国际投资中的法律风险直接与法律问题相关联。主要有投资东道国的法律规定和政策变化风险、收购资产的合法性及权属引起的隐藏财务风险及诉讼风险、投资东道国外资审查风险、因政治风险等非商业风险引发的法律风险等。后者比如政权更替风险、国有化及征收风险、战争和武装冲突风险、激进主义风险、国际制裁风险等。

2. "一带一路"投资的法律风险

"一带一路"投资地区很多都是发展中国家,一方面需要引进外来投资,特别是基础设施建设投资,另一方面政局不安定,法制不健全,对中国投资者而言往往要承受更大的法律风险和政治风险。比如中亚和中东的很多国家都是国际投资的高风险地区,一般外国投资者都很有顾虑,但由于地处"一带一路"节点位置,而且这些国家与中国之间有着比较友好的关系,导致中国企业的投资也会大规模地进入这些国家。这样建立在友好关系和地缘优势上的"一带一路"投资就很容易遭受政权更替的影响。

3. "一带一路"投资的法律风险的预防

以上是有风波但最终得到圆满解决的例子,但是并不意味着"一带一路"投资都能有这样圆满的结果。中国在"一带一路"沿线国家的投资竞标和中标参与的基础设施建设项目很多,在中东地区有土耳其伊斯坦布尔到安卡拉高铁项目、伊朗雅达瓦兰油田项目、埃及苏伊士经贸合作区、沙特阿拉伯的若干个铁路项目;在中亚有中吉(吉尔吉斯斯坦)乌(乌兹别克斯坦)铁路、中塔(塔吉克斯坦)公路、吉尔吉斯南北公路、哈萨克斯坦双西公路和光明大道计划、土库曼斯坦到新疆边境接轨中国西气东输天然气管道的能源大通道;在俄罗斯有莫斯科到喀山的高铁计划;在东盟有雅万高铁、老挝北方电力工程、马来西亚关丹工业园、印度尼西亚苏腊巴亚到马都拉的跨海大桥、中缅通道的输油管和输气管;中巴经济走廊包括水电站、燃煤电站、核电站、风力发电站、瓜达尔港等大量的"一带一路"工程;非洲的肯尼亚蒙巴萨到内罗毕的蒙内铁路、埃塞俄比亚的亚的斯亚贝巴到吉布提的亚吉铁路、几内亚的凯乐塔水电站;等等。这是世界史上都难得一见的全面铺开四处开花的基础设施建设投资工程。但我们看到,很多地方都是处于政治不安定状态之中,有的处于激进主义、恐怖主义威胁之下,还有的国家甚至有可能遭遇国际制裁,处于国际投资的高风险状态下,必须有充分的预防机制。

如何防范这些风险?第一,必须对发生各种法律风险的可能性有充分的认识和评估。要建立"一带一路"海外投资风险评估机制,定期发布海外投资风险报告,对不同国家和地区的各类法律风险进行分级评估,分别进行不同程度的风险管理。第二,完善"一带一路"投资合同的相关条款内容,将东道国动乱、政治变动等风险写入投资合同中的不可抗力条款,并明确援引不可抗力条款免除责任的具体要求,增强适用不可抗力条款的可预期性和稳定性。第三，积极运用海外投资保险机制。中国投资者可以在综合评估东道国动乱风险的基础上，选择向多边投资担保机构（MIGA）或中国出口信用保险公司进行投保。第四，多方位运用海外投资争端解决机制。中国投资者应考虑在投资合同中完善投资争端解决方面的规定，具体包括：适度保留投资者母国或第三国法院的司法管辖权、增加国际投资仲裁条款，以及在特殊情形下，考虑请求中国政府适度行使外交保护权。

（二）"一带一路"投资与双边投资条约的法律保障

1."一带一路"投资中双边投资条约法律保障的重要性

国际投资领域缺乏世界贸易组织那样全面的综合性国际投资协定，其结果是，在国际投资及其保护方面成为双边投资条约充分发挥作用的舞台，"一带一路"投资也概莫能外。就国际投资关系的调整和规范而言，目前国际社会主要依靠的就是双边投资条约。在两个主权国家签订的协定中，两个主权国家根据条约必须遵守的原则让渡一部分主权并对其主权进行限制。

在当今国际投资保护条约体系中，双边投资条约是其中的核心，构筑起保障中国"一带一路"投资的屏障。在经济主权观念影响下，这些投资非常容易受到投资东道国的任意干预，其正当权益在各种国际投资中处于非常脆弱的状态，因此非常需要投资东道国做出国际约束，特别是国际条约法的约束。在多边投资协定机制严重缺失的今天，双边投资条约是否存在就成为"一带一路"投资能否得到有力保障的关键所在了。实践也表明，两国间只要签署有各种类型的双边投资条约的，国际投资就能够得到充分保护。

2."一带一路"投资的双边投资协定保护网络的构建

"一带一路"投资中如何运用双边投资协定保障中国投资者的权益，必须对中国在"一带一路"投资中的定位有所明确。投资协定是以鼓励和保护外国投资为基本目的。对中国而言，以往中外投资协定关于投资待遇、征收补偿等条款主要功能是用来保护外国投资者利益的，但随着中国企业走向世界，以投资者的身份进入到"一带一路"沿线国家，这样的条款功能就开始逐步转变为同时也能保护海外中国企业投资的功能了。总体上看，一部中外投资协定的规定如果将投资者享受的待遇渐渐提高，受保护程度逐渐加强，就越有利于中国企业在"一带一路"沿线国的投资得到保护。现在中国签订的中外投资协定超过130部，其中与"一带一路"丝绸之路经济带和21世纪海上丝绸之路沿线国家有56部，此外还与11个沿线国家签署有自由贸易协定。它们构成了"一带一路"投资的双边投资协定保护网络，但是还需要进一步完善这样的网络，可以从以下几个方面努力。

第一，进一步扩大中国与丝绸之路经济带和21世纪海上丝绸之路沿线国家的双边投资协定的覆盖面。现在这一区域中外投资协定尚未覆盖的国家还有十几个，如果把东非加上就更多了。没有签订投资协定的国家往往国际化水平也比较低，但恰恰是缺乏基础设施建设的国家，更需要来自中国的投资。所以需要加强与这些国家之间的投资协定谈判，尽早签订双边投资协定，使中国企业能够得到投资协定给予的法律保护。这才能使得中国企业放心到这些国家投资，促进基础设施建设和经济发展。

第二，尽快实现中国与"一带一路"沿线国家投资协定的升级换代。在"一带一路"投资中，中国更多地扮演着投资者的角色。我们已经不能简单地用以往发展中国家还是发达国家的双边投资协定类型来衡量中国投资协定的定位和功能了，必须更多地体现出对投资者权益的保护。即使对方是"一带一路"发达国家，强化对投资者的保护也符合双方利益，相应的投资协定也是需要升级换代的。中国已经与德国、法国、比利时、芬兰、葡萄牙、西班牙、乌兹别克斯坦、韩国、尼日利亚等国完成了双边投资协定的升级，重新按照更加保护投资者利益的新型投资协定条款签订了新的双边投资协定。这样的升级换代还要逐步扩大到其他已经签订的中外投资协定中。

第三，在进一步的中外投资协定谈判中增加保护投资者的条款。由于中国自贸区试验已经获得很大的成功，可以全面写明国民待遇条款，并在条件成熟情况下写入准入前国民待遇条款，以利于中国企业在"一带一路"沿线国家的投资准入。公平公正待遇条款也需要普及化。对于征收和国有化条款，应该更加明确非歧视和正当程序要求，并且在补偿问题上接受"赫尔规则"，即充分、及时和有效补偿，放弃适当补偿的主张。投资争端解决条款上，现阶段强化与国际投资争端解决中心的联动，并同时促进专门的"一带一路"争端解决机制的建立。

第八章 "一带一路"投资与司法

第一节 国际民商事司法协助概述

一、国际民商事司法协助的内容

（一）国际民商事司法协助的内容与特征

国际民商事司法协助是国际民事诉讼程序的重要组成部分。国际民事诉讼程序，是指含有国际因素的民事诉讼。国际民事诉讼法是指规定国际民事诉讼程序的各种法律规范的总和。其内容主要包括以下几个方面：①有关外国人（自然人、法人、其他经济组织）、外国国家或国际组织民事诉讼地位的规范；②有关国际民商事案件的法院管辖权规范；③有关国际民事诉讼中不同国家主管机构之间开展的司法协助规范，具体包括司法与司法外文书的域外送达、域外调查取证、一国法院判决或仲裁庭裁决在另一国家的承认与执行等规范。

国际民商事司法协助具有以下几个特征：①程序性。属于一国民事诉讼程序的特殊组成部分，指导法院审理涉外民事案件的专用特殊程序。②涉外性。从一国法院的视角来看，国际民商事司法协助是具有涉外因素的特殊程序，其判断标准也采用法律关系或特定争议涉外性的"三要素"标准，是一国法院审理国内案件时不会适用的特殊专门程序规则。此外，对于"复合"法域国家而言，涉外民商事司法协助不仅指主权国家之间的司法协助，还包含了区际司法协助，例如，我国大陆与香港、澳门特别行政区以及台湾地区彼此之间开展的司法协助也是涉外司法协助，除了基于一个国家原则之外的特殊规定外，其他的司法协助事项与规则与纯粹的国家之间的司法协助没有区别。③民事性。国际民商事案件司法协助本质上是一国国际私法的重要组成部分，其适用对象仅限于民商事领域的司法协助事宜，不包括不同国家或法域之间基于国际条约而展开的刑事司法合作。如引渡、被判刑人移管等。

（二）国际民商事司法协助的法律依据

国际民商事司法协助的法律依据包括国内法依据与国际法依据等两个方面。就我国涉外民商事司法协助而言，国际法依据包括我国参加缔结的多边国际公约与双边国际司法协助协定。其中多边国际公约包括：①调整民商事司法与司法外文书送达的 1965 年《关于向国外送达民事或商事司法文书和司法外文书公约》（以下简称《海牙送达公约》）；②调整域外民商事取证事项的 1970 年《关于从国外调取民事或商事证据的公约》（以下简称《海牙取证公约》）；③关于裁决相互承认与执行的 1958 年《承认及执行外国仲裁裁决公约》（以下简称《纽约公约》）。此外，我国还与多个国家订立了民商事领域的双边司法协助协定。上述司法协助协定一般就域外送达、域外取证、判决与仲裁裁决的相互承认与执行等司法协助事项作出规定。如果司法协助协定的缔约国同时也是《海牙送达公约》《海牙取证公约》或者《纽约公约》的缔约国，则按照公约规定以及我国最高人民法院加入上述公约的相关通知，应当优先适用双边司法协助协定的规定。

就我国的区际司法协助而言，国际条约作为国际法的渊源，不能成为我国区际司法协助的法律依据。中华人民共和国主权下的四个独立法域之间开展的民商事司法协助除了各法域的域内法（如中国大陆的民事诉讼法及其司法解释的涉外民事诉讼程序特别规定也适用于港澳台地区）以外还包括基于基本法而作出的内地与港澳特别行政区的相关安排以及海峡两岸海协会与海基会签署的框架协议。

二、国际民商事司法协助的基本原则

国际民商事司法协助主要涉及一国主管机构（法院）或当事人向另一国主管机构提出的有关文书送达、协助调查取证以及请求承认与执行法院判决或仲裁裁决等事项，与国内民事诉讼中的送达、取证或判决、裁决执行不同，涉及两个主权国家之间的关系。因此，需要遵守国际法上的一般原则，即国家主权原则、互惠对等原则以及公共秩序保留原则。而区际司法协助的情形与国与国之间的司法协助不同，主要应遵循"一个国家"、协商一致及相互尊重、司法互信与简便高效以及适当参照国际公约与国际惯例原则。

（一）国家主权原则

国际民商事司法协助的国家主权原则主要体现在一国主管机关或当事人提出司法协助请求必须基于两国共同参加或缔结的国际条约，请求和提供司法协助，应当按照我国缔结或参加的国际条约所规定的途径进行，没有条约关系的，通过外交途径进行。与我国没有司法协助协议又无互惠关系的国家的法院，未通过外交途径，直接请求我国法院司法协助的，我国法院应予退回，并说明理由；在送达领域，我国在加入《海牙送达公约》时基于主权考虑，对"邮寄送达"作出保留；在域外取证领域，我国在加入《海牙取证公约》时对"特派员取证"与英美国家通过个人取证的审判前发现程序均以维护国家主权为由予以保留。此外，在外国法院判决或外国仲裁裁决的承认与执行问题上，我国国内立法也明确规定了对违反我国主权、安全以及社会公共利益的判决仲裁裁决与裁决不予执行的立场。

（二）互惠原则

互惠原则指各主权国家在平等基础上相互给予司法协助，包括相互承认和执行对方法院的判决和仲裁裁决。多数国家立法规定，如果有关国家之间不存在互惠关系，则一国法院可以拒绝提供司法协助。互惠可以分为条约互惠与事实互惠，国际民商事司法协助建立在国与国之间相互平等、互惠互利的基础之上。其中条约互惠是国家主权原则的延伸，此种互惠因受到具有法律约束力的国际条约的保障，因此是稳定和可预期的。而事实互惠因缺乏条约的保障，存在极大的不确定性，容易受到两国政治关系的影响。同时，事实互惠往往与对等原则相结合。即当没有条约关系的一国法院或当事人向另一国法院提出司法协助请求时，如果发现另一国法院曾对其司法协助请求予以拒绝，则可以认定双方不存在互惠关系并以对等原则拒绝提供司法协助。

（三）公共秩序保留原则

公共秩序保留原则是国际私法的重要原则，它不仅是一国法院排除外国法适用的有利工具，同时也是一国法院拒绝向他国提供民商事司法协助的重要事由。我国民事诉讼法也规定：外国法院请求协助的事项有损于我国主权、安全或社会公共利益的，我国法院不予执行。公共秩序保留原则也体现在我国参加或缔结的相关国际条约中。

不过，由于缺乏被国际社会认可的统一的"公共政策"标准，这一原则极易被国内法院滥用。公共秩序保留原则的适用应当在坚持国家主权与平等互惠的基础上加以运用，在实践中应对其进行限缩而非扩张解释。我国法院对外国仲裁裁决的承认与执行方面就体现出从宽泛解释到限缩解释的实践过程，包括明确违反我国的强制性、禁止性规定不等于违反我国的公共秩序等司法裁判标准。此外，我国最高人民法院还通过"内部报告制度"限制下级法院可能对这一原则的滥用。

第二节　国际民事诉讼中的司法保障

除了准确适用法律，"一带一路"投资也离不开沿线国家有效的司法程序保障。一般而言，一国法院在审理涉外民商事案件时，首先要确定对该案件是否具有司法管辖权，在确立司法管辖之后，才会依据本国的冲突规范适用准据法，在适用外国法时，如何查明外国法并加以准确适用也是"一带一路"投资当事人合法权益的重要司法保障。同时，涉外案件的审理还离不开其他的司法程序保障，如对域外形成证据的认定等。

一、国际民事诉讼管辖权问题

国际民事案件司法（诉讼）管辖权是指一国法院或具有审判权的其他司法机关受理、审判具有国际因素的民事、商事案件的权限。它涉及和解决的是某一特定的民商事案件究竟由哪一个国家法院行使管辖的问题。在明确了应由哪一个国家法院管辖后，该案件应由该国的哪一个具体法院管辖取决于该国国内法的规定，通常涉及该国的级别管辖、地域管辖与专业性管辖等。法院的司法管辖权来源于国际法上的国家管辖权，是国家主权的具体体现，除非通过国际条约分配或当事人有限的协议选择，很少有国家会主动放弃与本国相关的法定管辖。不过在英美法上存在"非方便法院"原则，在某些情况下，法院也会基于不方便法院原则主动放弃与其利益关联不大案件的管辖权。

国际民事诉讼中的司法管辖权可以从不同的角度进行分类。例如直接管辖权与间接管辖权，对人诉讼管辖权与对物诉讼管辖权，属地管辖权与属人管辖权，专属管辖权与任意管辖权，法定管辖权与协议管辖权等。直接管辖权主要指当涉外案件中的当事人向一国法院提起诉讼时，该法院依据其国内法或国际条约决定自身是否可以受理，间接管辖权则从内国法院的角度判断某一外国法院是否对特定案件享有管辖权，其涉及的是外国的管辖权判断是否可以在内国产生效力，因而通常发生在内国法院承认和执行外国法院判决的审查阶段。本章主要探讨法院的直接管辖权问题，间接管辖权因涉及判决相互承认与执行问题，因此是司法协助中的一项重要制度。

国际民事案件司法管辖权具有重要的意义。首先，国际民事案件司法管辖权是一国法院审理有关案件的前提条件；其次，国际民事案件管辖权直接影响案件的判决结果；最后，国际民事案件管辖权直接影响当事人的合法权益。

就一般管辖而言，各大法系存在属地管辖、属人管辖以及有效管辖等三大基础管辖原则。有效管辖以法院是否能对案件行使有效控制为标准，主要为普通法国家所采用；属人管辖则以当事人一方是否为本国国民（国籍标准）为依据行使的管辖权，如以法国为代表的国家；属地管辖则以案件和当事人与特定国家的客观联系为一般标准确立的管辖权，其核心是被告的住所地是否位于管辖国家领域之内。我国民事诉讼法以属地管辖作为确立涉外民事案件的一般管辖权则。即所有的涉外民事案件，只要原告向我国法院起诉时，被告的住所位于我国境内，我国法院就享有管辖权。

除了"原告就被告"这一基本管辖规则之外，我国民事诉讼法与海事诉讼特别程序法还就被告住所（惯常居所）不在我国境内的涉外案件规定了特殊管辖以及与身份诉讼有关的原告住所地管辖原则。

二、外国法查明概述

（一）外国法查明的概念

外国法内容的查明，又称外国法内容的证明（Proof of Foreign Law），是指一国法院在审理涉外民商事案件时，如果依本国的冲突规范应适用某一外国实体法，如何证明该外国法关于这一特定问题规定的问题。外国法内容的查明是国际私法中的一项特有制度，也是影响一国冲突规范效力的重要制度。这是因为一国法院在审理涉外民商事案件时在很多情况下需要根据冲突法的指引适用外国法，而客观上，由于各国法律规定千差万别，纷繁复杂，任何一国的法官只负有了解和熟悉本国法的义务，不可能通晓世界上所有国家的法律。因此，国际私法必须对查明外国法的途径、责任主体以及外国法内容的认定进行规定，进而引导受理案件的法官准确适用准据法。当一国法官经过法定的查明途径无法查明外国法或无法确定外国法的内容时，通常被视为外国法查明不能。在此情况下，冲突规范的效力将受到极大的影响，因为在外国法无法查明的情况下，各国国际私法通常规定将以法院地法代替本应适用的外国准据法，这显然背离了该国冲突规范本来的立法目的。

英美法与大陆法国家在查明外国法时对外国法的性质，即其究竟应被视为法律还是事实有不同的理解。在英美法系国家，外国法律不被承认为"法律"，而是被作为"事实"，而在大陆法系国家，一般承认外国法律的"法律"属性。由于两大法系对外国法律性质的理解不同，因此，一国法院按照冲突规范适用外国法时就存在当事人举证主义与法官查明主义的对立。不过现在这种分歧越来越模糊。我国法院在实践中并未采取绝对的法律说或事实说，而是综合上述两种学说，在外国法的查明、举证主体及查明途径等问题上以法院查明为主，但在当事人协议选择法律的情况下则由当事人举证证明。

（二）外国法查明、举证主体及途径

在《中华人民共和国涉外民事关系法律适用法》颁布前，我国对于外国法查明的规定散见于相关司法解释或司法意见中，并没有专门的立法予以规定。早期，外国法查明主体只能是我国法院，这就意味着外国法被视为纯粹的"法律"，只能由司法机关查明，而非"事实"由当事人举证证明。

在外国法系因当事人意思自治而选择的情况下，当事人有举证和提供外国法的法定义务，而基于其他冲突规则所选择的外国法，则应由法院主动查明，当事人仅具有非强制的协助义务。

（三）外国法查明不能的认定与补救

实践中，基于各种原因，外国法无法查明是涉外民商事案件审判中的普遍现象。在外国法无法查明的情况下，我国立法及司法实践长期以来坚持以中华人民共和国法律替代本应适用的外国法。在当事人有义务证明或提供的情况下，只要当事人在人民法院指定的合理期限内无正当理由未提供该外国法律的，就可以认定为不能查明外国法。这一规定规范了"查明不能"的司法尺度，不过仍然为法院留下了一定的裁量空间，如在当事人提供外国法的情况下，法院对"合理期限""无正当理由"等的认定就享有自由裁量权。法院的能动司法，防止法院轻易以"查明不能"为由以我国法律替代本应适用的外国法。具体包括：①在当事人有义务提供外国法的情况下，人民法院如果了解查明途径，可以主动告知当事人；②当事人不能提供、按照我国参加的国际条约规定的途径亦不能查明的外国法律，可在一审开庭审理之前由当事人共同指定专家提供，从而最大限度地减少查明不能的司法认定。

第三节 "一带一路"投资与司法保障

一、"一带一路"投资与管辖权冲突的协调

"一带一路"投资产生的商事争议主要涉及我国民事诉讼法中的一般管辖（原告就被告），合同、侵权以及其他财产权益纠纷的特殊管辖、专属管辖以及协议管辖等管辖权确定及其关系等问题，从国际视角看，还会涉及不同国家的管辖权冲突及其协调解决方法。

（一）"一带一路"投资与当事人协议管辖

当事人协议管辖系指允许当事人通过协议将一定范围内的国际民商事案件交由某国法院受理。协议管辖是被各国普遍承认的涉外民事案件管辖依据之一，是当事人意思自治原则在管辖权上的表现。不过当事人能在多大范围内通过协议确定管辖法院，各国的诉讼立法存在较大的差异。对当事人协议管辖的承认与尊重具有重要的意义，由于协议管辖可以改变除专属管辖之外的法定管辖，因此有利于各国管辖权冲突的解决，也有利于法律的确定性与可预期性。

合同或其他财产权益纠纷的当事人可以书面协议选择被告住所地、合同履行地、合同签订地、原告住所地、标的物所在地等与争议由实际联系地点的人民法院管辖，但不得违反本法对级别管辖和专属管辖的规定。从字面理解，该条规定将当事人选择的法院限定在人民法院，似乎排除了涉外案件当事人选择外国法院的权利，这显然与协议管辖制度的设立初衷相左。涉外合同或其他财产权益纠纷的当事人，可以书面选择被告住所地、合同履行地、合同签订地、原告住所地、标的物所在地、侵权行为地等与争议由实际联系地点的外国法院管辖。此外，我国民事诉讼法还承认推定协议管辖，即当事人未提出管辖权异议，并应诉答辩的，视为受诉人民法院有管辖权，但违反级别管辖和专属管辖规定的除外。

所谓充分尊重，首先，指在我国法律规定框架下，尽可能认定涉外案件当事人选择司法（包括外国法院）管辖的权利。例如《中华人民共和国民事诉讼法》（以下简称《民事诉讼法》）虽然规定协议管辖应当采用书面形式，但在实践中，如果一方当事人向我国法院起诉，另一方当事人未提出异议的，则应视为双方当事人达成了书面协议。

其次，"充分尊重"还应体现在对"与争议有实际联系"的灵活解释。《民事诉讼法》规定当事人选择的法院应当与争议有实际联系，在实践中，我国法院应当不拘泥于民事诉讼法及其司法解释所列举的联系地点，而应尽可能对"实际联系"作出灵活解释，最大限度尊重当事人选择管辖法院的权利。在海事纠纷诉讼中，如果纠纷当事人都是外国人、无国籍人、外国企业或组织，当事人书面选择中华人民共和国海事法院管辖的，即使与纠纷有实际联系的地点不在我国领域内，我国海事法院对该纠纷也有管辖权。

最后，"充分尊重"还应体现在当事人选择司法管辖应当被解释为管辖权在不同国家

之间的分配，即使当事人违反了我国《民事诉讼法》关于级别管辖、地域管辖或专业法院管辖的规定，也不应直接认定协议管辖条款无效，而应当根据我国国内法的规定指定具体的受案法院，当事人如果约定由地方人民法院管辖的，应当认定为无效，但当事人选择我国法院管辖的约定不受影响。

（二）"一带一路"投资中的管辖权冲突及其协调

"一带一路"投资争议至少涉及两个国家，由于每个国家对司法管辖的法律依据规定不同，因此客观上存在两个或两个以上相关国家对同一案件或争议都享有管辖权，或者相关国家都不具有管辖权的管辖权积极冲突与消极冲突现象。国家间管辖权的冲突是国际民事诉讼中的一种客观存在，会造成实践中的"平行诉讼"或"管辖真空"，不利于国际民商事关系的稳定。此外，"一事两诉"还会徒耗国家的司法资源。要遵循国际条约和国际惯例，科学合理地确定涉沿线国家案件的联结因素，依法行使司法管辖权，既要维护我国司法管辖权，同时也要尊重沿线各国的司法管辖权，充分保障"一带一路"建设中外市场主体的诉讼权利。我们认为，解决"一带一路"国家之间的平行诉讼，减少管辖权的积极或消极冲突的目标可以通过以下途径得以实现。

1. 通过国际条约对管辖权作出分配

事实上，通过多边或双边司法协助协定对各国管辖权作出分配，是解决管辖权冲突的最有效方法。目前我国对外签订的双边司法协助协定通常都对我国与缔约对方国家的管辖权问题作出分配，其中也不乏"一带一路"沿线国家。鉴于国际范围内协调各国管辖权多边公约供给的严重不足，我国应主动寻求与更多"一带一路"沿线国家达成双边司法协助协定，或者促成更多的国家签署批准《海牙协议选择法院公约》。

2. 承认当事人协议管辖原则

正如前文所述，承认和尊重涉外案件当事人的协议管辖是减少甚至消除管辖权冲突的有效方法。鉴于各国允许协议选择司法管辖的案件通常限定于商事案件，较少涉及一国的公共秩序或善良风俗。因此，协议管辖原则获得国际社会的普遍认可。《海牙协议选择法院公约》的成功实施也充分证明各国在协议管辖事项上较易达成共识。如何通过借鉴《海牙协议选择法院公约》的规定或考虑加入该项公约，进一步放宽对协议选择的限制，最大限度尊重当事人的意思自治应当成为我国未来的努力方向。

3. 尊重他国的专属管辖

专属管辖又称排他性管辖，系指国家对一定的国际民商事案件无条件地保留受理和裁决的权力，从而排除其他国家法院对这类案件行使管辖权。①通常各国仅对涉及本国公共政策和重大利益相关的事项规定专属管辖，即凡属于专属管辖的案件，不承认其他国家根据其他联结因素确定的管辖权。即使他国法院依其本国法确立了管辖，该法院作出的判决将得不到内国法院的承认与执行。专属管辖是国家主权原则在国际民商事案件管辖权上的突出体现，因此在立法实践中，各国通常将其限定在较窄的范围之内。凡是我国法院依法享有专属管辖的案件，外国法院无权管辖，当事人也不得约定由我国境外的法院管辖，但协议选择仲裁的除外。除尽量减少本国专属管辖权方面的规定以外，对他国专属管辖权予以尊重，即凡属他国专属管辖范围的案件，内国法院不再依据自己的法定管辖行使管辖权，或者在判决承认与执行阶段对外国法院专属管辖的尊重也是减少管辖权冲突的有效方法。

在"一带一路"倡议及国际投资自由化与便利化的时代背景之下，特别是三类投资合同在我国立法下已经允许当事人通过有效仲裁协议加以排除的情形下，笔者认为继续坚持在我国境内履行的三类合同只能由我国法院专属管辖的法律规定意义已经不大。

4. 运用"不方便法院原则"

"不方便法院原则"是英美国际民事诉讼法上的一项重要制度，该项制度在解决管辖权的积极冲突上也可以发挥重要的作用。涉外民事案件同时符合下列情形的，人民法院可以裁定驳回原告的起诉，告知其向更方便的外国法院起诉：①被告提出适用"不方便法院原则"的请求，或者提出管辖异议而受案法院认为可以考虑适用"不方便法院原则"；②当事人之间不存在选择我国法院管辖的协议；③案件不属于我国法院专属管辖；④案件不涉及我国公民、法人或者其他组织的利益；⑤案件争议发生的主要事实不在我国境内且不适用我国法律，我国法院若受理案件在认定事实和适用法律方面存在重大困难；⑥外国法院对案件享有管辖权且审理案件更加方便。

"不方便法院原则"建立在"国际礼让"的基础之上，是一国法院对自己管辖权的"谦抑"行使。我国法院仅在我国法院依法享有管辖权，但案件或当事人与我国关联不大，且我国法院审理不便，而有更方便受理的外国管辖法院的情况下才会运用"不方便法院原则"。在审理涉"一带一路"国家案件时，对这一原则的运用应当严格按照法律规定的条件进行审查，不轻易动用"不方便法院原则"否定自身管辖权，从而避免当事人因无法在其他国家法院提起诉讼而丧失应有的司法救济。

5. 运用"一事不再理原则"

"一事不再理原理"又称先诉法院优先原则。是指同一案件在其他国家法院已经被受理或者其他国家法院已经作出判决的情况下，如果当事人又到内国法院提起诉讼，内国法院应在某些条件下中止本法院的诉讼，等待外国法院的判决结果。"一事不再理"是国内民事诉讼案件管辖的基本原则，也是解决国际民事诉讼管辖权冲突的有效手段。但在国际民事诉讼中，一国法院是否适用"一事不再理"取决于国内立法及该国参加或缔结的国际条约的规定。我国立法有条件地承认这一原则。中华人民共和国法院和外国法院都有管辖权的案件，一方当事人向外国法院起诉，而另一方当事人向中华人民共和国法院起诉的，人民法院可予受理。判决后，外国法院申请或者当事人请求人民法院承认和执行外国法院对本案作出的判决、裁定的，不予准许；但双方共同缔结或者参加的国际条约另有规定的除外。因此，除非条约或法律另有规定，我国法院原则上不受"一事不再理原则"的限制。如果外国法院判决、裁定已经被人民法院承认的，则当事人就同一争议再次向人民法院起诉的，人民法院不予受理。不过上述规定并未区分我国法院和外国法院受案的先后顺序，应当理解为即使外国法院已经先行受理，我国法院仍可基于民事诉讼法的规定决定自己的管辖权。

6. 运用"方便法院原则"

所谓"方便法院原则"，是与"不方便法院原则"相对应的，是指原本对纠纷不享有管辖权的法院，对于没有其他合适的具有管辖权的法院审理的案件，可以行使管辖权，并且该法院行使管辖权不会作出不公正的判决。方便法院原则是解决管辖权消极冲突的有效方法。

二、"一带一路"投资与外国法查明

"一带一路"沿线国家法律制度迥异，不仅涉及普通法系、大陆法系国家，还包括大量的伊斯兰法国家。我国与上述国家的投资及其他经贸往来体量及金额相对较小，我国法官在审理涉"一带一路"沿线国家案件时对特定国家法律的熟悉与了解程度相对较低，如何突破现有立法制约，创新外国法查明机制是确保平等保护"一带一路"沿线投资者及其投资的重要司法保障。

（一）我国与"一带一路"国家法律查明的现状

我国与"一带一路"国家外国法查明主要包括条约途径、外交途径、专家意见、个人提供等途径。

目前，我国已在与23个"一带一路"国家间缔结的司法协助协定中规定了"交换法律情报"或"交换资料"的条款。从双边条约规定来看，法律查明应由请求方依据双边条约或协定提出请求，有些协定明确规定应依据被请求国的法律进行查明。查明的内容主要包括被请求国的法律和司法实践的情况。大多数国家约定，所交换的情报应当是"有效的"或"现行的"，有的还包括"过去的"法律或司法实践，以及法学出版物，在查明外国法时，有些双边协定还进一步规定了应说明提出请求的机关。

与我国没有条约关系的"一带一路"沿线国家，则可通过我国驻该国使领馆或该国驻我国使馆提供外国法。不过，这方面的实践严重缺乏，我国外交部门几乎没有为我国法院办理民商事案件的需求查询外国法律资料的实践；同时，我国法院也没有主动联系我国外交部门，请求通过我国驻外国使领馆或者外国驻我国使馆提供外国法的案例。

由精通某一国法律专家提供特定案件中的法律意见是准确查明外国法的有效途径，当然专家提供的法律意见将被作为证据，并通过质证程序才可以被法院采信。在争议标的较大的商事案件中，专家证人将会发挥不可替代的作用，但其弊端是使用专家证人将会极大提高司法成本或当事人诉讼成本。对一般民事案件，特别是有关身份关系的案件并不具有可推广的价值。目前，国外一些研究机构承担了专家证人的角色，例如著名的德国马普学会外国及国际私法研究所。近年来我国多所政法院校也设立了外国法查明中心，提供外国法的专家意见。依托专业力量而设立的外国法查明中心将极大降低我国法院查明不能的比重，同时也具有私人指定专家不可比拟的成本费用优势。

实践中当事人查明外国法中最为常见的方式是提供外国律师（或其他专家）就外国法内容的法律意见。除此之外，当事人还可以通过互联网、数据库以及国内外权威著作等途径查明外国法。

（二）我国与"一带一路"国家法律查明合作机制构建的建议

目前我国与"一带一路"国家外国法查明的双边机制存在明显的不足。首先，覆盖范围有限。"一带一路"沿线国家中，与我国存在双边条约的仅有23个国家。其次，内容不够完整。双边条约下的外国法查明机制局限于"交流法律情报（资料）"，内容单一，未能规定具体的程序问题。此外，查明程序较为复杂，主要依靠中央机关进行转递，由于中央机关多为司法部，所以还存在着法院系统的内部上报程序和法院系统与司法系统之间的转递程序，往往耗时冗长。如何有效利用中央机关途径，减少转递程序或缩减上报层级，提高外国法查明效率是"一带一路"投资中外国法查明机制的完善方向。

从效率和成本来看，专家提供法律意见是一种较优的选择，随着全球人才流动的频繁和各国学术交流的增进，通过专家学者提供法律意见已经成为可能。由当事人自行任命专家存在着成本较高等劣势，而依托大学或科研机构成立外国法查明中心则可以整合法学各领域的专家学者，甚至包括更为熟悉其本国法的外国专家学者，不失为一条有效的外国法查明机制。

三、"一带一路"投资与境外证据的司法审查

要严格落实《最高人民法院关于人民法院登记立案若干问题的规定》，对依法应当受理的涉"一带一路"建设相关案件，一律接收诉状，当场登记立案，依法尽快作出裁判，及时解决纠纷。要进一步完善境外当事人身份查明、境外证据审查、境外证人作证等制度，最大限度方便中外当事人诉讼。这一规定对在我国法院参加诉讼的外国人（包括原告与被告）的身份查明、在域外形成的证据的真实性审查以及境外证人如何在我国法院作证等制度提出了进一步完善要求，以最大限度方便中外当事人诉讼。上述要求并未涉及通过司法协助途径进行域外取证问题，这一问题主要受我国参加或缔结的国际条约的调整，将在后续章节中论述。

针对国际民事诉讼中的外国人诉讼地位问题，我国民事诉讼法采取国际上通行的国民待遇原则，即外国人在中国法院起诉与应诉，原则上享有和中华人民共和国自然人和法人相同的诉讼权利。但是在涉外案件审理中，受到国家司法主权的限制，法官很难直接查明

外国当事人身份或授权委托书等文书的真实性。对此，《民事诉讼法》区分两种情况，分别对从域外寄交的授权委托书真实性的认定作出规定。侨居国外的中华人民共和国公民从国外寄交或者托交的授权委托书，必须经中华人民共和国驻该国使领馆证明；没有使领馆的，由与中华人民共和国有外交关系的第三国驻该国的使领馆证明，再转由中华人民共和国驻该第三国使领馆证明，或者由当地的爱国华侨团体证明；在中华人民共和国领域内没有住所的外国人、无国籍人、外国企业和组织委托中华人民共和国律师或者其他人代理诉讼，从中华人民共和国领域外寄交或者托交的授权委托书，应当经所在国公证机关证明，并经中华人民共和国驻该国使领馆认证，或者履行中华人民共和国与该所在国订立的有关条约中规定的证明手续，才具有效力。

外国自然人参加诉讼，只须（应当）向人民法院提交护照等用以证明自己身份的证件即可，无须公证与认证。而外国企业或者组织参加诉讼，向人民法院提交的身份证明文件，应当经所在国公证机关公证，并经中华人民共和国驻该国使领馆认证，或者履行中华人民共和国与该所在国订立的有关条约中规定的证明手续。代表外国企业或者组织参加诉讼的人，应当向人民法院提交其有权作为代表人参加诉讼的证明，该证明应当经所在国公证机关公证，并经中华人民共和国驻该国使领馆认证，或者履行中华人民共和国与该所在国订立的有关条约中规定的证明手续。该条所称"所在国"，是指外国企业或者组织的设立登记地国，也可以是办理了营业登记手续的第三国。

实践中，除了当事人的身份证明以外，按照我国《民事诉讼法》规定的"谁主张，谁举证"原则，大量的证据都是当事人掌握并提供的。凡是在中国域外形成的证据，均需经所在国公证机关证明，并经中华人民共和国驻该国使领馆予以认证。当事人提供的在港澳台地区形成的证据，亦应履行相关的证明手续。那么是否在域外形成的证据都需要履行公证认证或证明手续？针对自然人身份证明（护照）于特定情况下授权委托书真实性认定免除了涉外公证与认证要求。其一，外国人、外国企业或者组织的代表人在人民法院法官的见证下签署授权委托书，委托代理人进行民事诉讼的；其二，外国人、外国企业或者组织的代表人在中华人民共和国境内签署授权委托书，委托代理人进行民事诉讼的，只需经由中国的公证机构公证的，即可认定其真实性。其他在域外形成的"证据"均应当履行涉外公证与认证的程序。

在"一带一路"的背景下，是否仍然依照严格的公证与认证程序认定所有在我国境外形成的证据的真实性？应当进一步完善我国现有法律，区分需要严格履行涉外公证认证程序的域外证据与无须履行上述程序即可证明真实性的证据，进一步扩大豁免证明的范围。例如在我国境内有住所的外国当事人提交的法定代表人身份证明、通过我国驻外使领馆取得的证据材料，经过质证当事人没有异议的证据材料，以及用于国际流通的商业票据等。如此，将会大大减轻当事人的负担，最大限度方便外国当事人来华诉讼。

第四节　"一带一路"投资的司法协助问题

加强与"一带一路"沿线各国的国际司法协助，切实保障中外当事人合法权益。要积极探讨加强区域司法协助，配合有关部门适时推出新型司法协助协定范本，推动缔结双边或者多边司法协助协定，促进沿线各国司法判决的相互承认与执行。要在沿线一些国家尚未与我国缔结司法协助协定的情况下，根据国际司法合作交流意向、对方国家承诺将给予我国司法互惠等情况，可以考虑由我国法院先行给予对方国家当事人司法协助，积极促成形成互惠关系，积极倡导并逐步扩大国际司法协助范围。要严格依照我国与沿线国家缔结或者共同参加的国际条约，积极办理司法文书送达、调查取证、承认与执行外国法院判决等司法协助请求，为中外当事人合法权益提供高效、快捷的司法救济。在我国既有的国际民商事司法协助制度框架下，上述意见不乏创新思维与创新举措。

一、"一带一路"国家民商事司法协助概述

"一带一路"沿线国家中尚未与我国签署有关民商事司法协助双边条约，且没有共同参加有关国际公约的，可以在互惠平等的国际法原则下依据被请求国国内法开展司法协助工作。我国与"一带一路"沿线国家间的民商事司法协助主要包括以下内容：

（一）域外送达

合法有效的送达不仅是法院行使审判权的基础、诉讼期间计算的依据，而且也事关法院作出的判决是否符合"正当程序"进而得到他国法院的承认与执行。

我国与"一带一路"国家之间民商事司法文书的送达依据主要包括以下三方面。①双边司法协助协定。主要采用中央机关途径，领事或外交途径进行的直接送达仅限于请求国本国国民。较之《海牙送达公约》，双边协定并未在送达方面作出更优惠与更便利的突破。②《海牙送达公约》，中国与31个"一带一路"沿线国家均为《海牙送达公约》的缔约国，公约对尚未与中国建立双边司法协助关系的国家具有重要意义。我国与相关缔约国依公约委托或协助送达文书时应注意其对公约相关条款的保留声明。③互惠原则。"一带一路"国家中还有28个国家既没有加入《海牙送达公约》，也未与我国签署双边司法协助协定，双方间的文书送达只能依据互惠原则通过外交途径进行。通过外交途径向我国法院送达文书程序较为烦琐，且存在一定的不确定性。例如，实践中，我国各级人民法院在审查时若发现有请求国既不是海牙送达公约成员国，且该国与我国也没有签订含有民事司法协助内容的双边条约或该双边条约尚未生效时，在回函中注明情况，将司法文书按原途径退回即可。

在被请求国国内法允许的前提下，我国还可以依据国内法的规定积极探索域外送达的其他途径，如向受送达人委托的有权代其接受送达的诉讼代理人送达、邮寄送达、公告送

达、分支机构送达、传真及电子邮件送达等方式进行送达。送达人员可以通过境外企业、其他组织在中国境内的分公司、合资公司、独资公司，境外自然人在中国境内开办的公司、在中国境内居住的亲友、同事、关联案件诉讼代理人，向受送达人转交程序性诉讼文书。

在我国的司法实践中，外国法院合法有效的送达构成当事人获得"适当通知"的判断标准，也是我国法院审查是否承认外国法院判决的重要事由。原则上，判断合法送达的标准应当采用判决作出地国家的法律，我国签署的双边条约中均有此规定。

但对于没有条约关系的国家而言，虽然原则上仍应依据判决作出地国家而非我国法律作出判断，但在实践中，如果判决作出地国家的合法送达规定低于我国法律所要求的合法传唤的最低标准，则应适用我国法律的规定。此外，外国法院向我国境内的送达不得违反我国民事诉讼法关于送达的强制性规定。例如，我国加入的国际条约明确反对外国法院向我国境内的邮寄送达，如外国法院采取此种方式向我国境内的个人或法人邮寄送达，即使符合裁决作出地国家法律的送达程序，也会因直接与我国法律强制性规定抵触，使得该外国法院作出的判决无法获得我国法院的承认和执行。

（二）调查取证

我国与"一带一路"沿线国家之间民商事案件调查取证的法律途径包括以下三方面。①双边司法协助协定。我国与多个"一带一路"国家的双边司法协助协定中约定了调查取证的内容。双边协定一般采取请求书取证方式，由指定的中央机关协助主管机关完成，协助调查取证适用被请求方的法律。在不违反被请求国法律的前提下，外交或领事人员可向居住在被请求国的本国公民进行直接调查取证，但不得采取任何强制措施。②《海牙取证公约》。包括中国在内的20个"一带一路"国家是《海牙取证公约》的成员国，其中包括11个尚未与中国建立双边司法协助关系的国家，这些国家彼此间可以依据《海牙取证公约》规定的途径进行调查取证。③互惠原则。对于既未加入《海牙取证公约》，也未与我国建立双边司法协助协定关系的多个"一带一路"国家，只能依据互惠原则进行调查取证。我国法院和外国法院通过外交途径相互委托代为调查或取证，参照以上有关规定办理。因此，通过外交途径取证，也应当适用该通知规定的程序。

我国域外调查取证的立法司法实践相对保守，程序繁杂，域外取证途径单一。我们认为，在现行有效的国内法与国际条约框架下，我国法院在合作调查取证上应当有所作为，包括①进一步简化间接取证的国内程序，提高域外取证的效率；②考虑有条件取消对特派员取证的保留，丰富直接取证途径；③增加域外取证新方法的运用。在域外取证合作中，准许采用录像、视频等高科技手段取证，将更便利地提供司法协助，解决司法协助中的一些实际问题。我国也应当顺应高科技发展的潮流，积极研究跨国取证合作中的新问题并在司法中予以灵活的运用。

（三）民商事判决与仲裁裁决的相互承认与执行

我国尚未加入民商事判决相互承认与执行的专门公约，但部分加入的国际公约，如《国际油污损害民事责任公约》，也涉及民商事判决的承认与执行问题。双边司法协助协定成为我国与"一带一路"国家间民商事判决相互承认与执行的最重要依据，除了中泰、中新协定外，其他双边司法协助协定均涉及这一重要内容。

仲裁作为解决跨国商事争议的有效方式，具有国际民事诉讼所不具备的诸多优势，特别是在确保仲裁裁决的可执行性方面。《纽约公约》倾向于"裁决承认与执行"的特殊制度设计，使得在任一缔约国境内做出的仲裁裁决（包括机构仲裁裁决及临时裁决）都能获得稳定可靠的被执行保证。"一带一路"建设中涉及的大量跨国商事争议若能通过仲裁方式解决，不仅会极大提升争端解决的效率，也必将为我国国际商事仲裁机构带来前所未有的机遇。

（四）其他民商事司法协助事项

除上述主要事项以外，中国与"一带一路"国家订立的多个司法互助协定中还涉及诉讼费用减免、认证免除、法律法规情报交换等内容，并建立了一定的法律法规的交流交换渠道，为我国在"一带一路"建设推进中查明沿线国家法律提供了极大便利。

二、我国与"一带一路"国家间民商事判决的相互承认与执行

依据国家主权原则，一国法院做出的判决只具有域内效力，若要产生"域外效力"，必须得到他国的承认与执行。学界对国家间民商事判决承认与执行的理论依据包括国际礼让说、既得权说、法律债务说及既判力说等不同观点，这对各国形成自己的判决域外承认与执行机制产生了不同程度的影响。

（一）我国与"一带一路"国家民商事判决相互承认与执行的基础

国际民商事判决承认与执行的法律基础包括条约互惠与事实互惠，我国与"一带一路"国家也不例外。其中，条约互惠将带有政治外交色彩的互惠通过法律的形式固定下来，确保了国家间民商事判决承认与执行的机制化与常态化。除了泰国与新加坡两国以外，与我国存在条约互惠的多个"一带一路"沿线国家的司法协助协定中均就判决相互承认与执行的范围、条件、程序等作出明确规定。

事实互惠包含两方面的含义：第一，外国拒绝承认和执行本国法院判决的，本国也拒绝承认该外国法院的判决；第二，本国承认和执行外国法院判决的条件与外国承认和执行本国法院判决的条件必须相对等。由于国家间所给予的事实互惠并非其承担的国际法义务，所以法院享有判断事实互惠是否存在的自由裁量权，具有很大的不确定性。

应根据与"一带一路"国家司法合作交流意向、对方国家承诺将给予我国司法互惠等情况，可以考虑由我国法院先行给予对方国家当事人司法协助。这一最新司法意见改变了

以往我国司法实践中在承认和执行外国法院判决中的被动消极立场，展现了我国倡导对互惠关系采取积极宽松认定标准的新动向。当然，"推定互惠"并非毫无原则地对"一带一路"沿线国家判决的无条件承认和执行，在运用这一原则时还应注意区分不同国家的立法状况分别处理。例如对于部分以国家主权为由拒绝承认和执行任何外国法院判决的沿线国家，我国法院不宜采用"推定互惠"；此外，应在总结司法实践的基础上，考虑建立若干"互惠"关系的判断标准，例如采用"实质同等条件"标准，即两国法律对于承认和执行外国法院判决的重要条件相同，就满足互惠关系的要求；或采取"反向推定"标准，只要根据判决作出地国家的法律，不存在我国判决在该国境内无法得到执行或难以得到执行的情形，就应认定双方存在互惠。

（二）我国与"一带一路"国家民商事判决相互承认与执行的审查标准

综合我国《民事诉讼法》及相关双边司法协助协定的规定，我国与相关国家相互承认与执行判决的审查事项主要包括：

1. 原审法院是否具有管辖权

被请求承认和执行国对原审法院管辖权的审查属于间接裁判管辖权。我国与"一带一路"国家签订的双边司法协助协定对原审法院管辖权的审查有四种不同标准：①根据被请求国法律，审查原审法院是否具有管辖权；②根据被请求国法律，审查原审法院是否违反被请求国法院专属管辖权的规定；③依据双边司法协助协定的规定审查原审法院是否具有管辖权；④依据双边司法协助协定审查原审法院管辖权，且原审法院不得违反被请求国法院的专属管辖权规定。上述做法符合国际民事诉讼中对管辖权审查的通常实践。其要点包括：①应适用被请求国关于管辖规定的国内法或条约规定的共同管辖标准，而非适用原审国的管辖权标准；②该外国民商事判决不违反我国法院的专属管辖规定；③若外国法院管辖权是基于当事人的协议管辖，则该协议管辖应以不违反我国关于协议管辖的强制性规定为限，如该协议管辖违反我国法律关于专属管辖的规定，在现行立法框架下当事人协议选择的外国法院与争议没有实际联系，或者当事人缺乏必要的缔结管辖协议的能力等；④对同一争议在我国没有已决的平行诉讼；⑤当事人没有就同一争议达成有效的书面仲裁协议等。

2. 判决是否生效或可执行

主要审查的要素包括：依据作出裁决的缔约国法律，判决或裁定是否生效；判决应当是生效的，而非必须是终局的；判决具有执行力，可作为执行的根据由法院进行强制执行。法院裁决如果没有执行力，则仅涉及承认的问题，不存在执行问题。

3. 是否违反正当程序原则

依据作出裁决的缔约一方的法律，是否符合正当程序原则。"正当程序"保障主要包括当事人获得参与诉讼的适当通知权利、陈述权利以及在不具备诉讼能力时获得适当代理的权利。

有关判决相互承认与执行的国际公约无一例外将"正当程序"审查作为成人和执行判决的重要标准。我国与他国签署的双边民商事司法协助及我国国内立法也都作出相应规定。外国法院判决、裁定为缺席判决、裁定的，申请人应当同时提交该外国法院已经合法传唤的证明文件，但判决、裁定已经对此予以明确说明的除外。中华人民共和国缔结或者参加的国际条约对提交文件有规定的，按照规定办理。

我国与多个"一带一路"国家签订的司法协助协定都将缺席审理中的"当事人是否得到合法传唤"作为审查内容。除与老挝、塞浦路斯的双边司法协助协定外，当事人在不具备诉讼行为能力时是否得到适当代理也是对正当程序审查的重要内容。

4. 是否存在平行诉讼或诉讼竞合

如果被请求方法院对于相同当事人间就同一诉讼标的案件已经作出生效裁决时，或者被请求方已经承认了第三国对该争议所作的生效判决，则请求承认和执行的判决将得不到承认与执行。针对正在审理的相同当事人间就同一诉讼标的案件，被请求国是否需要受案在先，不同的双边司法协助协定中有不同的要求。有的没有在先受理的规定，有的则规定必须"在作出该裁决的诉讼程序开始前"，相同当事人就同一诉讼标的在被请求方法院提起诉讼，才适用"一事不再理"原则。

5. 是否违反被请求国公共秩序

我国与"一带一路"国家签订的双边司法协助条约所规定的拒绝事由中，除了包括有损被请求一方的主权、安全和公共秩序和基本利益，还包括以违反法律或法律基本原则为由予以拒绝承认和执行的规定。相较于主权、安全、公共秩序、基本利益等表述，法律基本原则的内涵和外延都更加宽泛，审核的对象也不仅是裁决本身，甚至要考虑裁决结果对被请求国产生的实际效果和影响。以裁决所支持的诉讼请求违反被请求国国内法为由拒绝承认和执行的规定在双边条约并不多见。

三、我国与"一带一路"国家仲裁裁决的相互承认与执行

（一）我国法院承认与执行外国仲裁裁决的依据

外国仲裁机构的裁决，需要在中华人民共和国人民法院承认和执行的，应当由当事人直接向被执行人住所地或者其财产所在地的中级人民法院申请，人民法院应当依照中华人民共和国缔结或者参加的国际条约，或者按照互惠原则办理。

（二）我国法院适用《纽约公约》承认与执行外国裁决的司法实践

近年来，最高人民法院通过大量的司法解释与批复，展现我国最高司法机构对外国仲裁裁决承认与执行的支持倾向与立场，最高人民法院在《关于人民法院为"一带一路"建设提供司法服务和保障的若干意见》（以下简称《若干意见》）中更是明确应"严格依照

《维也纳条约法公约》的规定，根据条约用于通常所具有的含义按其上下文并参照条约的目的及宗旨进行善意解释"，以"增强案件审判中国际条约适用的统一性、稳定性和可预见性"。《纽约公约》具有强烈的"支持外国仲裁裁决承认与执行"的倾向性，这一点充分体现在其具体的制度设计之中。

1. 对仲裁协议效力的司法审查

第一，现行立法明确规定了涉外仲裁协议效力判断的准据法应为当事人协议选择的法律或仲裁地法律，放弃了以往主要依据我国法律进行审查的司法实践。

第二，确立了对涉外仲裁协议效力判定的内部报告制度，从程序上确保作出有利于仲裁协议效力的司法解释。

第三，对中国仲裁法下的"瑕疵仲裁协议"尽可能做出变通与有效解释。对仲裁协议约定的仲裁机构名称不准确，仲裁协议仅约定纠纷适用的仲裁规则，仲裁协议约定两个以上仲裁机构，仲裁协议约定由某地的仲裁机构仲裁，或裁或诉仲裁条款等情形下仲裁协议效力的认定中有充分的体现。

2. 对违反仲裁程序的司法审查

在不予承认与执行的外国仲裁裁决案件中，因仲裁程序问题而被拒绝的案件占有一定的比例。

3. 对超裁问题的司法审查

仲裁条款仅约束合资合同当事人就合资事项发生的争议，不能约束被申请人与合资公司之间的租赁合同纠纷，国际商会仲裁院对租赁合同纠纷进行审理并裁决，超出了合资合同约定的仲裁协议的范围，因此拒绝承认和执行该裁决。

4. 对公共秩序、公共政策的司法审查

除了以"内部报告"制度进行程序控制，最高人民法院还通过系列个案批复，试图准确理解《纽约公约》倾向于裁决执行（Pro-Arbitrationbias）的立法意图，并对"公共秩序保留"条款作出严格解释。

（三）关于外国仲裁机构在我国境内作出裁决的承认与执行

近年来，越来越多的涉外案件当事人选择外国仲裁机构在我国境内仲裁，尽管最高人民法院肯定了此类仲裁协议的效力，但在同年最高人民法院作出的"神华案"复函中，最高人民法院的立场与前述两案有所不同。事实上，虽然在准入阶段此类仲裁协议的效力得到最高人民法院的肯定，但此类仲裁在我国现行仲裁法框架下仍然面临不可逾越的法律障碍。例如，当事人选择的外国仲裁机构在我国作出的仲裁裁决国籍的认定就成为我国法院适用《纽约公约》时面临的一个迫切需要解决的问题。这一问题本质上涉及《纽约公约》适用的范围或对象，即在我国现行法律框架下，我国法院是否可以将其定性为"非内国裁决"

并依据《纽约公约》在我国法院获得承认和执行。按照《纽约公约》第一条的规定，公约适用的仲裁裁决包括"外国仲裁裁决"，即在被请求承认执行的以外国家作出的裁决，以及"非内国裁决"，即在被请求承认执行地国家境内作出，但又不被该国视为其本国的裁决。司法实践中，我国依据《纽约公约》承认与执行的主要是在我国域外作出的裁决。迄今为止，最高人民法院尚未对此类裁决的性质表明司法立场。从立法及实践来看，学界更倾向于将其定性为我国的"涉外仲裁裁决"并应依据我国国内法予以承认和执行。我国加入《纽约公约》所做互惠保留事实上排除了我国法院承认"非内国裁决"的可能性，同时，由于"非内国裁决"不具备我国"国籍"，我国法院也无法对此类裁决行使司法审查的权力。

（四）关于外国仲裁机构作出的不具有"涉外因素"裁决在我国的承认与执行

对仲裁协议的有效要件作出具体规定，包括仲裁协议应采用书面形式、争议事项应具有可仲裁性、订立仲裁协议当事人应具备完全民事行为能力以及仲裁协议系当事人真实意思表示。此外，有效仲裁协议还应包括选定的仲裁委员会。

但是在司法实践中，我国各级法院对此持否定态度。

长期以来，关于仲裁的性质存在契约理论、司法权理论、自治理论以及混合理论的争辩。受上述不同理论的影响，各国仲裁立法及司法实践亦呈现出不同的特征及倾向。在中国，自治理论因强调仲裁的"非本地化"或"非国内化"而未被我国立法吸纳。我国现行仲裁法体系主要受到混合理论的影响，但更为偏重仲裁的司法权属性，限制当事人的意思自治（如选择临时仲裁等），仲裁权（包括仲裁管辖权）也具有混合的性质，有赖于当事人的契约和法律的授权，其因当事人的意思自治而产生，但存在和行使则有赖于法律的监督和保证。正因为仲裁所具有的"准司法"特征，因此意在保障私权的"法无禁止即可为"不能构成判断此类仲裁协议效力的法理基础，我国法院秉持的"仲裁管辖权系由法律授予"的裁判理念则体现了旨在限制公权力的"法无授权不可为"的基本法理。

参考文献

[1] 毕马威中国."一带一路"投资关键环节——毕马威经典案例解析 [M].北京：中国经济出版社,2019.

[2] 胡耀辉."一带一路"国别概览.叙利亚 [M].大连：大连海事大学出版社,2019.

[3] 沈玉良,孙立行.中国与"一带一路"沿线国家贸易投资报告（2018）[M].上海：上海社会科学院出版社,2019.

[4] 林川,彭程.中国在"一带一路"沿线国家投资安全研究 [M].北京：中国财富出版社,2019.

[5] 唐海涛."一带一路"倡议下保障我国海外投资便利化的国内法律制度研究 [M].成都：电子科技大学出版社,2019.

[6] 魏庆坡."一带一路"建设中国企业境外投资环境责任制度研究 [M].北京：对外经济贸易大学出版社,2019.

[7] 李扣庆,白容,刘明华.数字联通"一带一路"[M].上海：立信会计出版社,2019.

[8] 陈丙先,卢秋莉,王漉洱."一带一路"国别概览.菲律宾 [M].大连：大连海事大学出版社,2019.

[9] 郁鸿胜,李娜,张岩."一带一路"产业发展与重大项目研究 [M].上海：上海社会科学院出版社,2019.

[10] 刘卫东,等."一带一路"建设进展第三方评估报告 [M].北京：商务印书馆,2019.

[11] 魏磊杰.国际法秩序亚洲视野 [M].北京：当代世界出版社,2020.

[12] 李英.国际法实践教学教程 [M].北京：对外经济贸易大学出版社,2020.

[13] 马得懿.海洋航行自由的秩序与挑战国际法视角的解读 [M].上海：上海人民出版社,2020.

[14] 曾文革,陈咏梅.国际经济法案例选编 [M].重庆：重庆大学出版社,2020.

[15][日] 本间靖规,[日] 中野俊一郎,[日] 酒井一著.国际民事诉讼法 [M].柴裕红,译.北京：商务印书馆,2020.

[16] 王宇航.国际法治与全球治理当代文献汇编 [M].北京：中国商务出版社,2020.

[17] 金彭年.国际民事诉讼法原理、制度与案例 [M].杭州：浙江大学出版社,2020.

[18] 王全.国际法视域下双重国籍问题研究 [M].合肥：安徽大学出版社,2021.

[19][瑞士]克里斯塔·纳达尔夫卡伦·舍费尔. 国际投资法：文本、案例及资料[M].3 版. 张正怡，王丹，译. 上海：上海社会科学院出版社，2021.

[20]任虎. 国际公法[M]. 上海：华东理工大学出版社，2021.

[21]孟刚. 制裁和反洗钱合规风险应对[M]. 北京：中国金融出版社，2021.

[22]龚柏华，何力，陈力著."一带一路"投资的国际法[M]. 上海：复旦大学出版社，2018.

[23]桂阳编著. 读懂A股投资"一带一路"板块[M]. 北京：中国铁道出版社，2018.

[24]赵蓓文等著；权衡丛书主编."一带一路"建设与中国企业对外直接投资新方向[M]. 上海：上海社会科学院出版社，2018.

[25]上海市经济和信息化委员会，上海市中小企业发展服务中心主编. 中国中小企业投资"一带一路"沿线国家操作指南[M]. 北京：中国经济出版社，2018.

[26]甘志霞编著."一带一路"沿线国家投资参考环境、机遇与案例[M]. 北京：中国言实出版社，2018.

[27]计金标，梁昊光主编.2018一带一路投资安全蓝皮书中国一带一路投资安全研究报告2018版[M]. 北京：社会科学文献出版社，2018.

[28]莫凌水主编；王文，翟永平丛书主编；曹明弟执行主编."一带一路"投资绿色成本与收益核算[M]. 北京：人民出版社，2018.

[29]张俊杰主编."一带一路"与绿色金融丛书"一带一路"投资绿色标尺[M]. 北京：人民出版社，2018.

[30]尹美群等著."一带一路"背景下海外投资风险[M]. 北京：经济管理出版社，2018.

[31]彭江，陈功主编."一带一路"沿线国家贸易投资法[M]. 厦门：厦门大学出版社，2018.